KB244360

通

말 통하는 교회 문화 만들기

말 통하는 교회 문화 만들기

초판 1쇄 찍은 날 · 2006년 2월 8일 | 초판 2쇄 펴낸 날 · 2006년 3월 25일

지은이 · 이의용 | **펴낸이** · 김승태

편집장 · 김은주 | **편집** · 박지영, 윤구영 | **디자인** · 이승희, 이훈혜 | **제작** · 한정수
영업본부장 · 오상섭 | **영업** · 변미영, 장완철 | **홍보** · 주진호 | **물류** · 조용환, 송승철
드림빌더스 · 고정원, 노지현

등록번호 · 제2-1349호(1992. 3. 31.) | **펴낸 곳** · 예영커뮤니케이션
주소 · (110-616) 서울 광화문우체국 사서함 1661호 | **홈페이지** www.jeyoung.com
출판사업부 · T. (02)766-8931 F. (02)766-8934 e-mail: jeyoungedit@chol.com
출판유통사업부 · T. (02)766-7912 F. (02)766-8934 e-mail: jeyoungsales@chol.com

copyright ⓒ 2006, 이의용

ISBN 89-8350-371-8 (03230)

값 11,000원

말 통하는 교회 문화 만들기

이의용

예영커뮤니케이션

"通하지 않으면 痛한다"

어떤 단어는, 생각만 해도 가슴을 두근거리게 한다. 가만히 생각해 보면, 그런 단어들이 우리 인생의 순간순간을 장식해 주었다고 볼 수 있다. 내게도 그런 단어들이 있었다.

청소년기에는 누구나 그렇듯이 '사랑'이나 '비전' 같은 밀들이 내 모든 생각과 시간과 열정을 끌어당겼다. 결혼을 한 후에는 '가정'과 '행복'이란 말이 그랬다. 직장 생활을 하는 중에는 '리더십'과 '고정관념 깨기'란 말이 가장 큰 글자로 보였다.

그리고 40대에는 '문화'라는 단어만 보면 눈이 확 띄었다. 누가 '문화'를 이야기하면 "왜 내 이야기를 하나?"하는 생각이 들 정도였다. 인생의 후반기에 접어든 요즘, 나를 즐겁게 해 주는 단어는 '커뮤니케이션'이다. 아예 명함에 '通하는 커뮤니케이션'이라는 말을 써넣고 다닐 정도다.

나는 '통(通)'이라는 말이 참 좋아졌다. 사람이 다른 사람과의 사이(間)를 솝히는 게 바로 '通'이요, 커뮤니케이션이다. 인간관계, 문화, 리더십 등 모두가 '通'을 맥으로 한다.

다른 사람과 통하지 못할 때, 거기엔 또 다른 '痛'이 자리를 채운다. 그래서 "通하지 않으면 痛한다"는 말을 하나 지어 봤다. 사람들이 살아가는 모습을 살펴보면, 행복하게 사는 사람들은 다른 사람들과 잘 통하지만 불행하게 사는 사람들은 다른 사람들과 잘 통하지 못한다. 그러니 '萬事亨通'(만사형통)이란 커뮤니케이션을 잘 하는 사람들을 위해 하나님께서 준비하신 선물이다.

인생은 커뮤니케이션이다. 커뮤니케이션만 잘하면 80점은 된다. 커뮤니케이션은 말하기와 듣기다. 사람이 말하기와 듣기만 제대로 하면 행복하게 살아갈 수 있다.

하나님께서는 최고의 커짱(말하기와 듣기를 잘 하는 사람을 '커짱'이라고 이름 붙여 봤다)이시다. 우리와 코드를 맞추시려고, 우리와 통하시려고 우리의 모습으로 이 땅에 오셨다. 그러므로 모든 그리스도인들은 커짱이 되어야 한다. 신앙생활은 하나님과의 커뮤니케이션, 이웃들과의 커뮤니케이션이기 때문이다. 하나님과 커뮤니케이션을 잘 하지 못하면 우리는 '죄인'으로 살고 만다. 사람들과 커뮤니케이션을 잘 하지 못하면 신뢰를 잃고 '왕따'로 살고 만다.

커뮤니케이션을 대신해 줄 매체들은 마구 쏟아져 나오는데, 사람들간의 사이는 왜 이처럼 점점 더 멀어지고 있는가? 교회와 성도는 늘어나는데, 하나님과의 사이는 왜 이처럼 점점 더 멀어지고 있는가?

꽤 오래전부터 《국민일보》와 《기독공보》에 커뮤니케이션과 문화에 대한 글들을 연재해 왔다. 그걸 이 책에 한데 묶어 봤다.

이 책이 '통하는' 가정, 직장, 교회, 사회를 이루는 데 밑거름이 되었으면 한다. 서른 세번째 저서를 펴내 주신 예영커뮤니케이션 김승태 사장님과 여러분께 감사한다.

2006년 새해 아침에
이 의 용

[차 례]

3부: 문화 가꾸기

4부: 교회 · 조직 · 커뮤니케이션

이쁜
제유니
마음

1.

혼자는 못살아!

하나님께서는 왜 아담을 만들고 나서 하와를 또 만드셨을까? 성경은 "사람이 혼자 사는 것이 좋지 아니하니 내가 그를 위하여 돕는 배필을 지으리라"고 하셨다고 전한다. 그렇다. 사람은 혼자 살아갈 수 없다. 사람은 누군가와 함께 살아가도록 창조되었다. 만약 이 세상을 혼자 살아갈 수 있다면 말과 글은 필요 없을 것이다. 그뿐인가? 학교도, 교회도, 신호등도, 법도, 시장도, 텔레비전도, 인터넷도 소용없을 것이다.

벌 중의 벌은 사람을 혼자 두는 것이다. 다른 사람과 대화하지 못하도록 격리시켜 놓는 것이다. 누군가를 '왕따' 시킨다는 건, 그래서 고약한 일이다. 사람에게는 두 개의 눈과 두 개의 귀, 그리고 하나의 입이 있다. 이것들이야말로 하나님께서 고안해 놓으신 커뮤니케이션 통로(channel)이다. 사람은 이 통로로 다른 사람과 지식과 정보, 생각과 의견, 그리고 감정을 주고받으며 살아간다. 이걸 커뮤니케이션이라고 한다.

커뮤니케이션이란 본래 '공통(共通)' 또는 '공유(共有)'라는 뜻을 지닌 라틴어 'communis'에서 나왔다. 생물체들이 서로 지식, 사상, 감정, 의견 등을 공통화 또는 공유화하는 행동이나 과정을 말한다. 커뮤니케이션이라는 말을 문자 그대로 해석하면, 하나 또는 하나 이상의 유기체(organism)가 다른 유기체들과 지식, 정보, 의견, 신념, 감정 등을 '공유' 또는 '공통화' 하는 행동이라고 할 수 있다.

얼마 전 우리 집 컴퓨터에 문제가 생겼다. 수리하는 이에게 연락을 하니, 그가 직접 오지 않고 인터넷을 통해 내 컴퓨터에 들어와 작업을 했다. 놀라운 일이다. 커뮤니케이션이란 바로 이런 것이다. 두 사람 이상이 서로 가진 것을 모두가 공유하는 것이다. 그런데 그것은 그렇게 간단한 문제가 아니다.

이 세상의 모든 갈등과 문제는 커뮤니케이션이 안 돼서다. 우선은 하나님과 우리가 그렇다. 커뮤니케이션만 잘 됐더라면, 우리가 하나님의 마음과 뜻을 제대로 공유할 수만 있었더라면 예수님은 이 땅에 오시지 않으셔도 됐다. 부시와 후세인, 이혼율이 50퍼센트에 육박하는 우리나라 젊은 부부들, 해만 뜨면 싸우는 대통령과 야당의 갈등도 말이 통하지 않아서 생기는 일이다. 같은 한국어를 사용하면서도 그렇게 말이 통하지 않으니 딱한 일이다. 1천만 명이 넘는 기독교인들이 그렇게 열심히 모이고 그렇게 열심히 성경공부를 하건만, 하나님의 말씀과 다르게 살아 비신자들로부터 지탄을 받고 있다. 이것도 따지고 보면 커뮤니케이션이 안 돼서다.

우리나라는 정보통신 강국답게 휴대전화, 인터넷 보급률이 세계 최고 수준이면서도 사회 구성원들 간에 커뮤니케이션이 제대로 이뤄지지 않는다. 이것도 사람들이 그런 도구들을 일방적인 전달과 표현의 수단으로만 사용하고 있기 때문이다. 커뮤니케이션은 '쌍방 공유' 다. 혼자 살다가 하와를 만나며 "이는 내 뼈 중의 뼈요, 살 중의 살이라"고 감동했던 아담의 마음으로 다른 사람과, 마음과 생각과 가슴을 공유하자. 커뮤니케이션이 통하는 세상을 위하여! 通

2.

거기엔 아무도 없었다

4년 전 이맘때의 일이다. 어느 청소년 단체가 특강을 요청해 왔다. 목사인 원장이 직접 부탁을 했고 강의 청탁서가 팩스로 들어왔다. 강의 장소는 경기도 변두리였다. "강의안을 보내 달라, 제시각에 와 달라" 등의 당부도 있었다. 떠나기 며칠 전부터 약도를 확인하고 새벽같이 일어나 목적지로 향했다. 밤새 눈이 내린 데다 도로가 얼어붙어 잔뜩 긴장을 하고 차를 몰았다.

그런데 좁은 시골길에서 언덕 위로 올라오는 차를 피하려다가 미끄러져 1백80도 회전하며 가로수를 들이받았다. 순간적인 일이었다. 운전석 문이 푹 들어갔고 앞 유리가 깨졌다. 가로수가 아니었다면 개울로 굴러 떨어질 뻔한 상황이었다. 강의 시각은 다가오고 있는데 정말 큰일이었다. '수백 명의 청소년들이 기다리고 있을 텐데' 하는 걱정 속에 다행히 시동이 걸렸다. 지나가는 차와 행인들의 도움으로 차를 간신히 꺼내 강의장으로 향했다. 그런데 거기엔 아무도 없었다. 주최측에 전화를 했지만 출근 전인지, 강의

장소로 갔는지 연결이 되지 않았다. 부근에 다른 행사장이 있는지 물어봤지만, 그런 곳은 없다고 했다. 얼마 후 주최측 직원과 연결이 되었다. 직원은 강의가 전날 취소됐다고 하면서 팩스를 못 받았느냐고 되물었다. 그때 며칠 전에 주최측 여직원이 전화를 걸어 내 팩스 번호를 물어본 일이 생각났다. 나는 그녀에게 왜 팩스 번호를 알려고 하느냐고 물었는데, 그녀는 뭔가를 보내줄 게 있다고만 말했다. 아마도 그때 강의 취소문을 보낸 모양인데, 그것을 받지 못했던 것이다. 정말 맥이 빠지고, 화가 났다. 눈길에 사고까지 내며 달려왔는데 확실한 예고도 없는 취소라니. 앞 유리 없는 차를 몰아 정비소에 맡기니 수리비가 엄청났다.

나는 그 원장에게 전화를 해서 두 가지를 충고해 주었다. 첫째, 수련회를 하기로 했으면 중간에 취소하지 마라. 그 강의를 위해 일정을 예약하고 준비해 온 강사에게 피해가 돌아간다. 참가 신청을 한 학생들도 마찬가지다. 둘째, 중요한 연락은 미디어를 이용하지 말고 직접 해라. 미디어를 믿지 마라. 취소 통보를 위해 강사에게 전화를 했으면, 직접 중요한 사실을 전했어야 했다. 더구나 강의일이 임박해서 취소하는 것이라면 처음에 청탁을 했던 원장이 직접 전화로라도 양해를 구하는 것이 예의다. 대략 이런 내용이었다. 바로 엊그제에는 대학생들을 위한 캠프에 강의 초청을 받았다. 홈페이지 시간표만 보고, 아침 일찍 현장엘 갔더니 청소년들만 있었다. 이번 주는 청소년, 다음 주는 대학생을 위한 프로그램이 진행되는데 내가 한 주를 착각을 한 것이다. 그러나 아무리 봐도 홈페이지에 올라와 있는 시간표는 문제였다. 이러한 사고들은 사실 강사 자신과 주최측의 합작품이라고 할 수 있다. 메시지를 문서로 명확히 주고받지 않아서, 메시지를 팩스나 이메일로만 전해서, 제대로 전달됐는지 확인하지 않아서 생기는 사고들이다. 우리의 일상에 이런 사고들이 얼마나 많은가? 사람과 사람이 서로 통한다는 게 얼마나 어려운가? 정말 생각하고 싶지 않은 건, 그런 사고가 일어나던 날의 강의 주제가, '통하는 커뮤니케이션' 이었다는 사실이다. 通

3.

"온리 유!"

전화가 걸려 왔다.

"여보세요, 거기 김 목사님 댁이죠?"

"아닌데요. 몇 번 거셨나요?"

"네, 한 번 걸었는데요."

청춘 남녀가 처음으로 만나 레스토랑에서 돈가스를 먹고 있었다. 둘 사이에는 적막이 감돌았다. 그때 비발디의 "사계"가 흘러나왔다. 남자는 바로 이때다 싶어서 말을 걸었다.

"저, 이 곡이(이 고기) 무슨 곡인지(고기인지) 아세요?"

여자는 잠시 대답을 하지 않고 음식을 천천히 씹더니 말했다.

"돼지고기네요."

한 아이가 학교 생활에 흥미를 잃고 마지못해 학교엘 다니고 있었다. 수업시간엔 늘 졸았다. 역사 시간이었다. 일제시대 독립운동사에 관해 열심히 설명하던 선생님이 이 학생이 졸고 있는 걸 발견했다. 학생이 앞으로 끌려 나왔다.

"넌 어젯밤에 뭘 했기에 수업 시간에 조냐?"

"전 안 잤는데요."

"그럼 안중근 의사는 누가 죽였냐?"

"제가 안 죽였는데요."

선생님은 화가 나서 아버지를 모셔 오라고 했다.

"가정에서 아이를 어떻게 가르치시기에 아이가 학교에 와서 잠만 잡니까? 어제는 제가 안중근 의사를 누가 죽였느냐고 물으니 자기가 안 죽였다고 반항을 하더군요. 아이 교육 좀 잘 시키십시오."

아버지는 한참 생각을 하더니 이렇게 답했다.

"글쎄요, 그 아이가 몸이 안 좋아서 가끔 병원엘 가긴 합니다. 그렇다고 해서 의사를 죽일 아이는 아닙니다."

첨단 커뮤니케이션 미디어는 늘어나지만 사람과 사람 사이의 벽은 점점 높아지고 있다. 그래서 서로 말도 되지 않는 동문서답 같은 이야기, 깊이 없는 이야기를 나누는 일이 얼마나 많은가?

길에서 두 사람이 만났다.

"안녕하세요? 교회에 가세요?"

"아뇨, 교회에 가요."

상대방의 이야기는 듣지도 않고 피차 준비한 말만 한다.

또 두 사람이 길에서 만났다.

"안녕하세요? 교회에 가세요?"

"아뇨, 교회에 가요."

"아, 그러세요? 저는 교회에 가시는 줄 알았죠…!"

이쯤 되면 두 사람이 나누는 이야기는 아무 의미가 없어진다. 우리는 하루에도 많은 사람들과 만나 많은 이야기를 주고받는다. 그러니 그 이야기들의 대부분은 말을 꺼낸 사람의 얼굴조차 기억하지 못하는 수가 있다. 심지어 우리가 하나님께 드리는 기도의 대부분이 '쓰레기' 라는 지적도 있다. 그저 아무런 의미도 없는 말들을 열심히 주고받으며 살아가는 것이다. 왜냐하면 우리가 관심을 쏟고 집중해야 할 대상이 너무 많아졌기 때문이다. 그래서 요즘 청소년들은 '멀티 태스킹(Multi-tasking)'에 능하다. 한 가지 일만 하지 않고 동시에 다른 일도 함께하는 데 익숙하다. 이는 컴퓨터의 '창(Window)'이 만들어 낸 현상이다. 이 창을 열고 일을 하다가 다른 창에 들어가서 일을 할 수 있다.

　우리 머리는 물에 푹 젖은 스펀지같이 언제나 포화상태다. 그래서 다른 사람을 만나 이야기를 나누면서도 우리의 생각과 마음은 딴전을 피우곤 한다. 이러한 시대에 다른 사람을 사랑하는 좋은 방법 중 하나는 그의 말에 내 관심을 집중시키는 것이다. '오직 당신 뿐!(Only you)' 通

4.
침묵의 강

　우리는 괜찮은 사람을 발견했을 때 그에게 다가가 말을 걸고 싶어한다. 때로 말을 거는 것은 상대방을 향한 최고의 호의이다. 그러나 상대방이 마음에 들지 않을 때 우리는 아무 말도 걸지 않는다. 가까운 사람끼리는 대화를 나누지만, 그렇지 않은 사람끼리는 가급적 말을 걸지 않는다. 아무리 가까운 사이라고 해도 마음이 멀어지면 당장 대화부터 중단한다. '말하는 사이'에서 '말 안하는 사이'로 바뀌게 된다. 직장 동료, 교인, 이웃 간에 서로 말을 하지 않는다면 뭔가 문제가 생긴 것이다. 부부도 그렇다. 어쩌다 서로 다투기라도 하면 제일 먼저 '침묵'이라는 무기를 꺼낸다. 부부가 서로 침묵하게 되면 얼마나 불편한가. 잠자리에 들어서도 서로 등을 돌리고 서로 먼저 말을 걸지 않으려고 경쟁하며 긴 밤을 보내게 된다.

　참으로 침묵의 강은 깊고 넓다. 그러다가 말문이 조금씩 열리게 되면 하늘을 날 것 같이 마음이 가벼워진다. 말이 늘어난다는 것은 상대방의 마음이 풀어지고 있다는 증거요, 서로 말을 한다는 것은 관계가 회복되고 있다는 신호이다. 어떤 부부가 서로 다툰 후 침묵에 들어갔다. 남편이 다음날 아침에 일찍 깨워달라고 당부를 해야 하는데 도무지 말을 하기가 싫었다. 그래서 메모지에 그 내용을 써서 식탁 위에 올려놓고 혼자 잠자리에 들었다. 다음날 아침에 일어나 보니 30분이나 늦었다. 그는 아내에게 깨워주지 않은 것에 대해 따졌다. 그러자 아내는 아무 말도 하지 않고 이불 위의 메모지를 가리켰다. 거기에는 이렇게 쓰여 있었다.

'7시예요. 일어나세요.'

침묵은 이처럼 불편한 것이다. 때때로 침묵은 상대방을 향한 최대의 복수이다. 침묵은 아무 말도 하지 않는 것이지만 상대방이 싫다는 것을 가장 정확히 전해주는 언어이다.

옛날에는 탄광 매몰 사고가 잦았다. 사람이 묻혀 며칠씩 생존자를 구조하기도 했다. 사람이 갇혀 있는 갱 안에 파이프를 박아 거기로 공기를 공급하고 물을 넣어 주었다. 또 그 파이프로 이야기를 나누며 구조의 희망을 갖게 했다. 바로 이것이 '커뮤니케이션 파이프'이다. 사람과 사람이 침묵한다는 것은 마음과 마음을 이어주는 파이프를 막아 버렸다는 표시이고, 그들이 말을 시작했다는 것은 서로의 마음을 다시 연결했다는 의미이다. 창세기 45장에는 요셉이 자신을 팔아넘긴 형제들을 애굽에서 재회하는 장면이 나온다.

"요셉이 또 형들과 입 맞추며 안고 우니 형들이 그제야 요셉과 말하니라."

그들이 서로 말하기 시작했다는 것은 관계가 회복되고 있음을 의미한다. 사람과 사람 사이에 문제가 생기면 말이 줄어들고 침묵이 늘어난다. 침묵은 더 이상 금(金)이 아니다. 우리 가정, 교회, 직장에 이런 적막이 흐르고 있지는 않은가? 만약 그렇다면 문제가 있는 것이다. 여러 사람이 모이면 조금은 시끄러운 게 정상이다. 그건 그렇고, 요즘 우리와 하나님 사이 또는 가까운 사람들 사이에도 침묵의 강이 흐르고는 있지 않은가. 通

5.

셈서

어느 악사가 사자를 구경하다가 동물원 책임자에게 제의했다.

"내가 연주를 하면 우리 안의 사자도 춤을 출 것입니다. 나를 우리 안에 들여보내 주시오"

허락을 받은 그가 연주를 하며 우리 안으로 들어갔다. 그러자 사자가 감동을 받았는지 정말로 춤을 추기 시작했다. 사람들이 손뼉을 치며 환호했다. 그는 다른 사자를 우리 안으로 들여보내 달라고 했다. 그 사자는 아예 춤을 추면서 우리 안으로 들어왔다. 신이 난 그는 다른 사자도 들여보내 달라고 했다. 그런데 이번 사자는 들어오자마자 그를 잡아먹고 말았다. 왜 그랬을까? 그 사자는 귀머거리였다. 커뮤니케이션이 안 되었던 것이다.

의대 교수가 신입생들을 모아 놓고 시체실에서 강의를 했다. "의사란 비위가 좋아야 하고 관찰력이 뛰어나야 한다."

이 말을 한 교수는 손가락을 시체의 항문에 넣었다. 그리고는 입으로 손가락을 "쪽" 하고 빨았다.

"누구 따라해 볼 사람 없나?"

모두가 역겨워하는데 용감한 한 학생이 교수가 하던 대로 따라 했다. 이 모습을 지켜본 교수가 학생에게 다가오더니 학생을 꾸짖었다.

"자네는 비위는 좋은데, 관찰력이 형편없군. 내가 입으로 빤 손가락은 다른 손가락이었어!"

눈은 있으되 제대로 볼 줄 모르니 커뮤니케이션이 되지 않는다. 사람에게 오감(시각, 청각, 후각, 미각, 촉각)은 커뮤니케이션 센서이고 커뮤니케이션의 창문이다. 눈, 귀, 코, 혀, 피부가 민감해야 커뮤니케이션을 잘 할 수 있다. 그것들이 둔해지면 불편한 일이 많이 생긴다.

점심 시간이라 식당은 조금 복잡했다. 주문을 받은 아줌마가 주방 아줌마에게 주문을 넘긴다.

"여기 계란찜, 부대!(부대찌개)"

그러자 주방 아줌마가 복창을 한다.

"응, 계란찜 두 개?"

이런 복창이야말로 커뮤니케이션의 에러를 막을 좋은 장치다.

형과 동생이 이야기를 나눈다.

"그거 어딨니?"

"뭐? 아, 그거? 저기에 있잖아?"(눈으로 가리키며)

"저기 어디?"

"저기 있잖아…."

"아, 저기 있구나?"

'저기'가 뭘 말하는지 우린 모르지만 대화자들끼리는 그런 식으로 말해도 서로 잘 통하기만 한다.

커뮤니케이션은 말로만 하는 건 아닌가 보다. 가만히 하루의 일과를 생각해 보면, 대부분은 커뮤니케이션 활동이다. 아침에 벨소리 듣고 일어나서, 신호등을 보고 길 건너, 표지판 보고 길 찾아, 번호 보고 버스 타고, 다른 사람과 만나 이야기하고…. 그러니 커뮤니케이션에 실패하면 사는 데 실패하는 것이다. 물론 커뮤니케이션에 성공하면 삶에 성공하는 것이라고도 말할 수 있다. 부시와 후세인이 왜 싸웠는가? 여야 정치인들이 왜 싸우나? 남북 간에 왜 이리 어려운가? 부부들이 왜 싸우고 헤어지나? 왜 회사에 다니면서 다투고 갈등하는가? 왜 교회 내에 갈등이 발생하나? 서로 말이 안 통해서이다. 말이 통하는 세상을 만들어 보자. 우리들의 무디어진 커뮤니케이션 센서들을 민감하게 손질해 보자. 通

6.
커뮤니케이션 영수증

제자가 급하게 연락을 해 왔다. 학보사 기자였는데 새 학기 신문을 기획하면서 원고를 청탁해 왔다. 한 학기 동안 글을 연재해 달라는 것이다. 연재가 부담스러워 생각을 좀 해 보자고 했더니 통사정을 한다. 한 번 가르친 제자 애프터서비스 해 주는 셈치고 허락을 해 주었는데, 첫 회분을 다음날 아침까지 써달란다. 여유를 좀 달라고 해도 사정을 한다. 그날 밤을 새우다시피 하여 한 학기 동안 연재할 주제를 구상해 놓고, 첫 회분을 써서 새벽에 이메일로 보냈다.

다음날 오전이 되어도 원고를 받았다는 소식이 없다. 전화도 안 되고, 이메일 답장도 오지 않았다. 원고가 제대로 들어갔는지 염려가 되어 저녁에 다시 전화를 했더니, 조금 전에 원고를 받았다며 미안해 했다.

"이 녀석아, 내가 수업 시간에 그렇게도 일렀거늘…, 메시지를 받으면 '커뮤니케이션 영수증'을 보내라고. 원고를 받았으면 받았다고 답을 해야지! 그리고 그렇게 여유가 있으면서 왜 아침까지 써달라고 했냐? 남 잠도 못 자게." 한바탕 꾸중을 해 주었다.

어느 교계 신문사에서 단행본을 내고 싶다며 지난해 가을에 원고를 부탁해 왔다. 여러 사람들의 글을 모아 책을 내는 모양인데, 짬을 내서 원고를 써 보냈다. 한두 달이 지난 뒤 새로운 담당자가 전화를 해 왔다. 그런데 오늘까지 깜깜무소식이다. 책도 안 오고, 원고료도 말이 없고.

어느 잡지사에서 원고를 부탁하기에 글을 써서 보냈다. 그런데 잡지를 우연히 구해 보니 원고가 실리지 않았다. 확인을 해 보니 원고를 받지 못했다는 것이다. 옛날 이메일 주소로 원고를 보낸 모양이다. 주소가 바뀌었으면 새 주소를 알려주든지, 마감이 지나도록 원고가 도착하지 않으면 확인을 해 보든지 해야 하는 것 아닌가. 차라리 옛날 주소를 폐기해 버렸더라면 이메일이 되돌아왔을 텐데, 답답하기 짝이 없다. 최근 이메일 의존도가 높아지면서 이런 사고가 많이 일어나는 것 같다.

강의하거나 원고를 쓰는 사람들은 강사료나 원고료를 받으면서 세금을 미리 내고 원천세징수 영수증이란 걸 받는다. 그걸 일일이 모아서 연말이나 5월 말에 종합소득세를 신고해야 한다. 그런데 그게 여간 귀찮은 일이 아니다. 세금을 징수한 사업자는 그걸 반드시 강사나 필자에게 주도록 되어 있다. 그러나 그것까지 챙겨 주는 곳은 별로 없다. 일일이 전화를 해서 보내 달라고 해도 귀찮아한다.

언젠가 어느 잡지사 기자가 우편물을 보내왔다. 몇 장의 사진이 들어 있었다. 몇 년 전 내게 인터뷰하러 와서 가져간 사진들인데 직장을 그만두면서 되돌려 준 것이다. 귀한 사진들이었는데 나도 깜박 잊고 있었다. 뒤늦게라도 사진을 돌려 주니 퍽 고마웠지만, 진작 돌려 줬어야 했다.

자신에게 넘어온 공을 잘 받아넘겨야 탁구 경기가 이뤄지듯, 다른 사람으로부터 받은 메시지에 반응을 해 줘야 커뮤니케이션이 이뤄지고 사고를 예방해 준다. 그런데도 다른 사람의 메시지에 반응하는 데 왜 이처럼 인색한지 모르겠다. 열렬히 반응하자! 通

7.

배구공 '윌슨'

영화 '캐스트 어웨이(Cast Away)'를 보면 택배회사 직원인 척 놀랜드가 탄 비행기가 바다에 추락한다. 그는 가까스로 살아나 남태평양의 작은 무인도에 혼자 남겨진다. 거기서 4년을 살면서 고독과 싸운다. 세상에 말할 상대가 없다는 것이 얼마나 힘든 일인가? 떠 내려온 배구공에다 사람의 얼굴을 그려 놓고는 그를 '윌슨'이라고 부른다. 그는 유일한 말 상대인 윌슨 없이는 잠시도 살아갈 수 없다. 말할 상대가 있다는 것이 얼마나 좋은 일인가.

어느 날 그는 뗏목을 만들어 타고 큰 바다로 나간다. 지나가는 배와 비행기에 구조를 요청하기 위해서다. 그러다 그만 파도에 윌슨을 놓치고 만다. 그는 절규하며 윌슨을 찾지만, 윌슨은 멀리 사라지고 만다. 사라져가는 윌슨을 향해 그는 "미안해!"를 외치며 흐느낀다.

세상에서 가장 무서운 건 외로움이다. 감옥에서도 제일 무서운 형벌은 독방에 가두는 것이다. 이 세상에서 누군가가 내 얘기를 들어주고 내게 말

을 걸어주는 사람이 있다는 것은 얼마나 다행스럽고 고마운 일인가. 출처
는 잊었지만 이런 시가 생각난다.

<blockquote>
누가 당신에게 말을 걸어옴은 당신과 친해지고 싶음입니다/ 누가 당신을 보고 허둥댄다면 당신에게 잘 보이고 싶음입니다/ 누가 당신을 따갑게 바라봄은 당신에게 무언가 고백하고 싶음입니다/ 누가 당신에게 장난치고 농담함은 당신을 누군가에게 빼앗기기 싫음입니다/ 누가 당신의 뒷모습이 없어질 때까지 바라봄은 당신이 곁에 있어주길 바람입니다/ 누가 당신에게 이유 없이 "고맙다"라는 말을 자주 한다면 당신을 사랑함입니다/ 누가 당신의 곁을 냉정하게 지나감은 감정을 주체하지 못함입니다/ 누가 당신에게 지난 시간을 들춘다면 당신을 보내기 위해서입니다/ 누가 당신의 옆모습을 지극히 바라봄은 사랑하고 싶으나 그럴 수 없는 현실을 원망함입니다/ 누가 당신의 이마에 조용히 입맞춤은 당신을 보내야함을 인정함입니다/ 누가 당신을 보고 고개 돌리는 것은 당신을 잊기 싫으나 잊어야함을 감추는 것입니다/ 누가 당신에게 이런 시를 적어줌은 당신의 모든 것을 깊이 사랑함입니다
</blockquote>

사람이 다른 사람에게 관심을 갖는 건 너무도 당연한 일이다. 오히려 다른 사람에게 관심을 갖지 않는 게 문제다. 그런데도 우리는 자신에게 관심을 갖고 말을 걸어오는 사람들을 귀찮아하고, 다른 사람에게 눈길 한번 주거나 말 한마디 하는 데 인색하다. 산간 벽지에서도 인터넷과 휴대 전화가 가능한 문명 시대에 살지만, 현대인들은 무인도에 남겨진 영화 주인공과 마찬가지로 '군중 속의 고독'을 경험하며 산다. 지금 당장 휴대전화를 꺼내 누군가에게 문자 메시지라도 한 통 보내자. 그리고 누군가의 배구공 '윌슨'이 되어주자. 通

8.

"똑같이 그리기"

재미있는 커뮤니케이션 게임이 있다. 술래에게 도형을 하나 준다. 삼각형과 사각형을 결합한 간단한 도형이다. 그것을 술래가 설명하고, 나머지 사람들은 그림으로 그리는 게임이다. 중요한 것은 "똑같이 그리기"다. 술래는 말로만 설명을 해야 한다. 손짓 같은 것은 이용할 수가 없다. 질문도 할 수가 없다.

대개 도형을 받아든 술래는 난감해 한다. 그리고는 설명하기 시작한다. 뭔가를 열심히 얘기는 하는데, 나머지 사람들은 난감해 하는 수가 많다. 도무지 알아들을 수 없는 얘기를 하는데, 질문을 할 수가 없으니 답답한 노릇이다.

술래는 그림에 대해 열심히 설명한다.

"아래로 조금만 내려 그으세요."

"옆으로 비스듬히 선을 그으세요."

"네모반듯하게 긋고서는…."

그러나 설명을 들으며 도형을 그리는 이들은 갈수록 답답해 한다.

몇 분 동안 설명을 한 뒤, 제대로 그렸는지 확인을 해 보게 한다. 술래는 다른 사람들의 그림을 구경하며 퍽 흐뭇해한다. 자기의 설명을 듣고 똑같이 그렸다고 생각하기 때문이다.

그러나 필자는 그 그림 중에 똑같은 그림은 하나도 없다고 확언한다. 모양(shape)은 어느 정도 비슷하지만, 크기(size)가 전혀 고려되어 있지 않기 때문이다. 그리고 그림과 종이의 재질이나 색깔도 다르다.

한 사람이 다른 사람에게 자신이 보는 간단한 도형을 설명해서 똑같이 그리게 하는 것이 커뮤니케이션이다. 자신이 보고 있는 그림을 상대방 머릿속에 '공유' 시켜 주는 것, 그리게 해 주는 것이 바로 커뮤니케이션이다. 그런데 그 간단한 그림 하나를 정확하게 전달하기가 결코 쉽지 않다.

여기에는 긴 전달 과정이 있다. 우선은 상대방도 정확히 알아들을 수 있는 표현이 필요하다. 그런데 대개는 자신만이 알아들을 수 있는 어휘를 사용하는 수가 많다. "조금"이란 말은 사람에 따라 1센티미터가 되기도 하고 1킬로미터가 되기도 한다. 이처럼 정확하지 않은 어휘, 사람에 따라 해석이 달라질 수 있는 어휘를 사용하는 수도 있다.

그리고 설명하는 속도도 문제가 된다. 그림을 보는 입장에서 너무 빠르게 설명을 하면 알아들을 수가 없다. 사고의 순서나 방식도 문제다. 메시지는 마치 블랙박스 같은 상대방의 마음 속에 들어가서 복잡한 화학 작용을 거치며 얼마든지 다르게 왜곡될 수가 있다.

어쨌든 커뮤니케이션을 정확하게 하기란 대단히 어려운 일이다. 변수가 너무 많다. 그러니 우리가 나누는 대화나 강의 내용이 제대로 전달되기란 어려운 일이다.

앞의 게임에서, 도형은 모양이나 길이 등을 가리키는 객관적인 용어(직각삼각형, 센티미터 등)를 사용해야 한다. X축과 Y축으로 된 좌표를 이용하는 것도 좋은 방법이다.

　언제나 확인(feedback)이 중요하다. 메시지가 제대로 전달됐는지 반드시 확인을 해 보는 게 좋다. 아니면, 수신자가 전달자에게 확인을 해 보는 것도 방법이다.

　나머지 사람들이 도형을 제대로 그리지 못한 건 질문을 하지 못하도록 한 데다가, 손짓도 하지 못하게 해서다. 수신자들이 술래에게 질문하게 하고, 수신자들이 손짓을 하거나 그림을 직접 보여주도록 허용했다면 술래가 설명을 잘못했더라도 메시지는 제대로 전달되었을 것이다. 그러니 일방적인 커뮤니케이션이란 얼마나 위험한 것인가? 通

9.
"거시기"

고대 신라와 백제 간의 전쟁을 코믹하게 다룬 "황산벌"이라는 영화가 화제가 된 적이 있다. 이 영화는 특히 지역색을 드러내는 사투리로 인기를 끌었는데, 그동안 삼국시대를 배경으로 한 드라마나 영화는 많았지만 이 영화처럼 사실적으로 표현하지는 못한 것 같다. 언어학자들은 그 당시에는 요즘과는 비교가 안 될 정도로 사투리가 심했을 것으로 본다. 지역들 간에 교통이 불편한 데다가 통신 수단도 없어 서로의 커뮤니케이션이 어려웠을 것이기 때문이다. 지금도 제주도 방언을 다른 지역 사람들은 전혀 알아들을 수가 없는데 당시 사투리가 이러했을 것이다.

영화 "황산벌"에는 '맞장뜨기, 기마전, 욕 싸움, 주먹감자 먹이기, 무릎 감자 먹이기' 등 기발한 전투 장면이 나온다. 그 가운데에서도 욕 싸움 장면은 압권이다. 특히 신라의 스파이가 계백장군의 '거시기'를 해독하지 못해 쩔쩔매는 장면에서는 터지는 웃음을 참을 수가 없다. '거시기'는 무척 애매한 표현이다. 아무나 알아들을 수 있는 말이 아니다. '거시기'는 상황에 맞게 눈치껏 이해해야 한다. 그런데 이 어려운 말이 쓰이는 건 구태여 정확하고 명확한 표현을 찾아 쓰지 않아도 상대방이 알아듣기 때문이다. "내가 거시기하러 가서 거시기하고 있는데 거시기해 가지고 사람들이 거시기해줘서 사람들이 거시기하냐고 하니까 내가 거시기하다고 했다."

과연 이 말의 뜻은 무엇일까? 과연 누가 이 문장을 제대로 해석할 수 있단 말인가?

흔히 '거시기'를 전라도 사투리로 아는 이들이 많은데, 이 말은 엄연히 표준말이다. '거시기'란 어떤 사물이나 사람을 지칭해서 쓰는 대명사이긴 하지만, 상황에 따라 다양하게 쓰이는 '좀 거시기한' 말이다.

'거시기'와 비슷한 말로 '머시기'라는 말도 있다. '거시기'에 '머시기'까지 등장하면 얘기는 더욱 난해해진다. 그런데도 사람들은 여전히 이런 말을 쓰고 그 뜻을 이해한다. 예를 들면 부엌에서 요리를 하던 어머니가 음식의 간을 보다가 딸아이에게 "거시기 좀 가져와라"고 하면, 아이는 제 나름대로 상황을 판단해서 소금을 가져온다. 조금 있다가 다시 맛을 보며 "아니, 거시기를 가져와라"고 하면 아이는 조미료를 가져온다. 다른 집 아이한테는 통하지 않는 얘기다.

한 번은 어느 외국인 선교사의 특강을 듣게 되었다. 영어로 강의를 할 줄 알았는데 첫 마디가 '거시기'였다. 청중들에게는 충격이었다. 알고 보니 그는 호남지역에서 태어나 성장했다고 한다. 그가 구사하는 말은 당연히 걸쭉한 호남 사투리였다.

단지 입으로 말을 잘 하고 귀로 잘 듣는다고 해서 커뮤니케이션이 잘 이뤄지는 건 아니다. 상황을 정확히 살피고 상대방의 마음까지도 읽어야 '거시기'의 참뜻을 이해할 수 있을 것이다. 이런 걸 바로 이심전심(以心傳心) 커뮤니케이션이라고 하나? 通

10.

원 만들기

길이가 10센티미터인 나무젓가락 여섯 개가 있다. 이걸로 '원'을 만들 수 있을까?

전철에서 어떤 할아버지가 학생에게 물었다.

"학생, 이 차가 '기름'으로 가는가?"

과학고등학교에 다니는 그 학생이 고개를 흔들며 말했다.

"아뇨? 이 차는 전기로 가는데요."

할아버지는 어이가 없다는 듯이 다른 칸으로 갔다. 그때 차내 방송이 나왔다.

"다음은 '길음' 역입니다."

어느 청년이 만원버스를 탔다. 차가 커브를 돌자, 서 있던 승객들이 한쪽으로 쏠렸다. 그는 있는 힘을 다해 버텼지만 사람들이 미는 바람에 바로 앞의 할머니를 건드리고 말았다. 그러자 할머니가 화를 내기 시작했다.

"이봐요 청년, 이거 '성폭행' 아녀?"

"성폭행이라뇨? 아녜요."

"이거 정말 성폭행 아냐?"

"아니라니까요."

주위 사람들이 수군거리며 청년을 바라봤다. 그때 옆에서 한 여학생이 나서더니 할머니에게 말했다.

"할머니, 맞아요. 이 차 '성북행'예요."

승객들은 한바탕 웃었다.

과학을 공부하는 학생에게는 차가 기름으로 가느냐, 전기로 가느냐가 중요한 관심사다. 그래서 '길음'을 '기름'으로 들었다. 만원버스에서 벌어지는 성적 접촉 장면을 상상했던 청년은 '성북행'이 '성폭행'으로 들렸던 것이다.

사람들은 상대방이 말하는 것을 그대로 듣는 게 아니라 자기가 들으려고 하는 것, 자기에게 관련이 있는 것만 듣고 자기 멋대로 해석하는 경향이 있다. 자신이 생각하는 어휘와 비슷한 어휘가 등장하면 그것을 동일하게 여기려 한다.

선택적 청취라 하여, 상대방의 이야기 중에서 자신과 관련된 내용만 듣고 나머지는 듣지 않는 경향도 있다. 그러니 반응도 제각기 다를 수밖에 없다.

학교에서 한 학생에게 발표를 시킨 뒤 그것을 들은 학생들에게 자신이 들은 내용을 요약하도록 해 본 적이 있다. 같은 내용을 같은 조건에서 말했는데도, 학생들이 받아들인 내용은 서로 달랐다. 발표한 학생에게 그것을 살펴보도록 했더니 퍽 놀라워했다.

우리가 말을 하고 글을 쓰는 건 자신이 갖고 있는 정보나 지식, 생각이나 의견, 감정 같은 것을 상대방과 공유(共有)하기 위해서다. 그러나 말만 한다고, 글만 써서 준다고 하여 그런 것들이 상대방에게 그대로 공유되는 건 아니다. 사람들의 마음 문에는 여러 색의 렌즈를 손에 든 문지기가 서 있다. 그 문지기는 상대방이 주는 메시지를 받아들일지 말지를 결정한다. 그는 또 여러 렌즈를 들고 상대방이 주는 메시지를 확대해 보기도 하고, 축소해 보기도 한다. 그리고 여러 색깔의 렌즈로 상대방이 준 메시지를 비쳐본다. 그러니 메시지가 상대방에게 원래의 모습대로 전달되기란 대단히 어려운 일이다.

앞서 말한 '원 만들기'도 그렇다. 독자는 둥근 '원(圓)'을 생각했겠지만, 필자는 우리나라 화폐단위인 '원'을 나타내는 기호(₩)를 생각했다. 通

11.

한번은 농촌의 작은 교회가 우리 교회 남성중창단을 초청했다. 농아인 교회였다. '농아(聾啞)'는 말을 못하고 듣지 못한다는 말이다. 말을 못하고 듣지 못하는 사람들이 따로 있는 게 아니라, 듣질 못하니 자연적으로 말도 하지 못하게 되는 것이다. 어쨌든 그날 우리는 못 듣고, 말하지 못하는 이들 앞에서 두 곡이나 불렀다. 30년 넘게 지휘를 해 왔지만, 그 같은 경험은 처음이었다.

처음에는 농아인들 앞에서 찬양이 무슨 의미가 있을까 생각했다. 적당히 부르면 되겠다는 생각도 했다. 그러나 행사에 참석하는 다른 '정상인'들을 의식해서 나름대로 준비를 잘해 가지고 갔다. 우리를 초청한 분은 "그들도 느낀다"며 우리를 위안(?)해 주었다.

남성들의 우렁찬 노래가 작은 시골 예배당을 압도하기 시작했다. 한 봉사자가 우리의 노래 가사를 수화로 전달하는 게 보였다. 지휘를 하면서 "저 분들이 우리의 이 멋진 노래를 들을 수 있으면 얼마나 좋을까?" 하는

생각이 간절했다. 노래가 끝나자, 참석자들은 환호했다. 인도자도 아주 은
혜스러운 찬양이었다며 수화로 극찬을 했다. 그러면서 "우리가 듣지는 못
하지만 느낄 수는 있다"고 강조했다.

잠시 후 농아인들이 수화 찬양을 했다. 노래 대신 녹음 테이프를 틀어놓
고 거기에 맞춰 특별히 준비한 손동작을 했다. 우리야 소리를 들으면서 거
기에 맞춰 손동작을 하면 되지만, 그들은 소리가 들리지 않으니 거기에 맞
춰 동작을 통일할 수가 없다. 언제 음악이 시작되는지, 어디쯤 연주하고
있는지, 어떤 빠르기로 음악이 흐르는지, 언제 끝나는지를 도무지 알 수가
없지 않은가. 그런데도 그들은 하나같이 통일된 손동작을 보여 우리를 감
동시켰다.

잘 살펴보니 뒤쪽에 지휘자가 있었다. 듣는 귀를 가진 지휘자가 흘러나
오는 노래에 맞춰 그들을 인도해 주고 있었다. 그들은 지휘자에게 시선을
집중하였다. 그들에게는 시선이 생명이었다. 시선이 유일하게 통하는 길
이었다.

소리를 듣지 못하는 농아인들은 귀 대신 눈으로 듣는다. 그래서 그들은
어둠을 싫어한다. 캄캄한 밤에는 옆에서 아이가 울어도, 전화벨이 울려도,
누가 문을 두드려도 알 수가 없기 때문이다.

그날 수화 찬양을 보면서, 농아인들에게 시선이 얼마나 중요한 커뮤니
케이션 수단인지를 새삼 깨달을 수 있었다. 그리고 사람이 반드시 귀로만
듣는 게 아님도 알게 되었다.

사람에게는 세 개의 귀가 있다고 한다. '외이(外耳)'는 들리는 소리만 듣
는다. '중이(中耳)'는 들리지 않는 소리까지 듣는다. '내이(內耳)'는 일부
러 들려주지 않는 것까지도 듣는다. 외이만 멀쩡할 뿐, 중이나 내이가 마
비된 사람이 얼마나 많은가? 예수님께서 "귀 있는 자는 들으라"고 하신 깊
은 뜻을 알 것 같다.

그렇다면 사람에게는 눈도 세 가지일 것 같다. 보이는 것만 보는 '외안

(外眼)’, 보이지 않는 것도 보는 ‘중안(中眼)’, 일부러 감춘 것까지도 보는 ‘내안(內眼)’이 그것이다.

겉모습을 본다 해서 다 보는 게 아니고, 소리를 듣는다 해서 다 듣는 게 아니다. 그날 그들은 중이와 내이로 우리의 찬양을 들었다. 그럼 우리는 내안과 중안으로 그들의 찬양을 봤던가? 그들과 우리는 과연 통하였는가? 그들과 통하려면 수화부터 배워야 할 것 같다.

“눈 있는 자는 보라!” 通

12.
공유면적

필자의 친지 중에 이런 사람이 있다. 세 가정이 교외에 땅을 사고 집을 지었다. 한번 가봤는데, 마당이 운동장 같았다. 담 없이 정원, 마당 같은 걸 공동으로 사용하니 그럴 수밖에.

그런가 하면 우리 동네의 어떤 오피스건물은 나란히 붙어 있는데, 1층과 지하의 주차장이 따로 되어 있다. 가끔 지나가다 보면 한 건물 주차장은 비어 있는데, 다른 주차장은 차가 가득할 때가 많다. 처음 지을 때 주차장만이라도 경계를 허물고 하나로 만들었더라면 공사비도 적게 들고 쓸모가 있었을 것이다. 울타리는 이처럼 서로를 위한 것 같지만, 서로에게 손해가 되기도 한다.

중앙대는 캠퍼스의 담을 헐어 버리고 거기에 나무를 심었다. 정문과 후문만 이용하던 학생들이 학교를 출입하기가 쉬워졌고, 주민들에게도 좋은 쉼터가 되고 있다. 교회도 담을 허물고 주차장과 뜰을 주민들과 함께 쓰면 좋을 것 같다. 사람과 사람 사이도 마찬가지다. 그 사이를 막고 있는 울타리를 허물어야 생각과 생각, 마음과 마음이 서로 잘 통한다.

우리들 마음과 생각에도 울타리가 있다. 우리는 이 울타리를 '자신의 경험'이라는 재료로 쌓아 올린다. 누에가 그렇듯이, 경험이라는 실을 가지고 자기만의 고치를 만들어 간다. 우리의 지식, 가치 신앙, 확신이 바로 그렇게 만들어진다.

사실, 오늘 우리에게 일어난 일을 이해하는 수준은, 어제 배운 것에 의해 제한된다. 발견과 학습을 통해 우리의 울타리는 점점 일정한 패턴으로 굳어진다. 그리고 그것을 세상을 이해하는 자기만의 틀, 울타리로 사용한다.

리처드 튜킨스가 쓴 『연장된 표상』이라는 책에는 이런 얘기가 나온다. 아프리카 피그미족인 한 흑인 소년이 영국인 친구의 안내로 산 위에 올라 평원을 바라봤다. 이 흑인은 멀리 산 아래에서 풀을 뜯어먹고 있는 소들을 가리키며 물었다. "저건 무슨 곤충인가요?" 영국인 친구는 어떻게 설명을 해줘야 할지 고민했다. 소년은 밀림 속에서만 살아오면서 사물을 가까이에서만 바라보며 살아왔다. 멀리서 크기를 가늠할 기회가 없었던 것이다. 친구는 그것이 멀리 보이는 소떼들이라고 말해 주었지만, 그는 믿을 수 없다며 웃음을 지어버렸다. 그 소년은 누구나 다 그렇듯이 자기의 경험 속에 갇혀 살아 온 것이다. '경험'은 가치 있는 것이지만, 때때로 우리 자신을 이렇게 포로로 만들기도 한다.

우리가 다른 사람과 이야기를 나눌 때, 이 울타리가 결정적인 역할을 한다. 울타리가 얼마나 높고 단단한가에 따라 말이 통하기도 하고 안 통하기도 한다. 노사가 협상을 하거나 여야 정치인들이 협상을 할 때 피차 울타리를 높이 쌓아 놓고 대화를 시작하는 걸 볼 수 있다.

사람과 사람이 커뮤니케이션을 한다는 것은 사람(人) 사이(間)를 좁히는 것이다. 그래서 공유면적을 넓혀 나간다. 그러려면 서로의 울타리부터 낮추고 상대방을 만나야 한다. 자신의 울타리부터 낮추고, 상대방도 울타리를 낮추도록 유도해야 한다. 서로가 자신의 틀을 고집하지 말아야, 공유면적이 늘어난다. 通

13.

필담

"안녕하세요? 뭘 도와드릴까요?" 자원 봉사자들이 병원에서 환자들을 돕고 있다. 그때 목 언저리에 붕대를 감은 한 환자가 뭔가 도움을 청한다. 아마 목 수술을 받은 모양이다.

자원봉사자가 다가서서 말을 걸었다.

"어디 불편하세요?"

그러자 환자는 말을 하지 못하고 종이와 펜을 달라는 시늉만을 한다. 자원봉사자는 그를 종이와 펜이 있는 안내 데스크로 데려갔다.

"저는 목 수술을 받아서 말을 하지 못해요. 제 남편에게 전화를 해야 하는데 말을 할 수가 없으니 좀 도와주세요."

환자가 쓴 글을 읽은 자원봉사자는 얼른 답글을 써 주었다.

"전화번호가 어떻게 되세요?"

환자는 전화번호를 써 주었다.

"뭐라고 말씀을 전해드릴까요?"

두 사람은 이런 식으로 필담을 이어갔다.

결국 자원봉사자는 환자의 남편에게 전화를 걸어서 환자의 메시지를 잘 전해 주었다. 남편은 아주 감사해하며 아내에게 전해 달라며 몇 마디를 말했다. 그 말을 필담으로 전해 주자, 환자는 반가워하며 종이에 써서 인사를 했다.

"정말 감사합니다."

"뭘요, 빨리 회복하세요."

자원봉사자는 종이에 써서 말을 전하고 다른 환자에게로 갔다. 참 친절한 사람이다. 아까운 시간을 내서 환자들을 돕는 마음이 아름답다.

그날 저녁, 집에 돌아간 자원봉사자는 남편에게 낮에 있었던 일을 슬며시 자랑했다. 환자와 필담을 나눈 일이며, 그녀의 남편에게 대신 전화를 걸어준 일, 그녀가 아주 감사해한 일을 말이다. 그런데 가만히 듣던 남편이 한바탕 웃는다.

"목이 아픈 환자는 말을 못하니까 당신에게 글로 생각을 전한 건 이해가 되는데, 당신은 왜 글로 답을 쓴 거요? 당신도 목이 아팠소? 그 사람이 듣지도 못하나요?"

생각을 해보니 맞는 얘기다. 자기는 말로 답변을 하면 될 건데, 왜 자기까지 종이에 글을 써 가며 필담을 나눴는지 모를 일이다. 하여튼 그날 저녁 그들 부부는 배꼽을 잡고 웃었다. 아마 도움을 받은 환자도 뒤늦게 그걸 깨닫고 한바탕 웃었을지 모른다.

그러나 그녀가 필담을 한 것은 아름답고 지혜로운 일이다. 그녀의 마음에는 상대방과 같은 입장에서 대화하겠다는 생각뿐이었다. 그러니 아주 자연스럽게 상대방을 따라 필담을 나누게 되었으리라.

상대방과 통하려면 상대방의 자리로 바꿔 내려가야 한다. 이를 두고 보통 눈높이 맞추기라고 한다. 나는 교회 유치부 교사를 참 존경한다. 아마 나한테 그 아이들을 가르치라면 5분도 못 버틸 것이다. 그런데도 유치부

교사들은 아이들의 마음을 잘 읽고 그들과 커뮤니케이션을 해낸다.

영어로 '이해한다'는 말을 'understand'라고 한다. 상대방보다 낮은 위치에 선다는 뜻이니 정말 적절한 표현이 아닐 수 없다. 우리가 다른 사람과 잘 통하려면 우선 상대보다 낮게 자리해야 한다. 그러니 단을 높이 만들어 놓고 거기 올라가 청중들을 내려다보며 강의 또는 설교를 하는 것이 과연 효과적인가 하는 의문이 든다. 필담을 나누듯 청중석으로 내려와 한 사람 한 사람과 얘기를 나눠야 잘 통할 것이다. 通

14.
아이 깨우기

대기업 부회장을 역임하고, 호텔 식당 웨이터로 변신해 우리를 놀라게 한 사람이 있다. 그의 책에 이런 에피소드가 나온다. 자기 집 일을 봐주는 파출부가 만족스럽지 못했던 그는, 벼르고 벼르다가 하루는 직접 커피를 타 주며 얘기를 걸었다.

"아주머니가 우리 집에 와서 해 주는 일이 우리 가족을 얼마나 기쁘게 해 주는지를 아주머니는 잘 모르시는 것 같아요."

그러면서 그는 아무 생각 없이 습관적으로 일하지 말고, '프로 파출부'가 되라고 조언했다.

그로부터 1년 후, 그 아주머니가 작은 선물과 편지를 보내왔다. 그녀는 12명을 거느린 파출부 회사의 대표로 변신해 있었다. 그러면서 1년 전의 충고에 대해 진심으로 고마워했다.

상대방에게 얘기를 한다고 해서 커뮤니케이션이 되는 건 아니다. 상대방이 그것을 받아들이고 행동으로 옮겨줘야 효과(effect)가 있다고 할 수 있다. 목이 아플 정도로 열심히 강의를 했다든가, 첨단의 미디어를 사용했다는 건 별로 중요하지 않다. 그가 전하려고 한 내용을 수강생들이 받아들이고 그대로 실천하느냐가 중요하다. 효과가 없는 커뮤니케이션은 아무것도 아니다.

대표적인 게 '잔소리'이다. 아침에 아이에게 아무리 일어나라고 여러 번 말해도 아이는 일어나지 않는다. '일어나라'는 말은 이미 의미와 영향력을 잃은 단순한 '소리'로 전락했다. 커뮤니케이션에는 여러 요소들이 영향을 미친다. 아이를 깨우는 어머니가 얼마나 권위와 신뢰성을 갖고 있는지, 그 어머니가 아이에게 뭐라고 얘기를 하는지, 말로 하는지 꼬집는지 일으켜 세우는지, 그 아이가 어떤 심리적인 상태인지, 그리고 아이를 깨울 때의 분위기가 어떤지 등이 커뮤니케이션 효과에 적잖은 영향을 준다. 이런 여러 요소들이 잘 맞아떨어져야 커뮤니케이션이 성공할 수 있다.

커뮤니케이션을 잘 하려면 철저한 준비가 필요하다. 그 중에서도 제일 중요한 것은 상대방을 깊이 파악하고 이해하는 것이다. 그래야 상대방에게 가장 효과적인 메시지와 전달 방식을 찾아낼 수 있다.

의사가 환자를 치료하는 방법에는 다음의 세 가지 경우가 있다. 첫째는 일단 투약을 하는 방식이다. 이런 경우 치료될 확률은 매우 낮다. 환자만 고생한다. 둘째는 일단 환자에게 약을 먹여 본 후에, 그 반응을 보아가며 약의 종류나 양을 조절해 나가는 방식이다. 이것이 바로 '피드백(feedback)'이다. 커뮤니케이션도 상대방의 반응을 살펴야 성공할 수 있다. 셋째는 환자를 철저히 진단한 후에 거기에 맞춰 약을 먹이는 방식이다. 이런 걸 '피드 포워드(feed forward)'라고 한다. '사후 서비스(after service)'가 '사전 서비스(before service)'로 변해가듯, 커뮤니케이션도 한 박자 먼저 '피드 포워드'를 해야 효과를 거둘 수 있다. 내일 아침, 단 한마디로 아이를 깨울 방법을 찾아보자. 通

15.
"R겠나?"

이 과장이 최근 입사한 사원을 불렀다. 그리고는 뭔가를 지시했다.

"이 서류를 갖고 기획실에 가서 예산안을 받고, 총무과에 가서 예산 지침서를 보고 정해진 물품을 청구하게. 그리고서 경리과에 청구 서류를 넘겨주고 오라구. 알겠지?"

"예, 알겠습니다!"

젊은 사원은 대답을 하고는 사무실을 나갔다. 그 모습을 본 내가 이 과장에게 물었다.

"그 신입 사원 어디 보냈나?"

"지금쯤 기획실에 가 있을 겁니다."

"그래? 내 생각에는 베란다에 있을 것 같은데… 우리 내기 할까?"

이 과장과 나는 복도 끝 비상구를 통해 베란다로 갔다. 과연 그 신입 사원은 거기에서 담배를 피우고 있었다.

우리는 사무실로 들어와 원인을 분석했다. 두 사람은 커뮤니케이션이 제대로 되지 않았다. 이 과장이 그를 향해 분명히 "알겠나?"하고 물었고, 그가 분명히 "예, 알겠습니다!"라고 했지만 두 사람은 메시지를 공유하는 데 실패했다. 우리 생활 속에서 이런 일이 얼마나 많은가?

실패의 원인은 이 과장에게 먼저 있다. 이 과장은 신입 사원의 입장과 처지를 이해하지 못했다. 신입 사원은 아직 다른 부서의 위치도 잘 알지 못하고, 담당자도 잘 알지 못했다. 더구나 서류를 작성해서 제출해 본 적이 없다. 그는 요즘 새로운 회사 분위기에 적응하느라 매우 긴장하고 있었다. 그런 그의 입장은 생각하지 않고, 이 과장은 일방적으로 지시를 하고는 "알겠지?"라고 물었다. 도무지 알 턱이 없었지만, 그는 이 과장에게 모른다고 말할 수가 없었다. 그래서 씩씩하게 "예!"라고 하고 사무실을 나왔지만 얼마나 마음이 무거웠겠는가?

이 과장은 우선 부드러운 분위기를 만들어줘야 했다. 군대같이 "예, 알겠습니다!"하고 외쳐야 하는 경직된 분위기가 아니라, "잘 모르겠는데요?"라고 되물을 수 있는 부드러운 분위기를 만들어 줘야 했다. 그리고 종이에 그림을 그려가며, 중요한 용어는 종이에 써 가며 알기 쉽게 설명해야 했다.

그런 다음 그 내용이 잘 전달됐는지 질문을 통해 확인했어야 했다. 군대에서 쓰는 '복창!'이 바로 그것이다. 아니면, 길도 사람도 모르는 그를 데리고 그 부서들을 돌며 담당자와 인사라도 시켜주고 서류를 처리하는 방법도 직접 가르쳐 줘야 했다.

그 신입 사원도 그랬다. 아무리 경직된 분위기라도 모르면 모른다고 대답을 해야 했다. 아니면 자신이 지시받은 내용을 자기 입으로 말하고 이 과장한테 확인을 받아야 했다. 내용을 알지 못하면서 "알겠습니다"라고 대답한 것은 큰 잘못이다. 지시한 사람이 지시한 내용을 확인하지 않으면, 지시받은 사람이 확인해 주는 수밖에 없는데 그마저 이뤄지지 않았던 것이다.

커뮤니케이션에서 'R(반응, 응답)'은 사고를 예방하고 커뮤니케이션을 성공시키는 열쇠다. 이 과장은 신입 사원이 적절한 반응(response)과 응답

(reply)을 하도록 해야 했다. 신입 사원도 마찬가지다. 이 과장이 묻지 않더라도 스스로 반응과 응답을 해야 했다. 그랬다면 사고는 분명히 예방되었을 것이다. 通

16.

대화의 진실성

어느 여성 애연가가 금연서를 펴내 화제다. 그녀는 애연가들을 향해 담배를 포기하면 많은 것을 얻을 수 있다며, 부디 금연하라고 간절히 호소한다. 흡연자의 80퍼센트가 금연을 시도해 봤다니, 금연이란 게 결코 쉽지 않은 모양이다.

그녀는 자신이 여성 흡연자로서 겪은 눈물겨운 사연을 이 책에 자세히 소개하고 있다. 여성 흡연에 대한 편견 때문에 언제나 숨어서 담배를 피워야 했고, 흡연 후에는 냄새가 나지 않도록 철저히 양치질을 해야 했다. 그러다가 자신이 담배를 피우는 사실을 동서가 알게 됐다고 한다. 그런데 알고 보니 동서도 흡연자였다. 그날부터 두 사람은 세상에서 가장 가까운 사이가 되었다. 비밀이 생기면 다른 사람과 가까워지기가 어렵다. 그런데 그런 비밀을 알고 나면, 세상에서 가장 편한 사이가 된다.

내가 아는 어떤 사람은 언제나 나쁜 마음을 갖고 나쁜 행동을 하면서 살아간다. 나는 그가 어느 정도 나쁜 사람인지를 잘 안다. 그래서 그와 만나면 오히려 편해진다. 우리가 경계하는 사람은 겉과 속이 다른 사람이다. 어느 교인은 교회에 나온 지 꽤 오래 되었는데도 아직 담배를 끊지 못하고 있다. 그런데 그 사람은 다른 교인들에게 자신이 아직 담배를 끊지 못하고 있음을 숨기지 않는다. 오히려 자신이 금연을 하도록 기도해 달라고 부탁을 한다. 흡연 여부를 떠나 그는 정말 솔직하고 진실한 사람이다. 그래서 많은 사람들이 그를 신뢰한다.

사람 사이의 의사소통은 말을 전하는 사람이 얼마나 솔직하냐에 달려 있다. 얼마나 믿을 수 있는 사람이냐에 따라 커뮤니케이션이 잘 되기도 하고 안 되기도 한다. 그런데도 사람들은 여러 기술과 수단이 커뮤니케이션에 중요하다고 믿고 있다.

물론, 여러 기술을 익히고 여러 수단을 잘 활용하면 커뮤니케이션을 더 잘 할 수 있다. 그러나 그보다 중요한 게 있다. 커뮤니케이션을 하는 사람의 진실성이다. 그가 진실하지 못함을 알게 되는 순간, 커뮤니케이션 효과는 추락하고 만다. 늑대와 소년 이야기가 대표적인 예다. 당신이 거리로 나가 "늑대야!"하고 외칠 때 사람들이 얼마나 그 내용을 믿어줄까?

미국의 어느 기독교 교단 총회장에 말이 어눌한 사람이 선출됐다. 상대편이 그의 약점을 집중적으로 공격하자, 그는 이렇게 연설했다.

"여러분이 잘 알다시피 저는 연설을 잘 못합니다. 그렇지만 저는 거짓말은 하지 않습니다." 정말 명연설이었다.

어느 교회에서 담임목사 후보자들을 초청해 설교를 들었다. 거기에서 낙방한 어느 목사가 자신의 설교 내용은 유명한 설교자의 것이었다며, 그걸 몰라준 관계자들에게 불평을 했다. 그러자 한 관계자가 이렇게 답했다.

"설교문이 그 분 것인지는 몰라도 목사님이 그 분은 아니잖아요?"

그렇다. 좋은 목소리, 효과적인 제스처, 훌륭한 내용, 첨단의 멀티미디어만으로 커뮤니케이션에 성공할 수는 없다. 연설이든 대화든, 문제는 전하는 사람의 진실성이다. 通

17.

엘리베이터 안에서

　새 아파트로 이사온 지 3개월이 되어 간다. 아는 이웃이 없다는 건 편하기도 하지만 한편으로는 불편한 일이다. 한번은 급히 주문한 물건이 배달되었는데 아무도 없었다. 도무지 물건을 대신 받아줄 만한 이웃이 없었다. 급한 김에 한 번도 인사를 나눈 적이 없는 바로 옆집에 좀 맡기라고 했다. 그 일로 옆집과 처음으로 인사를 나누게 되었다.

　제일 불편한 건 엘리베이터 안에서다. 40가구가 한 엘리베이터를 사용하는데, 방문객까지 있어 모두가 낯설기만 하다. 엘리베이터를 타면 어디를 바라봐야 할지 고민스럽다. 사람과 사람 사이의 물리적 거리는 친밀감과 반비례하는 경향이 있다. 사람들은 상대방에 대한 친밀감을 물리적 거리로 표현한다.

　교회마다 긴 의자가 있다. 먼저 온 사람부터 빈틈없이 안쪽부터 앉아 주면 얼마나 좋겠는가? 그러나 서로 친하지 않은 사람들끼리 그렇게 앉으라는 건 무리한 일이다.

홀(Hall)이라는 사람은 자신을 중심으로 60센티미터 이내는 친밀 영역, 거기서 1백20센티미터까지는 개인 영역, 다시 3백30센티미터까지는 사회 영역, 그리고 그 이상은 공공 영역으로 구분했다. 그렇지만 이성 간에는 더 민감해진다. 홀은 남자와 여자 사이의 거리를 여덟 가지로 나눈다. 15센티미터 이내는 접촉의 사이이다. 서로 살을 맞대고 상대방의 체온을 느낄 수 있는 거리다. 15센티미터에서 45센티미터까지는 제 삼자가 끼어들 수 없는 부부나 연인의 거리다. 45센티미터에서 75센티미터까지는 부부나 연인이라면 자연스럽지만 그렇지 않으면 관계를 의심받을 수 있는 야릇한 거리다. 75센티미터에서 1백20센티미터까지는 손을 뻗으면 닿을 수 있는 친구 사이의 거리다. 이보다 멀리 떨어지면 형식적인 의사소통이 되고 만다.

1백20센티미터에서 2백10센티미터는 사교상의 거리로 비서가 손님을 접대할 때 유지하는 거리다. 2백10센티미터에서 3백60센티미터는 다른 사람한테 신경 쓰지 않고 남에게도 폐를 끼치지 않는 거리다. 3백60센티미터에서 7백50센티미터까지는 사적인 관계가 성립되기 어려운 거리다. 그리고 그 이상은 강연을 할 때 연사와 청중 간의 거리다. 사람들은 이 여덟 가지 대인 거리를 무의식적이고, 놀라울 정도로 잘 적용하며 산다.

그런데 이런 거리가 침범당하는 곳이 엘리베이터나 지하철 안, 좌석이 나란히 붙은 극장 같은 곳이다. 가족이나 연인이라야 접근할 수 있는 친밀 영역에 낯선 이성이 침범을 하니 상당히 불편함과 불쾌감을 느끼게 된다. 그래도 어쩌겠는가. 한 엘리베이터를 사용하는 사람들끼리라도 친해지는 수밖에. 그래서 오늘 나는 내가 사는 아파트 엘리베이터에 다음과 같은 글을 하나 써 붙이려고 한다. 그리고 만나는 사람들에게 내가 먼저 인사를 나누려고 한다.

"한 골목에 사는 우리, 한 엘리베이터를 쓰는 우리—세상에서 제일 가까운 이웃입니다. 서로를 기억하며 만날 때마다 반가워하면 좋겠습니다. 좋은 이웃사촌이 됩시다. 이웃 드림." 通

18.
안 듣는 청중

'커뮤니케이션'에는 여러 가지 도구들이 있다. 그 중에서도 제일 중요한 것이 말하기(speech)와 글쓰기(writing)라고 생각한다.

이 두 가지는 사람이 현대 사회를 살아가는 데 두 날개와 같이 중요하다. 말하기와 글쓰기를 자유롭게 구사할 수 있다면 그 삶은 상당히 풍요로워질 수 있을 것이다.

실제로 우리 삶의 80퍼센트는 커뮤니케이션 행위이다. 그래서인지 요즘 기업이나 학교에서 커뮤니케이션에 대한 관심이 부쩍 커지고 있다. 성공적으로 스피치를 하려면 말하는 내용(what to say?)과 전하는 방식(how to say?)을 청중에게 잘 맞춰야 한다. 그리고 양방향 소통으로 진행해야 한다. 그런데 청중이 많으면 이런 게 무시되고 만다.

청중이 어떤 사람이냐도 중요한 변수이다. 스스로 모인 청중이냐, 타의로 모인 청중이냐가 스피치의 효과를 좌우한다. 스스로 필요성을 느끼고 온 청중일수록 진지하고 열성적이다. 예를 들어, 예배에 참석해 설교를 듣는 교인만큼 열성적인 청중은 없다. 이런 점에서 설교자들은 행복하다고 볼 수 있다.

스스로 비용을 부담하고 모인 청중도 열성적이다. 강사는 강의 품질에 적잖은 부담을 갖게 되지만, 결과에 따라 보상이 따르므로 의욕도 생긴다. 수강료를 부모가 내주거나 회사가 부담해 주는 경우 또는 의무적으로 참석하는 경우는 수강 태도가 그다지 좋지 않다. 아마도 기독교 학교의 채플이나 결혼식 주례사 같은 것이 제일 힘든 스피치가 아닐까.

채플에서 강의를 해보면 무척 자존심이 상한다. 많은 학생들이 잠을 자거나 한눈을 팔고 있고, 일부만이 경청을 한다.

결혼식 하객도 만만치 않다. 예식장에서 청중들을 상대로 하는 주례는 상당히 어렵다. 오랜만에 만난 사람들과 인사를 나누느라 소란하고, '주례사가 언제 끝나나' 하는 표정으로 시계만 들여다보는 하객들을 상대하자니 여간 힘든 게 아니다.

지난 학기에 학생들과 주례사 발표회를 가졌다. 학생들은 청중을 사로잡을 여러 가지 아이디어를 선보였다. 몇몇 학생들은 당사자보다는 하객들을 상대로 하는 가정 특강을 시도했다. 주례사의 대상을 신랑 신부에서 하객들로 바꾸자는 시도였다. 그러려면 신랑과 신부를 미리 따로 불러 자연스러운 분위기에서 조언을 해줘야 한다. 한 주례 발표자는 마이크를 들고 단상에서 내려와 몇몇 하객들에게 1분 주례사를 부탁하기도 했다. 청중을 사로잡을 수 있는 참 좋은 아이디어라고 생각한다.

주례자, 신랑과 신부, 그리고 양가의 가까운 친척들만 모여서 혼례 의식을 진행하면 별 문제가 없을 것이다. 그러나 현실은 그렇지 못하다. 주례자, 발표자든 귀한 시간을 내어 비용을 들이면서까지 모인 청중들을 구경꾼 정도로 여기지 말고, 그들을 사로잡기 위해 최대한의 노력을 기울여야 할 것이다. 通

19.

빛나는 눈동자

옛날에는 '눈칫밥' 이란 게 있었다. 식구(食口)가 아니면서 식구가 되어 얻어 먹는 밥이 바로 눈칫밥이다. 없는 식량 축내는 식객을 향해 쏟아 붓는 눈총, 그것을 밥에 비벼 먹는 맛이 과연 어떠했을까?

눈은 마음의 창이라고 한다. 생각과 감정을 담은 소리가 말인데, 사람은 말보다 눈길이라는 창을 통해서 그것을 먼저 표현한다. 그래서 우리는 상대방의 눈을 쳐다보며 그 사람의 마음을 읽어내는 데 익숙하다. 그렇지 못할 때 우리는 '눈치가 없는 사람' 이 되고 만다.

사람의 눈길은 바라보고 있는 대상에 대해 얼마나 관심이 있는지를 보여준다. 예를 들어 한 곳을 지나치게 오래, 자주 바라본다면 거기에 관심이 많은 것이다. 심리학자 내프(M. L. Knapp)는, 사람은 상대방의 반응을 보기 위해 눈길을 보낸다고 했다. 그래서 선생님이 질문을 했을 때, 답을 아는 학생이 눈을 반짝이며 손을 들고 선생님을 바라보는 것이다.

심리학자 헤스(E. H. Hess)는 사람의 눈동자 크기가 보이는 대상에 따라 달라진다는 걸 연구했다. 자기가 관심있는 것이나 흥미있는 걸 볼 때에는 눈동자가 커지지만, 그렇지 않을 때에는 작아진다는 것이다. 예를 들어 여성의 눈동자는, 아이의 사진이나 남성의 누드를 볼 때 30퍼센트 정도 커진다. 반면 사나운 짐승의 모습을 볼 때에는 오히려 작아진다. 반대로 남성은 사나운 짐승이나 여성의 누드를 볼 때에 눈동자가 커진다.

사람은 또 좋아하는 사람을 볼 때에는 눈동자가 커지고, 그렇지 않을 때에는 눈동자가 작아진다. 물론 권투 선수처럼 상대에 적의를 갖고 있을 때에도 상대를 향해 오래, 자주 눈에 힘을 주고 째려본다. 그러나 일반적으로 사람은 좋아하는 사람과 대화를 나눌 때에는 시선의 방향이 집중되고 바라보는 시간이 늘어난다. 특히 사랑에 빠진 연인일수록 오랜 시간, 자주 쳐다보며 눈동자가 커진다. 그런 눈을 '빛난다'고 하고, 그런 사이를 두고 '눈이 맞았다'고 한다. 그런데 남성은 상대의 말을 들으면서 상대의 눈을 바라보지만, 여성은 말하면서 상대의 눈을 응시하는 경향이 있다.

눈동자의 크기는 정신활동과도 관련이 있다. 집중적으로 뭔가를 사고할 때에 눈동자가 커진다. 그리고 문제를 해결한 후에는 작아진다. 눈동자가 가장 확대되었을 때 사람들은 '눈동자가 빛난다'고 느낀다. 남성의 경우, 깊이 생각하는 동안 눈동자를 오른쪽으로 움직이는 사람은 이과형이고, 왼쪽으로 움직이는 사람은 문과형이라고 한다. 그러나 여성은 눈동자를 양쪽으로 움직여 파악이 어렵다.

물론 이러한 시선의 문화는 나라에 따라 조금씩 다르다. 아랍문화권에서는 여자가 남자에게 시선을 보내면 사귀자는 뜻이 된다. 우리는 어른한테 꾸지람을 받을 때 고개를 숙이고 아래를 바라봐야 하지만, 미국에서는 고개를 들고 똑바로 바라봐야 한다. 그렇지 않으면 반항하는 걸로 오해하니까. 요즘 청소년들이 야단을 맞으면서도 고개를 '빳빳하게' 들고 어른을 바라보는데, 아마도 외국 문화의 영향 때문인 것 같다.

전화에 전선이 이어져야 통하듯이, 사람과 사람 사이에는 시선(視線)이

이어져야 통한다. 같은 공간에 있으면서 서로 바라보지 않고 이야기를 한
다면 그건 '대화'가 아니라 '통화'다. 눈에 불을 켜고 상대방을 바라보자.
빛나는 눈동자로 사람을 바라봐야 통한다. 通

20.

역지사지(易地思之)

1997년 9월, 한 항공기가 인도네시아 부근 바다에 추락했다. 그 비행기 블랙박스에는 다음과 같은 교신 내용이 녹음돼 있었다.

▲관제탑 : "오른쪽으로 방향을 틀어라."

△조종사 : "알았다. 오른쪽으로 가겠다."

▲관제탑 : "오른쪽이라니깐."

△조종사 : "알았다."

▲관제탑 : "지금 왼쪽으로 방향을 틀고 있지 않은가."

△조종사 : "오른쪽으로 가고 있다."

▲관제탑 : "오케이. 그대로 왼쪽으로 가라."

△조종사 : (잠시 머뭇거림) "왼쪽이라고? 지금 우리는 오른쪽으로 가고 있다."

▲관제탑 : "오케이." (잠시 머뭇거린 뒤) "오케이. 그대로 오른쪽으로 가라."

△조종사 : "으악⋯."

　조종사는 관제탑과 이런 대화를 나누다가 그만 추락하고 말았다. 문제
는 '왼쪽' 과 '오른쪽' 이라는 표현이었다. 관제탑이 말하는 '왼쪽' 은 조종
사에게는 '오른쪽' 인데 그것이 서로 헷갈렸던 것이다.

　나도 인도네시아 발리에 갔다가 비슷한 일을 겪었다. 바닷가에서 행글
라이더 같은 기구를 타고 하늘에 올랐다. 타기 전에 안내원이 영어로 열심
히 설명을 해 줬다. 오른쪽 줄을 잡아당기면 내려오는 것이고, 왼쪽 줄을
잡아당기면 올라가는 것이라는 것 같았다.

　그런데 막상 높은 데 올라가니 아무 생각이 나질 않았다. 땅으로 내려가
야 하는데, 도대체 어느 쪽을 당겨야 하는지 생각이 나질 않았다. 더구나
안내원이 '왼쪽' 이라고 한 것이 자기 쪽에서 '왼쪽' 인지, 내 쪽에서 '왼
쪽' 인지 알 수가 없었다. 하는 수 없이 단단히 결단을 하고 한쪽을 잡아당
겼는데, 다행히 내려가는 쪽이었다.

　기구를 탈 때 구명복을 입히고 장갑까지 끼워주던데, 차라리 오른쪽 장
갑을 색깔이 있는 것으로 하면 좋았을 것이다. 그 얘기를 해 주려다가 서
로의 영어 실력이 시원찮아 그만두었다.

　한때 지하철 안내 멘트가 문제가 된 적이 있다. "열차가 들어오니 손님
들은 안전선 밖으로 물러나 주세요"란 표현인데, 여기서 '안전선 밖' 이 도
대체 어디를 가리키느냐는 것이 문제였다. 지하철에 탄 승무원 입장에서
는 손님들이 기다리고 서 있는 쪽이 '바깥' 이다. 그러나 지하철을 타려고
기다리는 손님들 입장에서는, 자신들이 서 있는 쪽이 '안쪽' 이다. 그냥
"뒤로 한 걸음 물러나 주세요"라고 하면 좋은 걸⋯.

　상대방과 말할 때에는 그 사람의 입장에 서서 표현해야 한다. 음식점에
서 점원이 손님에게 "무엇을 드릴까요?"라고 묻는다면 그리 친절한 곳은
아니다. 제대로 된 음식점이라면 "무엇을 드시겠습니까?"라고 해야 한다.
버스터미널이라면 '버스표 파는 곳' 이 아니라 '버스표 사는 곳' 이라고 해

야 맞고, 톨게이트라면 '돈 받는 곳'이 아니라 '돈 내는 곳'이라고 해야 옳다. 학교의 '강의실'도 '수강실'이라고 하는 게 어울린다. 김포공항 지하도에 서 있는 'O 마트 오시는 길'이란 안내판도 꽤 정중해 보이지만, 자기 입장을 벗어나지 못한 표현이다.

내게 '왼쪽'은 상대방에게는 '오른쪽'이다. 역지사지(易地思之) – 다른 사람과 잘 통하게 해 주는 만능열쇠다. 通

21.
마음 커뮤니케이션

먼지가 풀풀 날리는 시골길. 엄마와 일곱 살 아이가 걸어가고 있다. 생활 형편이 어려워진 엄마가 아이를 외할머니댁에 맡기러 고향집으로 가는 길이다. 영화 "집으로"의 한 장면.

이 영화는 우리나라에서는 물론이고, 외국에서도 많은 관객들에게 감동을 주었다. 신인(?)인 김을분 할머니는 언론과 세인의 지나친 관심 때문에 육십 평생을 살아온 고향을 떠나 거취를 옮기기도 했다.

엄마는 서울로 돌아가고 상우는 시골에 남아 할머니와 살아간다. 그러나 도시에서 전자오락을 하고, 롤러 스케이트를 타며 살아온 상우는 시골 생활에 잘 적응하지 못한다. 더구나 유일한 동거인인 할머니는 나이도 많은 데다, 말도 못하고 글도 모르니 상우로서는 여간 답답한 게 아니다.

어느 날, 프라이드 치킨이 먹고 싶어진 상우는 온갖 손짓 발짓을 다해가며 간신히 외할머니에게 그걸 사달라고 부탁한다. 할머니는 손자를 위해 장에 나가 닭을 사온다. 그리고 요리를 해 주는데, 프라이드 치킨이 아니라 '백숙'이었다.

일곱 살짜리 소년과 칠십칠세 할머니 간에 생기는 미스 커뮤니케이션. 도저히 말이 통하지 않는 할머니를 향해 상우는 모든 불만을 일방적으로 쏟아 내며 할머니를 괴롭힌다. 장난감에 넣을 배터리를 사기 위해 잠든 할머니의 은비녀를 훔치기도 한다. 그렇지만 할머니는 버릇없고 짓궂은 상우에게 한번도 화를 내지 않고 모든 걸 사랑으로 받아 준다.

드디어 상우가 서울로 떠나게 된다. 할머니에게 따뜻한 눈길 한번 제대로 주지 않고 할머니를 철저히 무시해 온 상우지만, 헤어짐을 앞두고 할머니의 일방적인 사랑을 느끼게 된다.

상우는 자신이 떠난 후 혼자 살아갈 할머니를 염려한다. 아프지 말라고 당부를 하고, 글을 가르쳐 보지만 소용이 없다. 그래서 생각해 낸 것이 맞춤식 엽서. "아프다", "보고 싶다" 등 몇 가지 메시지별로 그림엽서를 만들어 주소까지 적어 놓았다. 보고 싶을 때에는 보고싶다는 내용의 엽서를 골라 우체통에 넣기만 하면 되는 것이다.

떠날 날을 앞두고, 상우는 할머니에게 엽서를 고르는 요령을 몇 번이고 가르쳐 준다. 그 동안은 할머니가 상우와 커뮤니케이션을 하고 싶어 했는데, 이젠 상우가 할머니와 커뮤니케이션을 하려고 고민하고 있다. 도대체 무엇이 달라진 것일까?

상우는 엽서를 할머니 손에 쥐어 주고 서울로 떠난다. 상우는 버스 뒷창문을 향해 그 동안의 미안한 마음을 손을 흔들어 할머니에게 표현한다. 할머니는 한 손으로는 상우가 준 엽서를 들고, 다른 한 손으로는 지팡이를 짚고 아무도 없는 빈집으로 향한다.

이 영화는 우리에게 고향과 늙으신 부모님을 생각하게 해 주면서도, 사람과 사람 사이를 이어주는 것이 '마음'임을 일깨워 준다. 상우는 처음에는 할머니와 커뮤니케이션이 제대로 되지 않아 심한 갈등을 겪지만, 할머니의 마음을 확인하면서 커뮤니케이션을 회복할 대안을 스스로 찾아 나서기 시작한다.

말을 할 줄 몰라서, 글을 쓸 줄 몰라서, 통신 수단이 없어서 커뮤니케이션을 못하는 건 아니다.

진정 통하고 싶은 '사랑의 마음'이 열쇠다. 通

22.
패스와 커뮤니케이션

우리나라 사람들은 축구를 좋아하는 것 같다. 지난번 월드컵 때의 열기가 그걸 말해준다. 그런데 4강에 오른 이후가 문제인 것 같다. 간신히 월드컵 본선에는 나갔지만, 경기 내용이 기대에 못 미쳐 팬들의 염려가 크다. 그래서 최근에는 감독도 교체했다.

참 재미있는 것은 감독을 바꾼 후 경기 내용이 완전히 달라졌다는 점이다. 물론 앞으로 더 두고 봐야겠지만 최근 스웨덴, 세르비아-몬테네그로 팀과의 경기 내용은 '작품' 같이 아름다웠다. 유럽에서 활약하는 박지성과 이영표의 눈부신 활약이 특히 그랬다. 축구는 물론이고 농구, 배구, 하키 등 구기 종목의 생명은 '패스' 다. 상대의 방해를 물리치고, 우리 선수들끼리 얼마나 정교하게 공을 주고받느냐가 경기의 성패를 결정짓기 때문이다. 패스는 선수와 선수를 연결시켜 주는 보이지 않는 끈이다.

여러 물질이 유기적으로 구성되어 생활 기능을 갖게 된 조직체를 유기체(organization)라고 한다. 세상에는 두 종류의 유기체가 있다. 하나는 생물체이고, 다른 하나는 조직체다. 자동차의 부품은 2만 개가 넘는다고 한다. 그 중 한두 개만 제 역할을 못하면 자동차는 정상적으로 움직이지 못한다. 무려 2만 개의 부품이 서로 빈틈없이 팀워크를 이뤄야 안전하게 달릴 수 있는 것이다. 그러나 자동차는 생명력이 없으므로 무기체다.

생물체는 수많은 세포가 모여 기관을 이루고, 그 기관들이 몸을 이룬다. 지금 이 순간에도 우리 몸의 수많은 세포들과 기관들이 세상에서 가장 정교한 패스를 주고받고 있다. 그러한 패스의 원동력은 물론 심장이다. 심장은 평생 27억 회나 뛰면서 온몸에 피를 뿜어준다. 그것이 무려 3억3천100만 리터나 된다니 놀라운 일이다. 그러다가 피돌기가 약해지거나 멈추면 우리의 생명은 위험한 상태에 이르고 만다.

우리는 이 세상을 혼자 살아갈 수가 없도록 창조되었다. 그래서 사람들은 여럿이 유기체를 이루며 살아가게 되었다. 가정, 기업, 교회, 사회가 그것이다. 다양한 사람들로 구성된 조직의 생명력도 피돌기에 달려 있다. 피돌기가 잘 돼야 조직을 건강한 유기체로 이뤄나갈 수 있다.

인체의 생명력을 피돌기가 유지시켜 준다면, 조직의 피돌기는 바로 커뮤니케이션이 만들어 준다. 축구 선수들이 끊임없이 공을 주고받듯이 조직의 구성원들이 자기의 생각과 의견과 감정을 끊임없이 주고받아야 조직체가 생명력을 얻어 목적을 이루게 된다. 그것이 잘 안 되면 골을 못 넣거나, 자칫 자책골을 넣게 된다.

조직이 명령과 지시라는 공식적인 조직도에 의존하게 되면, 생명력을 잃게 되고 '무기체'로 전락하고 만다. 축구 경기에서 선수들간에 정교한 패스, 잦은 패스를 이뤄야 팀워크가 살아나듯, 조직체도 구성원간에 정교한 커뮤니케이션, 풍성한 커뮤니케이션을 이뤄야 공동체로 살아난다. 그렇지 못할 때에는 '문제'만 생긴다(Mis communication, poor-communication, no communication make problem).

양궁 경기는 한번 활을 쏘면 그것으로 끝나지만, 배드민턴 경기는 공을 계속 주고받는다. 그런데 축구는 11명이 서로 공을 주고받아야 한다. 우리가 속한 가정, 교회, 회사라는 조직도 구성원들이 마음과 생각과 감정의 공을 서로 자주 정교하게 주고받아야 생명력을 얻을 수 있다. 通

23.
갑돌이와 갑순이

'갑돌이와 갑순이' 라는 노래가 있다. 40대 이상이라면 모르는 사람이 없을 만큼 유명한 노래다. 가사를 한번 살펴보자.

갑돌이와 갑순이는 한 마을에 살았더래요 / 둘이는 서로 서로 사랑을 했더래요 / 그러나 둘이는 마음뿐이래요 / 겉으로는 음음음 모르는 척했더래요

그러다가 갑순이는 시집을 갔더래요 / 시집간 날 첫날밤에 한없이 울었더래요 / 갑순이 마음은 갑돌이뿐이래요 / 겉으로는 음음음 안 그런 척했더래요

갑돌이도 화가 나서 장가를 갔더래요 / 장가간 날 첫날밤에 달 보고 울었더래요 / 갑돌이 마음은 갑순이뿐이래요 / 겉으로는 음음음 고까짓 것 했더래요

갑돌이와 갑순이의 얘기는 로미오와 줄리엣보다 더 비극적이다. 둘 다 사랑하지 않는 사람과 결혼을 해야 했으니 얼마나 안타까운 일인가? 그래서 갑순이는 첫날밤에 한없이 울었고 겉으로는 안 그런 척하며 살았으니 가정이 행복하기 어려웠을 것이다. 그런가 하면 갑돌이는 화가 나서 결혼을 했으니, 그 가정 역시 행복하기 어려웠을 것이다.

우리는 예로부터 자기의 마음을 겉으로 드러내거나 상대방에게 표현하지 않는 걸 미덕으로 여겨왔다. 그저 상대방이 이심전심(以心傳心)으로 알아주기를 기대해 왔다. 갑돌이와 갑순이의 비극도 여기에서 시작된다. 그들은 서로를 좋아하면서도 그걸 표현하지 못했다. 표현하지 않는 게 당연했고, 표현할 방법이나 기술도 알지 못했다. 상대방도 마찬가지여서, 서로의 마음을 확인하기가 어려웠다. 그래서 첫날밤에 각각 자기가 사랑하는 사람을 생각하면서 결혼 생활을 시작했으니 참 딱한 노릇이 아닐 수 없다. 그런 줄도 모르고 결혼한 그들의 배우자는 또 얼마나 비참한가?

강의 중에 이런 얘기를 하였더니 한 사람이 이렇게 말해 한바탕 웃고 말았다.

"걱정 안 하셔도 됩니다. 갑돌이나 갑순이의 결혼 상대자도 똑같은 사연을 간직하고 결혼을 했을 것이고, 그래서 똑같이 달을 바라보며 울었을 테니까요."

그랬을까?

요즘 젊은이들은 자기의 마음을 너무도 거침없이 드러내고 표현한다. 다른 사람의 애인이라도, 심지어 이미 결혼을 했어도 적극적으로 사랑을 표현하고 그것을 행동으로 옮겨서 문제다. 갑돌이나 갑순이처럼 첫날밤에 달 보고 울 젊은이들은 없을 것 같다.

이에 비해 기성세대들은 자기표현에 서툴다. 그래서 "진작 말하지!", "진작 그런 줄 알았더라면…" 이런 말을 자주 쓴다. 지금도 말 못한 사연을 간직한 이들이 노래방에서 이 노래를 열창하고, 그 애절한 노래는 듣는 이들의 심금을 울려준다.

사람이 자기의 마음을 다른 사람에게 표현하지 못하면 거기엔 아픔이 남게 된다. 각각 찐 계란의 노른자위와 흰자위를 좋아하는 두 사람이 있다고 하자. 서로가 상대방에게 그걸 표현한다면, 두 사람 다 두 배나 만족할 수가 있다. 내가 표현하지 않으면 상대방은 나의 생각이나 의견, 감정을 도무지 알 수가 없다. '마음'만으로는 안 된다. 갑돌이와 갑순이는 어떻게 됐을까? 만약 그들이 서로 커뮤니케이션을 할 줄 알았다면, 그들은 아들딸 많이 낳으며 평생 행복하게 살았을 것이다. 通

24.
'오직 나만을 위한 메시지'

어느 날 저녁 나는 친구 집에 전화를 했다. 다섯 살짜리 딸 순이가 전화를 받았다.

"순이구나, 아직도 자지 않았구나! 어떻게 지내니?"

"잘 지내고 있어요."

"지금 무얼 하고 있지?"

"아이스크림을 먹고 있어요."

"그럼, 엄마 아빠와 무슨 이야기를 하고 있었니?"

"내일 지하실 청소를 어떻게 할 것인가에 대해 이야기를 하고 있었어요."

"순이야, 그럼 넌 무슨 일을 할 거니?"

"저는 제 장난감을 모두 치울 거예요."

"정말 훌륭하구나. 네게 좋은 날이 되었으면 좋겠다. 그런데 아빠 거기 계시니?"

"그래요."

"고맙다."

순이는 "그럼 안녕!" 하고는 그냥 전화를 끊어 버렸다.

잠시 후 나는 다시 전화를 걸었다. 친구가 받았다.

"방금 순이와 재미있는 얘기를 나누었네."

"알고 있어. 그 다음에 무슨 일이 일어났는지 아나? 순이는 식탁으로 돌아와 다시 아이스크림을 먹기 시작했어. 누구와 통화했느냐고 물었더니 자네라고 하더군. 그래서 아저씨가 나를 찾더냐고 물었지. 그랬더니 '아녜요. 아저씨는 저에게 전화하신 거예요' 라고 말하더군."

고든 맥도날드의 책에 나오는 내용을 필자가 각색한 것이다. 순이는 내가 자기에게 전화를 했다고 생각하며 대단히 기뻐하고 있다.

어느 호텔에서 여럿이 커피를 주문했다. 여직원이 커피를 갖고 오더니 그 중에서 나이가 지긋한 이에게 먼저 커피잔을 내려놓았다. 그 손님은 "다른 분들부터 드리세요. 내가 대접하는 거니까." 그러자 그녀는 그 커피잔을 다시 쟁반 위로 올려놓고는 다른 커피잔을 그 다음 손님에게 내려놓았다. 그리고 처음 손님에게 처음의 그 커피잔을 내려놓았다. 그는 여직원에게 왜 그랬는지 물었다.

"그 커피는 제가 손님께 드리려고 준비한 것입니다. 다른 분들의 커피도 마찬가지죠. 맛있게 드세요."

그날 손님들은 오랜만에 '오직 나만을 위한 커피' 를 대접받고 감동했다.

'루이뷔통' 이라는 업체는 손님이 원하는 기능을 주문받아 가방을 제작해 준다. 어느 식당에서는 우수 고객에게 전용 젓가락을 준비해 준다. 이젠 여성 속옷도 개인 체형에 맞춰서 제작해 준다. 나만의 초콜릿,나만의 장난감도 맞춤 제작해 준다.

연말연시가 되면 똑같은 문안의 연하장을 주고받는다. 요즘에는 이메일로 그런 연하장을 주고받는다. 한번은 내 이메일 연하장을 받는 사람이 답장을 보내왔다.

"저한테만 보낸 연하장을 받고 싶어요."

대중(mass)의 시대가 지나고 개인(personal)의 시대가 오고 있다. 10인 1색의 시대는 가고 10인 10색, 1인 10색의 시대가 왔다. 손님 취향을 무시하고 제공되는 '결혼식장의 갈비탕' 같은 메뉴는 손님들에게 외면받을 수밖에 없다. 하나의 상품으로 모든 사람을 만족시켜 줄 수는 없는 시대다. 한 사람 한 사람의 취향과 필요가 중요해졌다. 공급자보다 이용자의 선택이 중요해졌다.

지난번 올림픽 때 우리 양궁선수가 과녁의 한가운데를 맞추고 거기에 설치된 카메라 렌즈를 깨서 세계를 놀라게 했다. 모두를 겨냥한 '갈비탕' 같은 커뮤니케이션은 점점 더 힘을 잃어가고 있다. 사람들은 '오직 나만을 위한 메뉴'를 원한다. 그래서 개인 과외비가 그룹 과외비보다 비싼 것이다. 오직 한 사람의 마음 과녁 한가운데를 향한 메시지 화살을 쏴야 통한다. 通

25.
세 개의 귀

한 청년이 동네 약국에 들어왔다. 주인과 인사를 나눈 청년은, 약국 안의 공중전화기 옆으로 갔다. 어디엔가로 전화를 걸더니, 그는 평상시와는 전혀 다른 목소리로 이야기를 시작했다.

"여보세요? 거기 00 회사죠? 말씀 좀 묻겠습니다. 그 회사에 취직을 하고 싶어서요."

"자리가 없다구요? 네 …."

약방 주인은 그 청년이 일자리를 구한다는 소리에 조금 놀라서 대화 내용에 귀를 기울였다.

"좋은 직장에 다니는 성실한 청년인데 왜 직장을 그만두었담?"

청년은 계속해서 얘기를 주고받았다.

"실례합니다만, 지금 일하시는 분은 일을 잘 하시는지요?"

"그 사람에 대해 정말로 만족하시나요?"

"앞으로도 계속 그 사람을 쓰실 건가요?"

"그렇군요. 그럼 다른 곳을 알아봐야겠네요. 감사합니다."

통화를 마친 청년에게 약국 주인이 물었다.

"직장을 그만두었나요?"

"아뇨?"

"그럼 왜……?"

"저희 회사 과장님에게 전화를 한번 해봤어요."

"왜?"

"예, 제가 일을 과연 잘 하고 있는지 궁금해서요."

사람에게는 세 종류의 귀가 필요하다고 한다. 첫째는, 남이 말하는 것을 들을 수 있는 귀를 가져야 한다. 현대인은 말을 많이 하는데 좀처럼 들으려 하지 않는다. 입이 한 개이고 귀가 둘인 것은 말하기보다 더 많이 들으라는 뜻일 텐데, 남의 말에 좀처럼 귀를 기울이지 않으려 한다. 직장에서 상사나 부하, 동료가 말해주는 것, 가정에서 배우자나 부모, 자녀가 말해주는 것을 경청하지 않고 그냥 흘려보내는 것이 얼마나 많은가? 들리는 것만이라도 제대로 들을 수 있는 귀를 외이(外耳)라고 한다.

둘째는, 누군가가 말하지 않는 것을 들을 수 있는 귀를 가져야 한다. 사람들과 살아가다 보면 상대방이 직접 말하지 않아도 그의 표정이나 말투를 통해서도 뭔가를 전해들을 수가 있다. 어떤 어휘를 사용하여 말하지는 않지만, 마음으로 전해지는 메시지를 들을 수 있어야 한다. 어머니는 자신의 품에 안긴 아이가 아무 말도 하지 못하지만 그가 하는 말을 다 알아듣는다. 그런 귀를 중이(中耳)라고 한다.

셋째는, 누군가 말하고 싶지만 차마 말하지 못하는 것을 들을 수 있는 귀를 가져야 한다. 사람은 생각하는 것을 모두 말로 표현할 수는 없다. 말하고 싶어도 말하지 못하는 사정이 있다. 그걸 찾아 들을 수 있는 귀가 필요하다. 상대가 말하고 싶지만 말하지 못하는 것을 들을 수 있어야 한다. 이런 귀를 내이(內耳)라고 한다. 이런 귀가 없으면 '임금님 귀는 당나귀 귀'라는 우화에 나오는 일이 생긴다.

남들이 접근하기 어려운 위치에 있는 이들에게 이런 귀가 특히 필요하다. 고위 관리, 최고 경영자, 교수, 목사 같은 이들은 남들이 차마 말하지 못하는 것까지도 들을 줄 알아야 한다. 그렇지 못해 어려운 상황에 처하는 이들이 얼마나 많은가?

우리 자신을 에워싸고 있는 울타리를 스스로 허물고 나와, 남들이 차마 말하지 못하는 것을 듣는 고성능 안테나를 세워보자.

"너희는 나를 누구라 하느냐?" 通

26.
마음의 출입구

세상에는 별의별 사람이 다 있다. 똑같은 사람이 있다는 게 오히려 기적이다. 그런 다양한 사람들과 서로 잘 통하며 살아가기란 쉽지 않다. '다른 것은 다른 것이지 틀린 것이 아니다'라는 말이 있지만, '다르다'는 건 사람과 사람 사이를 막는 장벽임에는 틀림이 없다. 성별, 나이, 교육 정도, 출신, 종교, 인생관, 성격 같은 것은 사람과 사람 사이를 나누는 벽이 되기도 하고, 그 사이를 이어주는 다리가 되기도 한다. 그런데 이런 것 말고도 사람과 사람 사이를 멀게, 또는 가깝게 해주는 게 있다.

사람들 중에는 자신을 상대방에게 노출시키는 것을 꺼리는 사람이 있다. 그런가 하면 사람들에게 자신을 적극 노출하는 사람이 있다. 그렇게 해야 마음이 편하기 때문이다. 이런 사람은 자신의 어떤 점이 다른 사람에게 알려지는 데 별로 신경을 쓰지 않는다. 그래서 상대방이 묻지 않는데도 스스로 많은 걸 말해준다.

그런가 하면 상대방에게 자신이 노출되는 것을 꺼리는 사람이 있다. "다

른 사람에게 내가 어떻게 비칠까?"에 지나치게 신경을 쓴다. 정작 다른 사
람은 자기에게 관심이 없는 데 말이다. 그래서 자신을 감추려 하고, 자신
이 노출될까봐 사람을 만나려 하지 않는다.

다른 사람들에게 자신을 많이 노출하는 사람들에게는 특징이 있다. 말
을 많이 한다. 반대로 다른 사람에게 자신이 노출되는 걸 꺼리는 사람들은
다른 사람과 가급적 말을 안 한다. 말을 안 하니 다른 사람이 그에 대해 알
길이 없다. 그래서 사람들과 거리가 멀어진다.

다른 사람들과 가까워지려면 자기에 대해 이야기 보따리를 적당히 풀어
놓을 줄 알아야 한다. 그래야 상대방이 경계하지 않는다. 남의 얘기만 듣
고 자기 얘기를 하지 않으면 사람들은 그 사람과 가까워지려고 하지 않는
다. 사람 사이의 갈등은 대부분 말을 하지 않는 데서 나온다. "진작 말하
지!"라며 후회하는 경우가 얼마나 많은가! 침묵은 금이라고 하지만, 다른
한편으로 생각해 보면 변(便)만도 못한 수가 있다.

사람들 중에는 자신에 대해 잘 알지 못하는 사람이 있다. '임금님 귀는
당나귀 귀' 이야기처럼 다른 사람은 그를 다 알고 있는데 자신만 알지 못
하는 수가 있다. 우리는 우리 자신을 볼 수가 없다. 그래서 거울을 보는 것
이다. 그 거울이 바로 다른 사람이다. 다른 사람에게 비쳐진 나의 모습을
보고서야, 나를 알 수가 있다.

주위의 가까운 사람 10명에게 자신에 대해 이미지 조사를 한번 해 보시
라. 아마도 생각하지 못한 결과가 나올 것이다. 다른 사람에게 비친 나의
모습을 확인하려면 그 사람에게 물어봐야 한다. 그런데 그게 그리 쉽지 않
다. 상대방이 솔직하게 얘기를 해 주지 않을 뿐 아니라, 원하지 않는 내용
이 나올까봐 물어보려 하지 않는다.

어쨌든 자기 자신에 대해 잘 아는 사람은 다른 사람으로부터 이야기를
많이 듣는다. 그러나 자신에 대해 잘 알지 못하는 사람은 다른 사람으로부
터 이야기를 들으려 하지 않는다. 그래서 자신을 잘못 알게 된다. 자신을

알려면 다른 사람의 말을 들어야 한다.

그래서 우리에게 입이 있고, 귀가 있는 것이다. 적당히 말을 하고, 적당
히 들어야 한다. 입은 내게서 다른 사람의 마음으로 향하는 출구이고, 귀
는 그의 마음에서 내게로 향하는 입구인 셈이다. 출구와 입구를 활짝 열어
놓아야 통한다. 通

27.

'아는 사람'

대학에서 수강생들에게 강요하는 게 하나 있다. 이른바 '2촌 인터뷰'란 것이다. 어느 포털 사이트에서 '1촌 맺기'라는 걸 한다. 아마도 가까운 사이를 맺자는 뜻인데, '1촌'이란 부모와 자식 사이니 이름이 적당하지가 않다. 필자는 대학에서 한 학기 수업을 진행할 때마다 '2촌 인터뷰'란 걸 한다. 학생들이 한 학기 동안 다른 모든 학생과 인터뷰를 해서 노트를 만들도록 하는 것이다. 교양과정이라 학생들이 서로 잘 알지 못하기 때문에 시작한 프로그램인데, 어느 과목을 막론하고 수강생들에게 의무적으로 시키고 있다.

학생들은 짬만 생기면 자기가 알지 못하는 학생들에게 자연스럽게 다가가 상대에 대해 자연스럽게 물어보며 노트를 만들어 가고 있다. 상대방이 모르게 외모의 특징을 적기도 하고, 기억하기 쉽게 아예 얼굴을 그리는 학생도 있다. 수업 시간에 누군가 발표를 할 때에도 그에 대한 정보를 찾아 수첩에 적어 나간다. 인터넷의 사이버 강의실을 통해서도 서로를 알아나간다. 얼마 전에는 각자 음식을 조금씩 가져와서 파티를 열고 서로가 식구(食口)임을 확인하기도 했다. 어쨌든 요즘 수업 분위기는 매우 화기애애하다.

요즘 젊은이들이 사회생활을 하면서 가장 어려워하는 건 바로 인간관계다. 핵가족 틈에서 끼리끼리만 어울리며 자라난 이들은, 직장에서 다양한 사람들과 어떻게 어울려 살아가야 하는지에 대해 힘들어 한다. 우리 학생들은 이 수업을 통해 어떻게 다른 사람에게 다가가는지를 배우고 있다.

지난번 중간시험에는 이런 문제를 냈다.

"담당 교수에 대해 아는 대로 써라."

사실 교수 이름도 모르고 한 학기를 지내는 수업도 없지 않다. 교수도 학생에 대해 마찬가지다. 다가올 기말 고사 때에는 학생 몇 명의 명단을 주고 그들에 대해 아는 대로 쓰라는 문제를 내려고 한다. 독자 여러분은 여러분 주위 사람에 대해 얼마나 알고 있는가?

나는 학생들에게 상대방한테 '틈'을 보이라고 자주 강조한다. 손가락 사이를 벌려야 다른 손가락을 끼워 손깍지를 만들 수 있다. 마찬가지로 우리의 마음도 닫아걸면 다른 사람과 관계를 만들어 갈 수가 없다. 다른 사람에게 자신을 노출시켜 줘야, 상대방이 들어올 공간이 생긴다. 커뮤니케이션은 많이 하는데 서로에 대해 아는 게 없다면, 대화의 깊이에 문제가 있는 게 분명하다. 손가락 사이에 틈을 만들 듯, 자신의 틈을 상대방에게 조금씩 보여줘야 한다. 그래야 상대방도 울타리를 내리고 자기를 보여준다.

우리나라 사람들은 매사에 '아는 사람'을 특별히 챙겨주는 경향이 있다. '아는 사람'을 만나면 원칙도 법도 뒷전이다. '아는 사람'을 만나면 어떻게든 봐주기를 기대하고 봐주려 한다. 그런가 하면 '모르는 사람'에게는 너무도 냉정하다. 그렇지만 생각해 보자. 원래 '아는 사람'이 어디 있는가? 세상에서 제일 가까운 부모도 처음에는 모르는 사람이 아니었던가. 현재 '아는 사람' 하고만 살아가지 말고, 더 많은 사람들을 새롭게 알아간다면 우리의 삶도 더 풍성해질 것이다.

사람을 알아 나가는 것은 쉬운 일이 아니지만, 보람 있고 흥미진진한 일이다. 우리 마음의 울타리를 조금씩 먼저 내리자. 그래야 다른 사람도 울타리를 내린다. 우리의 손가락 틈을 조금씩 먼저 벌리자. 그래야 다른 사람도 손가락 틈을 벌려준다. 그래야 함께 손깍지를 만들 수 있다. 그래야 서로 '아는 사람'이 되어간다. 通

28.
볼링형, 탁구형

사람들이 이야기를 나누는 방식은 각양각색이다. 어떤 사람은 상대방한 테는 말할 기회를 주지 않고, 자기 할 말만 하고는 이야기를 끝내 버린다. 부모들이 아이에게 꾸지람을 할 때, 선생님이 학생에게 훈계를 할 때, 그리고 직장에서 상사가 부하에게 지시를 할 때 그런 수가 많다. 물론 "알겠나?"라고 묻기는 하지만 그렇다고 해서 "모른다"고 할 수는 없다.

혼자 많은 말을 늘어놓고는 상대방한테는 제한된 답변만 하도록 한다. 국회의 청문회나 국정감사에서 자주 볼 수 있다. 혼자 장황하게 얘기를 하고는, 상대방에게는 아주 '간단히' 답변하라고 한다. 법정에서는 피고가 '예', '아니오'로만 답변하게도 한다. 술래에게는 '예', '아니오'만 하게 하고 여럿이 질문을 해서 어떤 답을 맞춰 나가는 스무고개를 연상시킨다.

사람과 사람의 대화는 서로 주거니 받거니 해야 효과가 있다. 그래야 서로 할 말을 다 할 수 있고, 그래야 서로를 확인할 수 있고, 나아가 서로의 생각을 일치시켜 나갈 수가 있다. 그래야 통할 수 있다.

직장에 퍽 유식한 선배가 한 사람 있었다. 학자형이었는데, 다른 사람과 이야기하는 걸 너무 좋아했다. 누구든 그 사람한테 한번 걸리면(?) 끝도 없이 이야기를 들어야 했다. 상대방에게는 말할 기회를 거의 주지 않기 때문에 중간에 이야기를 끊을 수도 없었다. 그러니 사람들마다 그를 만나는 걸 기피했다.

사람과 사람이 이야기 나누는 모습을 운동 경기에 비유해 보면 참 재미가 있다. 첫째는 볼링형이다. 똑같이 생긴 여러 개의 핀들을 세워 놓고는 무거운 공을 굴려 모두 쓰러뜨리는 게임이다. 공이 크고 무거울수록 핀들의 쓰러질 확률은 높다. 볼링에서 중요한 건 '볼'이지 '핀'이 아니다. 그래서 이름도 '볼링'이 아닌가. 공을 던지는 사람의 눈에는 핀들은 모두가 똑같은 존재에 불과하다. 핀들은 대답이 없다. 그저 크고 무거운 공을 전속력으로 던져 모조리 깨부수면 된다.

대중을 상대로 연설을 하다 보면 그들을 똑같은 핀들로 여기기 쉽다. 그래서 무거운 공(메시지)으로 청중들을 향해 직격탄을 날리려 한다. 그러나 이런 식의 커뮤니케이션은 연설자에게는 보람이 있을지 몰라도 듣는 이들에게는 효과가 적다. 청중은 모두가 다르기 때문이다. 청중의 수도 효과에 반비례한다. 우리는 학교나 군대, 교회에서 볼링형 커뮤니케이션을 너무 많이 연습한다. 그래서 질문하고 반응하는 데 서툴다.

둘째는 탁구형이다. 상대방의 공간을 향해 공을 쳐서 넘기면, 그쪽에서도 다시 이쪽 공간으로 공을 쳐서 넘기는 게임이다. 한쪽에서 공을 오래 갖고 있을 수가 없다. 공이 넘어오면 즉시 상대방에게 넘겨야 하고, 그렇게 하지 못하면 지게 된다. 그런데 서브권이라는 게 있다. 처음에 공을 쳐서 넘기는 공격권인데, 이걸 갖는 쪽이 아무래도 유리하다. 탁구형 커뮤니케이션에서는 서브권이 중요하다. 규칙에 따라 공격권은 양편에 공평하게 주어진다. 만약 한 쪽에만 계속 서브권을 준다면 불공평한 경기가 되고 말 것이다.

　대화에서도 그렇다. 서로 이야기를 나누기는 하지만, 어느 한쪽만이 대화의 주도권을 갖는다면 좋은 커뮤니케이션이 되기가 어렵다. 수사 검사와 피고의 대화, 상사와 부하와의 대화가 좋은 예다. 주도권을 나눠가져야 마음의 문이 열린다. 직장인들이 퇴근 후 포장마차를 찾는 이유가 여기에 있다. 이젠 볼링형이 아니라 탁구형이다! 通

29.

보거나 말거나...

10여 년 전만 해도 웬만한 빌딩의 엘리베이터에는 안내원이 있었다. 그 때만 해도 사람들은 엘리베이터를 잘 다루지 못했다. 그래서 안내원이 엘리베이터를 작동하며 사람들을 안전하게 실어 내렸다. 그러나 요즘엔 엘리베이터가 생활의 일부가 되어, 엘리베이터를 작동하지 못하는 사람은 거의 없는 것 같다. 따라서 엘리베이터 안내원도 찾아보기 어려워졌다.

생각해 보면 엘리베이터는 자동차보다 더 위험한 기계다. 그래서 엘리베이터에는 어김없이 주의 사항이 벽에 붙어 있다. 그런데 대개는 구석에 붙어 사람들 눈에 잘 띄지 않는다. 글씨도 너무 작아서 아이들이나 노인들이 읽기가 어렵다. 그 안내문을 읽어보고서 엘리베이터를 이용하는 사람은 거의 없다.

내가 사는 아파트의 엘리베이터에도 주의 사항이 붙어 있는데, 그 항목이 무려 17가지나 된다. 그걸 아무리 관심을 갖고 빨리 읽으려 해도 다 읽을 수가 없다. 우리 집은 14층인데, 그곳을 오가면서 읽을 수 있는 건 겨우 5개 정도에 불과하다. 왕복 2회를 계속 오르내려야 17가지를 다 읽어볼 수 있을 것 같다.

게다가 문안이 명확하지 못해서 읽어도 이해하기가 어렵다. 문장이 너무 길거나, 구성이 잘못되었거나, 어휘가 너무 어려워 읽고 이해하는 데 시간이 많이 걸린다. 결국 이 안내문은 아무도 읽을 수 없고, 아무도 읽지 않는 게 분명하다.

그러면 왜 이런 통하지 않는 안내문을 엘리베이터마다 붙여 놨을까? 아마도 법적 의무 사항 때문일 것이다. 이용자들이 내용을 읽고 이해를 하건 말건, 붙여만 놓으면 할 일을 다했다는 생각이 문제다.

그런데 어느 건물의 엘리베이터에는 좀 색다른 안내문이 붙어 있다. 4컷의 그림으로 된 안내문이다. 그림만 보면 전하려는 내용을 누구나 쉽게 알 수가 있다. 무려 17가지나 되는 주의 사항을 알기 어려운 문장으로, 깨알같이 인쇄해서, 찾아 읽기 어려운 구석에 붙여 놓은 엘리베이터. 중요한 내용만 추려서 쉬운 글과 그림으로 설명해 놓은 엘리베이터. 이 두 엘리베이터의 안내문을 비교해 보면, 두 회사의 고객만족 경영 수준을 간단히 파악할 수 있을 것 같다. 아울러 두 회사 사원들이 어떤 자세로 일하는지도 쉽게 엿볼 수 있을 것 같다.

우리 주위에는 이런 통하지 않는 안내문이 너무도 많다. 읽는 사람이 이해를 하건 말건 상관 없이 그냥 붙여만 놓은 게 너무도 많다. 그때마다 거기에서 다른 사람을 배려하지 않고 '무시해 버리는' 마음을 엿볼 수 있다. 그 많은 임직원 중 한 사람만이라도 고객의 눈으로 단 한번만이라도 안내문을 보면 문제를 쉽게 발견할 수 있을 텐데 말이다. 교회 안에도 그런 경우가 많다.

우리 생활공간 곳곳에 붙어 있는 수많은 안내문 중 제대로 통하는 게 얼마나 될까? 그 중에는 우리의 안전과 관련된 것도 많은데, 정말 걱정이다. 수많은 사람들의 생명을 앗아간 대구지하철 사고의 원인이 아주 작은 커뮤니케이션 실수였음을 잊어서는 안 될 것이다.

엘리베이터 회사들은 기계만 애프터서비스하지 말고, 안내 문안도 잘 손질해 주었으면 좋겠다. 잘 된 안내문 한 줄이 사람들을 편하게 해 주고 그들의 생명을 구한다. 通

30.
거울

사람이 세상을 떠나 천국에 갈 때에는 돌 사진을 지참해야 한다는 우스 갯소리가 있다. 태어날 때의 얼굴을 그대로 지닌 사람이 없어 하나님이 구분하기가 어렵기 때문이란다. 많은 사람들이 태어날 때와는 다른 얼굴로 세상을 살아간다. 화장, 분장, 변장은 보통이다. 눈에 쌍꺼풀을 만들고, 코를 세우고, 심지어 광대뼈와 턱의 뼈를 깎아내기도 한다.

사람들이 처음에는 자기 얼굴을 볼 수가 없었다. 그래서 다른 사람에게 자기가 어떻게 생겼는지 물어보았을 것이다. 그러다가 거울이라는 도구를 만들어 자기 얼굴을 보게 되었다. 처음 거울이 나오자 사람들은 거기에 비친 자기 얼굴을 보고 소스라치게 놀라 도망을 쳤다고 한다.

거울에 자신을 비쳐봐야 비로소 자기를 알 수 있다. 사람은 자기 자신을 잘 볼 수가 없다. 다른 사람에게 물어봐야 알 수 있다.

조와 해리가 만든 '창(window)'이라는 이론을 보면 사람은 다음 네 가지로 구분된다. 나도 남들도 나를 모르는 경우, 나는 나를 아는데 남들은 나를 모르는 경우, 남들은 다 나를 아는데 나만 나를 모르는 경우, 나도 남들도 다 나를 아는 경우.

다른 사람에게 나를 알리려면 말을 해야 한다. 내가 무슨 말이든 해야 다른 사람이 나에 대해 조금이라도 엿볼 수 있다. 다른 사람과 말하지 않기 때문에 다른 사람이 나를 모르는 것이다.

위의 네 가지 유형에서 가장 심각한 건 나도 남들도 나를 모르는 경우일 것이고, 그 다음은 남들이 다 나를 아는데 나만 나를 모르는 경우가 아닐까? 이런 유형은 '임금님 귀는 당나귀 귀'를 연상시킨다. 남들은 다 나를 아는데 나만 나를 모르면 꼴불견이 되기 쉽다.

꼴불견 인생이 되지 않으려면, 남들에게 비친 '나'에 대해 관심을 가져야 한다. 다른 사람이라는 거울에 비친 나를 살펴봐야 한다. 그러려면 다른 사람의 말을 들어야 한다. 다른 사람의 말을 들어야 거기에 비친 나를 엿볼 수가 있다.

'경청'이 그래서 중요하다. '듣는다'는 뜻의 '청(聽)'이라는 한자어는 '耳', '王', '目', '心'의 조합이다. 다른 사람을 왕 같이 여기고, 마음과 귀와 시선을 그에게 집중하라는 뜻이다.

내가 앉는 자리에서 다른 사람이 나에 대해 이야기하는 걸 들은 적이 있는가? 누구든 그걸 듣는다면, 거울을 처음 본 사람이 거울 속의 자기 모습을 봤을 때처럼 소스라치게 놀라 도망을 칠 것이다. 그리고 당나귀 귀를 가진 임금님이 자기 귀가 당나귀 귀라는 이야기를 들었을 때처럼 충격을 받을지 모른다.

남들과 이야기를 나누는 걸 좋아하지 않는 사람, 혼자만 말을 많이 하고 남의 말에는 귀를 기울이지 않는 사람, 권위주의에 빠져 남의 이야기를 들을 수 없는 사람은 '당나귀 귀를 가진 임금님'이 되기 쉽다. 꼴불견이 되기 쉽다.

가족, 동료, 후배, 상사, 이웃은 나를 비쳐볼 수 있는 좋은 거울이다. 그

들에게 비친 내 모습을 한번 엿보자. 그러려면 그들의 말에 적극적으로 귀를 기울여야 한다. 通

31.
가장 위대한 커뮤니케이션

커뮤니케이션 용어 중에 '효과(effect)'라는 게 있다. 모든 게 그렇듯이, 커뮤니케이션에서도 효과를 가장 중요하게 여긴다. 열심히, 자주, 많이 커뮤니케이션을 했다는 건 별로 중요하지 않다. 그렇게 하지 않더라도 그 성과만 좋으면 된다. 과정보다는 결과가 중요한 것이다.

어떻게 하면 커뮤니케이션의 효과를 높일 수 있을까? 그걸 위해 우리는 어려서부터 가정과 학교에서 말하고 듣고 쓰고 읽는 걸 배운다. 그런 수단을 통해 자기를 표현하고 상대의 표현을 받아들이며 지식과 생각과 마음을 서로 주고받는다. 그러면서 갈등을 조정해 나가는 방법도 배운다.

그러나 실제로는 자기를 제대로 표현하지 못하고, 상대의 표현을 제대로 받아들이지 못하고, 지식과 생각과 마음을 제대로 주고받지 못한다. 입시 위주의 커뮤니케이션 교육을 받아서다. 그래서 지금도 우리네 삶 곳곳에서는 여러 갈등이 계속 일어나고 있다. 학교도 기업도 관청도 군대도 국회도 그리고 교회도 다양한 사람들 간에 서로 커뮤니케이션이 안돼 몸살을 앓고 있다.

잘 전하고 잘 듣는 기술로만 커뮤니케이션을 잘 할 수 있는 건 아니다. 더 중요한 건 태도다. 커뮤니케이션 기술보다 상대방을 얼마나 존중하고 얼마나 이해하느냐의 태도가 커뮤니케이션 효과에 더 큰 영향을 미친다. 커뮤니케이션을 잘 하려면 역지사지(易地思之)의 태도가 필요하다.

검사나 판사들이 죄수들의 삶을 이해하려면 옥에 갇혀서 살아 봐야 한다. 정상인이 시각장애인을 이해하려면 눈을 가리고 길을 걷다가 넘어져 봐야 한다. 지체 부자유자들을 이해하려면 휠체어를 타고 시내를 돌아다니며 비지땀을 흘려봐야 한다. 청각 장애인을 이해하려면 귀를 막고 마스크를 쓰고 다른 사람들과 살아 봐야 한다. 노동자들의 삶을 이해하려면 위장 취업을 해서라도 그 삶을 직접 체험해 봐야 한다. 다른 사람과 커뮤니케이션을 잘 하는 방법은, 상대방의 모습이 되어 그의 삶을 직접 살아 보는 것이다. 그러나 그게 어디 쉬운 일인가?

내가 아는 목사 한 분은 노숙자들의 삶을 이해하고 그들과 친해지기 위해 가끔 그들과 함께 생활을 한다. 그들과 가까워지기 위해 같이 먹고 같이 자고 가끔 같이 목욕을 가기도 한다. 그러나 왠지 그들이 불결하다는 생각을 떨치기가 어렵고, 실제로 그들 옆에 가까이 가는 게 쉽지 않다고 고백한다. 잠을 잘 때에도 자기도 모르게 그들과 거리를 두고 오히려 벽 쪽에 가까이 눕는 일이 더 많았다.

성탄절은 하나님께서 우리 인간의 모습으로 이 세상에 오셔서 우리 인간의 삶을 사신 획기적인 사건이다. 우리와 커뮤니케이션을 하시기 위해 기득권을 다 버리고 우리의 모습으로 오셔서 우리의 삶을 사셨다. 성육신 사건이야말로 역사상 가장 위대한 커뮤니케이션 모델이다.

다른 사람들과 관계를 회복하려면, 우선 그 사람의 입장이 되어 봐야 한다. 그래야 커뮤니케이션이 회복된다. 하나님께서 우리의 모습으로 우리의 삶에 오신 계절이다. 그 알량한 기득권을 좀 버려야 우리도 하나님과 그리고 다른 사람들과의 관계를 회복할 수 있을 것이다. 通

32.
합의와 결단

　지방에서 이사 와 집 근처 교회에 등록한 어느 교우가 전해 준 이야기다. 공동의회에서 새해 예산안을 심의하는 과정이었는데, 어느 중직자가 일어나더니 이렇게 발언을 했다.

　"예산 편성에 관한 모든 권한을 당회장님께 위임할 것을 동의합니다!"

　순간 여기저기서 "아멘!"소리가 터져 나오면서 안건은 일사천리로 '은혜스럽게' 결정나고 말았다. 그는 그날로 그 교회를 떠났다.

　교회는 많은 일이 있고, 그 일들은 의사 결정 과정을 거쳐 추진된다. 그런데 교회는 일반 기업과 달라서 교인들을 매일 만날 수가 없다. 회사의 하루가 교회에서는 한 주간이 된다. 그래서 부득이 여러 사람의 합의 과정을 생략한 채 개인이나 소수가 '결단' 을 내리는 수가 많다.

　그런데 여기에서 문제가 생긴다. 의사 결정 과정에 참여하지 못한 사람들은 소외감을 안게 되는 것이다. 더구나 그 일이 자기가 맡은 영역일 경우, 불만이 생기고 참여 의욕이 떨어지게 된다. 소수의 결단은 다수의 합의보다 당장은 효율적인 것 같아 보이지만, 그 자리에는 수동적이고 소극적인 마음들이 싹트게 된다. 이런 식으로 의사 결정 과정에서 소외된 사람들은 구경꾼과 '침묵의 다수'로 변해간다. 그것이 심해지면 일은 하지 않고 뒤에서 불평하며 오히려 일을 방해하는 'NATO(No Action Tackle Only)족'으로도 바뀐다. 그렇게 되면 조직은 역동성(dynamic)을 잃어버리게 되고 갈등에 빠지게 된다.

소수의 결단은 당장은 신속하고 일사불란하기는 하나, 소외된 사람들의 참여 의욕을 떨어뜨리고 잘못된 결정을 내릴 수 있다. 최근 몇몇 대규모 교회의 갈등은, 개인 또는 소수가 밀실에서 내린 결단의 후유증일 수도 있다. 다수의 합의를 거쳤더라면 그 결과는 크게 달라졌을 것이다.

교회의 리더들, 특히 목회자들은 회의 때 안건의 내용을 어떻게 결정할 것인가에만 관심을 가져서는 안 된다. 그보다는 당면한 문제를 '결단'으로 신속하게 결정할 것인지, 더디지만 여러 사람의 '합의'를 거칠 것인지를 결정하는 것이 더 중요하다.

다수의 합의는 회의라는 형식을 거쳐 구체화된다. 그래서 교회에는 여러 종류의 회의가 있다. 그렇지만 시작하고 끝나는 시각이 명확하지 않고, 소수가 발언 기회를 독점하고, 회의 준비나 자료가 충분하지 못하고, 회의 진행 요령이 미숙해 우왕좌왕하는 회의적(懷疑的)인 회의도 적지 않다. 무엇보다도 이미 밀실에서 소수가 결정한 것을 형식적으로 통과시키려는 일방적인 회의는 많은 이들의 참여 의욕을 죽여 버린다.

교회마다 여러 회의가 소집되는 계절이다. 회의는 참석한 이들의 의사를 존중한다는 전제하에 운영되어야 한다. 다수의 합의보다 소수의 결단이 위력을 발휘할 때 가장 먼저 나타나는 현상은, 회의 참석 인원이 줄어드는 것이다. 이번 연말연시에 과연 우리 교회 제직회와 공동의회에는 얼마나 많은 이들이 참여하는지 살펴보자.

교수법에 이런 설명이 나온다. 학생들에게 질문을 하고는 자기가 대답을 하는 교사는 초보 교사다. 학생이 질문을 하게 한 다음 자기가 대답하는 교사는 중급 교사다. 그러나 고수(高手) 교사는 학생이 질문을 하도록 분위기를 만들고, 그 답변을 자기가 하지 않고 다른 학생이 하도록 한다. 회의 진행자들이 깊이 새겨봐야 할 이야기다. 通

33.
행동언어의 힘

　어떤 농부가 농기구를 빌리러 이웃에게 갔더니 빌려주질 않았다. 그는 퍽 섭섭했다. 그런데 얼마 후 그가 자기 집에 농기구를 빌리러 왔다. 여러분이라면 어떻게 하겠는가?

　빌려주는 방법과 안 빌려주는 방법밖에 없겠지만, 그 행동에는 그 사람의 생각과 감정이 담긴다.

　"너도 안 빌려줬으니 나도 안 빌려준다."

　이런 마음으로 안 빌려준다면 그 행동은 '복수'가 된다.

　"너는 안 빌려줬지만, 나는 빌려준다."

　이런 경우는 '증오'의 언어다.

　"그냥 빌려준다."

　이런 경우는 '사랑'이라고 할 수 있다.

　사람은 자기 생각이나 감정을 말하기, 글쓰기로만 표현하지 않고 행동으로 표현하는 수가 많다. 그런데 행동을 통한 표현은 그 영향력이 매우 강력하다. 백 마디, 천 마디 말보다 작은 행동 하나가 더 효과가 있다. 얼마 전 한 어머니가 손가락을 잘라서 판사에게 보낸 일이 있다. 딸을 성폭행한 의붓아버지를 엄하게 처벌해 달라는 탄원이었다. 이보다 더 강한 표현은 없을 것이다.

행동언어의 전달력은 말하기와 글쓰기의 힘을 초월한다. 예를 들어 조직의 리더가 "정시에 출근하라!"고 지시를 했다. 그 후 리더가 솔선수범하여 정시에 출근하면, 부하도 정시에 출근한다. 그러나 리더가 정시에 출근하지 않으면, 부하 중 일부는 정시에 출근하지 않는다.

사람은 들은 것의 95퍼센트를 72시간 내에 잊어버린다고 한다. 읽은 것 중에서는 10퍼센트밖에 기억하지 못한다. 들은 것은 26퍼센트, 본 것은 30퍼센트밖에 기억하지 못한다. 그러나 보고 들은 것은 50퍼센트, 보고 말한 것은 70퍼센트를 기억한다. 반면에 말하며 행동한 것은 90퍼센트를 기억한다. 체험에 바탕을 둔 행동언어는 이처럼 기억 효과가 크다.

직장인들에게 올해의 사장 신년사 내용을 기억해 보라고 하면 만족스러운 대답이 별로 나오지 않을 것이다. 신년사 내용이 너무 길고, 너무 이론적이어서 다 잊었을 것이다. 1년 전 어느 작은 회사는 전 사원이 관악산 정상에 올라 거기서 시무식을 해 화제가 됐다. 함께 땀을 흘려가며 오른 정상에서의 시무식이니 사장의 신년사 내용도 오랜 동안 사원들의 기억에 남아 있을 것이다.

우리가 학교나 교회 생활 중에 익힌 것을 한번 생각해 보자. 보고 들은 것보다 직접 겪은 것을 더 많이 기억할 것이다. 그래서 교수법에서도 체험학습을 매우 중시한다. 필자는 강의를 하면서 가급적 3탈(脫)을 지키려고 노력해 오고 있다. 머리(교과서와 이론) 중심, 교실 중심, 교수 중심에서 벗어나 몸(체험) 중심, 일상생활 중심, 학생 중심으로 전환하기다.

교회 교육도 마찬가지일 것이다. 교회 교육이 지나치게 말하기와 듣기에 치중되어 있는 것 같다. 한 주간에 얼마나 많은 설교가 강단에서 쏟아져 내려오고 있는가? 그런데 그것을 전한 사람이나, 전해 들은 사람 모두 쉽게 잊어버리고 만다.

우리 그리스도인들의 삶이 바르지 못해 사람들로부터 많은 비난을 받고 있는 건, 체험 없이 말과 글에만 의존하고 있는 교회교육 때문이라고 생각한다. 새해에는 마이크와 스크린에 의존하는 교회교육이, 몸으로 가르치고 몸으로 배우는 교회교육으로 전환되었으면 한다.

"가로되 자비를 베푼 자니이다 예수께서 이르시되 너도 가서 이와 같이 하라 하시니라"(눅10:37). 通

34.

36.5°C

　얼마 전 미국의 럼스펠드 국무장관이 곤혹을 치른 적이 있다. 이라크에서 전사한 군인들의 가정에 보낸 위로의 편지 때문이었다. 전사자가 한두 사람이 아니다 보니, 편지는 당연히 똑같은 문안으로 인쇄되어 발송될 수밖에 없었다. 그런데 문제가 생겼다. 문안이 같은 건 양해를 하겠는데, 장관의 사인마저 인쇄된 건 너무 무성의하다며 유족들이 들고 일어난 것이다. 좀 번거롭기는 해도, 전장에 나가 생명을 바친 이들의 가족에게 직접 사인이라도 해서 편지를 보냈으면 좋았을 것이다.

　연말연시가 되면 연하장을 주고받는다. 연말에 인사할 사람들의 명단을 정리하고, 그들에게　연하장을 보낸다는 게 여간 번거로운 일이 아니다. 그래서 지위가 높은 분들은 연하장 보내는 일을 모두 비서에게 시키는 수가 많다. 심지어 서명도 비서가 대신한다. 하긴 수백 장,　수천 장의 연하장에 일일이 서명을 하기는 어려울 것이다. 그렇다고 해서 비서에게 서명까지 대신 시켜가며 연하장을 보낸다는 건 난센스다.

그럴 바에야 럼스펠드 장관처럼 아예 서명까지 인쇄를 하는 게 나을지도 모른다. 그러나 편지는 분명한 목적을 담아야 한다. 유가족들은 그 편지에서 유족을 위로하는 장관의 따뜻한 마음, 장관의 체온을 읽고 싶었다. 그러나 그 편지에는 그걸 의미하는 문자의 표현은 있었지만, 마음은 담겨 있지 않았다.

맥루한은 "미디어가 메시지다"라고 말했다. 메시지의 내용만큼이나 그것을 담은 미디어가 중요하다는 것이다. 얼마 전 어느 은행에서 사원들에게 휴대전화 문자 메시지로 해고 사실을 통보하여 말썽이 난 일이 있다. 해고 사실은 직접 만나서 전해줘도 상대방이 받아들이기 어려운 일이다. 그런데도 휴대전화 문자 메시지로 해고를 통보하다니…. 해고된 사원늘은 해고 사실보다도 그것을 전하는 방식에 더 분노를 느꼈을 것이다.

우리는 체온이 담기지 않은 글이나 말을 얼마나 자주 많이 주고받는가? 요즘에는 종이 연하장이 급속히 줄어들고 있다. 이메일 연하장이 등장했기 때문이다. 종이 연하장에 비해 이메일 연하장은 얼마나 편리한가. 샘플 하나만 잘 만들어 주소록만 입력하면 얼마든지 보낼 수 있다. 시간도 절약되고 비용도 거의 들지 않는다. 일손도 별로 따르지 않는다.

필자도 매년 이메일 연하장을 보내고 받는다. 그런데 이메일 연하장은 종이 연하장만큼 체온이 덜 느껴지는 게 사실이다. 한꺼번에 여러 사람에게 똑같은 연하장을 보내게 되니, 누구에게 보냈는지를 제대로 기억하지 못하는 수가 많다. 최근에도 내게 이메일 연하장을 몇 번이나 보내준 사람이 있다.

그래서 올해에는 어른들에게만이라도 종이 연하장을 보내려고 준비하고 있다. 그런데 주소를 확인하고, 그걸 겉봉에 직접 쓰고, 내지에 간단한 인사말을 적고, 풀로 봉해 우표를 구해서 보내는 게 여간 번거로운 게 아니다. 컴퓨터에 의존하다 보니 글씨도 도무지 마음에 들지 않는다. 그렇지만 그런 과정을 거치면서 내 체온이 거기에 담기는 게 아닐까.

상투적인 축전이나 조전의 문안을 보고 감동받는 사람들은 거의 없다. 다른 사람에게 보내는 메시지에 어떻게 하면 내 체온을 담을지 생각해 보자. 메시지에 36.5°C의 내 체온을 담아보자. 通

35.
'결정'

"차라리 혼자 살았으면 좋겠다."

가정생활에 갈등이 생겼을 때 흔히 부부가 내뱉는 말이다. 함께 일하는 동료와 갈등이 생겼을 때에도 비슷한 말을 한다. "차라리 혼자 일하는 게 낫다"고. 그렇지만 이 세상 그 누구도 혼자 살아갈 수는 없다. 여럿이 함께 살아가는 건 창조의 섭리다. 그래서 우리는 여럿이 함께 살아가는 법을 잘 익혀 두어야 한다.

다른 사람과 함께 살아가려면, 함께 결정하는 법부터 알아둬야 한다. 음식을 먹더라도 상대방의 의견을 먼저 들어봐야 한다. 그런데 상대방이 많을수록 일일이 상의하고 협상하고 합의하기란 현실적으로 어렵다. 그래서 나온 게 회의다.

당면한 문제에 대해 여러 사람이 모여 의견을 서로 내놓으며 해결책을 모색하고 결정하는 방식이 바로 회의다. 회의는 아주 오래된 집단 의사결정의 방식이다. 회의는 참석자들이 정보와 경험을 서로 교환할 수가 있는 데다, 참여를 통해 여러 사람 간의 이해를 증진할 수 있어 퍽 유익하다. 무엇보다 토론 과정을 거치기 때문에 개인의 주관성을 줄일 수 있다.

그렇지만 회의는 결정 과정이 번거로워서 시간과 에너지가 많이 소비된다. 그리고 참석자들이 의사 결정으로 인한 위험을 함께 회피하려는 '집단변화(group shift) 현상'이 일어날 수도 있다. 뿐만 아니라 소수의 의견이 다수의 의견을 지배하는 '집단사고(group think) 현상'을 초래할 수도 있다.

회의를 통한 의사결정은 개인의 책임 한계를 희석시키는 단점이 있다. 그래서 "나는 반대했는데 회의에서 그렇게 결정됐다"는 이야기를 자주 한다. 여러 사람의 의견을 모은다고 하지만, 실제로는 소수가 발언권을 독점하는 바람에 나머지는 거수기 노릇만 하는 수도 있다. 시간이 부족하다든지, 분위기가 무거울 때에도 그렇게 된다. 이렇게 되면 회의를 거쳤다고는 하지만, 실제로는 개인이 결정한 것과 마찬가지가 된다. 결국 참석자들은 회의 참석을 기피하게 되고, 결정된 사항을 놓고 회의장이 아닌 곳에서 다시 활발한 토론을 벌이게 된다.

한편으로는 본래 회의라는 방식은 복잡한 문제, 해결에 오랜 시간을 요하는 문제, 미치는 영향이 크고 중요한 문제, 관련된 이들이 많은 문제, 독특한 문제를 풀어 나가는 좋은 방식이다. 회의법을 잘 지키는 유능한 사회자만 있다면 말이다.

그러나 당면한 문제를 개인이 결정하는 수도 많다. 그것도 위임받지 않은 것을. 개인 의사결정 방식은 다른 사람의 간섭을 적게 받기 때문에 결정이 신속하고 책임 한계가 명확하다는 장점이 있다. 그러나 여러 사람이 의견을 폭넓게 주고받는 과정이 없기 때문에 주관적으로 결정하기가 쉽다. 그렇게 되면 구성원들은 '방관자'나 '침묵의 다수'로 전락하게 된다. 그럼에도 불구하고 단순하고 일상적인 문제나, 시간의 제약을 받는 문제를 처리하는 데에는 이 방식은 퍽 효과적이다.

　개인 의사결정 방식과 집단 의사결정 방식 중 어느 것이 옳고, 어느 것이 효과적이라고 단정할 수는 없다. 중요한 것은 결정된 일을 구성원들이 얼마나 만족해하며, 그 책임을 함께 나누어지려고 하느냐이다. 通

36.
1/n

여럿이 식사를 하고 나면, 돈을 서로 내려고 계산대 앞에서 옥신각신 하곤 한다. 이런 경우, 서양 사람들은 식사 제의를 먼저 한 사람이 돈을 내는데, 우리는 그게 명확하지 않아 퍽 불편하다. 요즘 여럿이 식사를 한 후 자기가 먹은 식대만 분담하는 모습을 자주 볼 수 있다. 이런 걸 '1/n 분담 방식', 또는 '더치페이(Dutch Pay)' 라고 한다.

더치페이는 기성 세대에게는 인정머리가 없고 각박해 보이겠지만, 젊은 세대에게는 합리적이고 편리하게 느껴진다. 사실 여럿이 회식을 할 경우, 그 중 연장자나 직급이 높은 사람은 모든 음식값을 혼자 내야 할지도 모른다는 부담감을 안게 된다. '1/n 분담' 방식은 그런 고민을 잘 해소해 준다. 다른 사람이 먹은 음식값까지 억울하게 부담하지 않아도 되고, 자기가 먹은 음식값을 다른 사람에게 부담시키지 않아도 되니, 음식을 맛있게 먹을 수가 있어 좋다.

사람들은 뭔가를 결정하기 위해 회의라는 걸 한다. 사람들의 의견은 저마다 달라서 조정하기가 쉽지 않다. 사람들은 회의라는 방식을 통해 다양한 의견들을 서로 내놓고 열띤 토론을 벌인 후, 가장 많은 사람들이 원하는 방향으로 일을 결정한다.

회의의 매력은 모든 사람이 똑같이 1/n의 권리만 행사한다는 점에 있다. 가진 것이 많든, 교육 수준이 높든, 지위가 높든 발언권이나 의사결정권은 1/n을 넘을 수가 없다. 그러나 실제로 그런 회의는 찾아보기가 어렵다. 예를 들어 대통령이 주재하는 회의에서 장관들이 1/n의 주장을 하며 토론하기란 쉽지 않다. 아무래도 임명권자의 눈치를 보게 된다. 의장인 대통령도 1/n의 발언권만 행사하기는 어렵다. 아무래도 자신의 의중을 드러내게 되고, 회의 참석자들은 '金心'이나 '盧心'을 찾느라 신경을 쓰게 된다.

기업의 임원회의도 비슷하다. 20명이 모인 회의에서 오너인 대표 한 사람이 과반수인 11/n의 영향력을 행사한다. 그뿐만이 아니다. 모두가 결정한 사항을 대표 혼자 뒤집기도 한다. 심지어 결정의 방향을 미리 물어보거나, 사전에 지시받은 대로 거수기 노릇을 하는 수도 많다.

국회에서는 어떤가. 아무리 국회의장이라 해도 1/n 이상의 권한은 행사할 수가 없다. 거기에도 '당론(黨論)'이란 게 있어 개인의 합리적인 의사결정권을 제한한다. 우리 주위에는 아직도 자유로운 토론 과정이나 공평한 의사결정권이 없는 회의가 너무 많다.

교회라는 공동체는 어떤가? 교회도 다를 게 없다. 담임 목회자나 유력한 중직자가 의사결정 과정에서 1/n 이상의 영향력을 무리하게 행사하는 일이 많다. 특정한 1/n이 다른 1/n보다 더 큰 영향력을 발휘하게 될 때, 심지어 특정한 1/n이 나머지 1/n들을 다 합친 것보다 더 큰 의사결정권을 행사할 때, 나머지 1/n들은 체념을 할 수밖에 없다. 그리고 뒤에서 불평하고 일을 방해하는 'NATO(No Action Tackle Only)족'이 되기 쉽다.

그보다 더 심각한 건, 그러다가 의사결정 자체가 잘못될 수 있다는 점이다. 다수인 1/n들의 의견을 소수가 무시하다가 공동체 전체가 큰 어려움

을 겪는 교회가 얼마나 많은가. 물론 다수가 항상 옳은 건 아니다, 그렇다
고 해서 소수가 항상 옳은 건 더욱 아니다. 중요한 건, 1/n들의 의견은 존
중되어야 한다는 사실이다. 通

37.
제직회 살리기

교회주보에 빠짐없이 등장하는 기사가 있다. 바로 모임 안내다. 평일에 자주 만날 수 없다는 특수한 사정 때문에, 교회의 모임들은 대부분 주일 하루에 집중된다. 어쨌든 우리나라 교회가 이처럼 발전한 건 "모이기에 힘쓰는" 좋은 전통 덕분이라고 생각한다.

교회에는 공동의회, 제직회, 당회, 교사회, 교역자회, 남녀 선교회, 예결산회의 등 여러 모임과 회의가 있다. 이 중 교인들에게 가장 익숙한 회의는 제직회다. 제직회는 모든 직분자들이 모여 교회의 살림살이를 논의하는 실무 회의이자, 교회 공동체 의사소통의 마당이다.

제직은 보통 출석 교인의 2/3를 차지한다. 그러나 그 많은 제직 중 실제로 제직회에 참석하는 이들은 얼마 되지 않는다. 목회자도 교인들의 참여를 적극 독려하지 않으려 하고, 제직들도 회의 참석을 선택 사항으로 인식하는 경향이 있다. 제직회가 인원수 개념이 사라지고, 매월 열지 않아도 되는 회의로 전락한 지는 이미 오래다.

교인들은 왜 제직회에 참석하지 않으려 할까? 필자가 조사한 원인들을 한번 살펴보고, 대책을 마련해 보자.

▲"귀찮다.", "하루 종일 교회에서 일하고 회의까지 참석하려니 피곤하다.", "너무 늦게 끝나서 월요일 직장 출근에 부담스럽다."

▲"발언을 하면 사회자와 참석자들이 싫어한다.", "다들 발언을 안 하는 분위기다. 그러느니 아예 참석 안 한다.", "참석해 달라는 요청을 못 받았다.", "교회 일에 깊이 간여하고 싶지 않다."

▲"회의가 지루하다.", "몇몇 사람이 발언권을 독점하니 짜증이 난다.", "발언할 기회가 없다.", "서로 다투는 모습이 싫다.", "회의 참석하고 나면 은혜가 사라진다.", " '동의' 니 '개의' 니 하는 용어들이 너무 어렵다."

▲"항상 시간에 쫓겨 중요한 안건을 대충 처리한다.", "회의가 너무 일방적이다.", "안건도 모르고 참석해서 깊이 없이 결정을 한다.", "이미 다 집행했거나 결정을 해 놓고 회의를 연다.", "거수기 역할은 하기 싫다.", "결국 사회자 뜻대로 할 걸 뭐 하러 회의를 하나?"

▲"예배 후에 다시 경건회로 회의를 시작하니 예배인지 회의인지, 설교자인지 사회자인지 구분을 못하겠다.", "사회자가 너무 권위주의적이다.", "사회자가 발언을 너무 많이 한다. 사회자와 회중 간에 회의를 하는 것 같다.", "사회자가 회의를 효율적으로 진행하지 못한다."

모두가 여유 있게 참석할 시간이 없는 한, 제직회 살리기에는 근본적으로 한계가 있다. 제직회의 무기력 현상은 담임목회자에게 당장은 편리할 수도 있다. 그러나 오래 지속된다면, 대화가 없는 부부처럼 교회 공동체에 위기를 초래할 수도 있다. 더구나 회의 분위기와 운영 방식이 싫어서 회의를 외면하는 이들이 많다면 여간 심각한 일이 아니다. 회의장 밖에서 비공식적인 '진짜 회의' 가 열리기 때문이다.

제직회장은 이런 자문을 해 봐야 한다. 첫째, 제직 한 사람 한 사람(1/n)의 생각을 진정으로 존중하며 합의를 중시하는가? 둘째, 설교자가 아닌 회

의 진행자로서 회원들과 눈높이를 맞추고 있는가? 셋째, 회의를 민주적으
로 효과적으로 이끌 전문 기술을 체득하고 있는가? 通

38.
커닝과 커뮤니케이션

이번 학기를 시작하면서 학생들에게 이런 제안을 했다. "책상에 씌어진 커닝 낙서들을 지우자!" 학생들은 내 제안에 동의를 해 주었다. 그 다음 시간에 우리는 '커닝 추방'을 결의하고 미리 준비해 온 사포로 책상 바닥을 깨끗이 닦아 냈다. 뽀얀 먼지를 물걸레로 닦아 내니 책상이 새 것 같았다. 학생들에게 소감을 물으니 이구동성으로 "속이 후련합니다!"라고 했다.

시험 때마다 학교는 커닝과의 전쟁을 벌인다. 그렇지만 지난번 수능시험 때의 커닝 부정 사건이 보여주듯, 커닝 기술은 점점 더 첨단화하고 있다. 사람들은 평소에는 다른 사람과 그토록 커뮤니케이션을 안 하면서도, 왜 시험 때만 되면 그렇게 열심히 커뮤니케이션을 하는지 모를 일이다.

대학에서 학생들과 생활을 해 보니, 커닝이 성행하는 데에는 몇 가지 원인이 있어 보인다. 첫째는 학생의 수업 평가를 지나치게 필기시험에 의존하기 때문이다. 내가 대학에서 담당하는 "통하는 커뮤니케이션"이란 수업의 경우, 평가 방식은 7~8가지나 된다. 이론 중심의 필기시험도 있지만 발표, 퀴즈대회, 게임, 출석, 사이버 강의실 참여, 신문 기고 활동, 수화하기 등 다양하다. 그러니 학생들이 필기시험에만 목숨을 걸지 않는다.

둘째는 암기식 문제를 출제하기 때문이다. 창조적인 생각 대신, 교과서의 일부분을 달달 외워야 답안을 쓸 수 있는 문제가 주로 출제된다. 시험을 잘 보기 위해 열심히 외우지만, 시험을 마치면 다 잊어버리고 만다.

'안다' 는 건 과연 어떤 것일까? 어떤 이가 '안다' 는 걸 이렇게 설명하는 걸 들었다. 달리기를 하고 들어오는 이에게 "OO이란 무엇인가?" 라고 물었을 때, 가쁜 숨을 내쉬며 "OO이란 OO이네" 라고 바로 말한다면, 그는 OO에 대해 정말 잘 아는 것이다. 그러나 혹시 교과서를 찾아보거나 잠시 생각을 해 봐야 답을 말할 수 있다면, 그건 사실상 잘 모른다는 것이다.

본질을 알아야 풀 수 있는 걸 문제로 내야 하는데, 교과서의 내용만 외우게 하니 커닝하기에 딱 좋다. 그래서 책상에 새까맣게 예상 답안을 써 놓고 문제를 기다리는 것이다. 감독관이 그걸 눈치 채고 자리라도 강제로 옮기도록 하면 좋을 텐데, 그렇게도 하지 못하니 커닝은 더욱 극성을 부린다. 그럼에도 교수들이 계속 그런 유형의 문제를 내는 건 채점을 손쉽게 하기 위해서다.

셋째는 교과서와 노트를 못 보게 해서다. 이젠 노하우(know-how)의 시대가 아니라 노웨어(know-where)의 시대다. 지식과 정보 그 자체가 아니라, 그것들이 어디에 있는지 그 '주소' 를 외도록 가르쳐야 한다. 내 과목의 시험은 언제나 오픈 북 테스트다. 이번 학기에는 한술 더 떠서 학생들에게 출제까지 맡기고, 그 솜씨로 실력을 평가했다. 그리고 그 문제들로 중간고사를 치렀다. 개인마다 답이 다르니 커닝을 할 수가 없다. 출제까지 할 정도면 학습 효과는 미루어 짐작할 만하다.

커닝은 교수와 학생의 합작품인 수가 많다. 교과서와 노트를 못 보게 하는 시험이 아니라, 그걸 얼마든지 보면서 스스로 문제를 내고 답을 찾아 쓰는 새로운 평가 방식을 찾아내야 커닝도 사라질 것이다. 通

39.
마당놀이식 예배당

사각형 건물, 높은 지붕, 높은 강단, 긴 나무 의자들 …. 이 말을 들으면 누구나 '예배당'을 연상할 것이다. 이런 전통적인 예배당의 구조를 깬 교회가 있다. 경기도 양평의 국수교회가 얼마 전 특이한 구조의 예배당을 짓고 봉헌해서 화제다. 이 예배당은 한 마디로 '마당놀이' 식 구조로, 작은 원형경기장을 연상시킨다. 한 가운데의 강단을 향해 예배자들이 둘러앉도록 되어 있다. 때문에 설교자와 예배자 간은 물론이고, 예배자와 예배자 간에 커뮤니케이션이 잘 될 것 같다.

강의 요청을 받고 다른 교회에 갈 때마다 신경이 쓰이는 게 몇 가지 있다. 첫째는 강사와 회중 간의 거리다. 교인들이 앞자리 앉기를 기피하는 교회의 경우가 심각하다. 얼마 전에 다녀온 어느 교회는, 예배당 안의 앞 뒤 길이가 40미터쯤 되는데, 교인들이 앞의 20미터를 텅 비워둔 채 그 뒤에 앉는 바람에 전달에 어려움이 많았다. 그래서 강단에서 내려와 마이크를 들고 예배당 중간에서 강의를 한 적이 있다. 강단이 지나치게 높아도 마찬가지로 불편하다. 회중들과의 공간적 거리가 먼 데다가, 위치까지 높으니 회중들과의 심리적 거리는 아무래도 멀어질 수밖에 없다. 물리적 환경이 이럴 경우, 강사는 속수무책이 되고 만다.

둘째는 청중의 수다. 사람들이 많이 모이지 못할 경우, 강사에게 퍽 미안해하는 이들을 본다. 그러나 그럴 필요가 없다고 생각한다. 강의의 커뮤니케이션 효과는 청중 수와 반비례하기 때문이다. 여러 학생을 가르치는 강의보다 그룹 과외가 더 비싸고, 그보다 개인 과외가 더 비싼 이유가 거기에 있다. 그래서 요즘 기업 연수원에서는 수강생 수가 20명에서 30명을 넘지 않는다.

사람들은 10인 1색에서, 10인 10색으로, 나아가 1인 10색으로 달라져가고 있는데, 한 사람의 설교자가 수천 명과 커뮤니케이션 하는 것이 과연 가능하며 효과적인지는 의문이다. 아무리 커뮤니케이션 환경이 좋다 해도, 청중은 300명을 넘으면 커뮤니케이션 효과는 아주 낮아질 것이다.

셋째는 고정된 의자다. 예배당의 의자들은 강단만 향하도록 고정되어 있다. 몇 사람씩 둘러앉아 마주 보며 자유롭게 토의를 할 수가 없다. 청중의 이동도 어렵다. 청중이 참여하는 프로그램을 진행하는 데에 어려움이 많다.

넷째는 영상, 음향 등 커뮤니케이션 장비들이다. 요즘은 많은 교회들이 빔 프로젝트를 이용하고 있다. 필자도 노트북을 들고 가서 영상을 보여주며 강의를 하는데, 그 효과가 말로만 하는 것과는 비교할 수 없을 정도로 탁월하다. 그런데 노트북을 강사가 직접 조작할 수 없는 곳이 많다. 멀리 떨어진 방송실에 조작을 맡겨야 할 경우, 게다가 넘겨야 할 페이지가 많은 경우 강사는 낙망할 수밖에 없다. 케이블만 준비해 놓으면 좋을 텐데….

강사와 청중, 청중과 청중의 커뮤니케이션은 강사와 청중들 간의 거리, 청중의 수, 청중 좌석의 방향, 커뮤니케이션 장비가 큰 영향을 미친다. 우리의 예배당 구조는 어떤가? 설교자와 예배자, 예배자와 예배자간의 커뮤

니케이션을 막고, 나아가 예배를 '구경거리'로 전락시키고 있다. 화려하
고 큰 예배당보다 커뮤니케이션이 잘 되는 예배당을 지어야 한다. 通

40.
늑대 소년

툭하면 "늑대다!"라고 소리를 쳐 동네 사람들을 놀라게 했던 소년-결국 그는 마을에서 쫓겨나고 말았다. 소년은 고향 마을이 너무도 그리웠다. 그러나 쉽게 돌아갈 수 없었다. 어느 날 소년은 용기를 내서 고향으로 발걸음을 향했다. 그는 만나는 사람들에게 열심히 인사를 했다. 그러나 그들의 시선과 표정은 차갑기만 했다. 그를 믿어주는 사람이 없었다. 여러분이 바로 이 소년이라면 어떻게 할 것인가?

여러 사람들에게 답을 물어봤더니 답변들이 재미있다. 첫째는 한번 더 거짓말을 하는 것이다. 그 당시에 "늑대다!"라고 한 건, 날아가는 비행기를 바라보며 "넉 대다!"라고 한 걸 주민들이 잘 못 들은 거라고 변명을 하는 것이다. 만약 그렇게 했다가는 소년은 다시 마을에서 쫓겨나 영영 돌아오지 못할 것이다.

그 다음 답변도 재미있다. 마을 사람들이 그를 다시 믿어줄 때까지, 동네의 모든 궂은 일을 도맡아서 한다는 것이다. 시간은 걸리겠지만, 봉사

활동을 해서 신뢰를 회복하겠다는 것이다. 또 하나의 답은, 산에 들어가서 기어코 늑대를 잡아온다는 것이다. 그렇게 해서, 자기 말이 맞다는 걸 증명해 보이겠다는 것이다. 그렇지만 어느 것 하나 쉬운 게 없다. 한번 잃은 신뢰를 되찾기란 이처럼 어렵다.

한번 신뢰를 잃으면 커뮤니케이션 효과는 바닥으로 떨어지고 만다. 표현 기술도 중요하지만, 가장 결정적인 건 바로 '신뢰성'이다. 일본을 보자. 요즘 일본은 국제사회에서 '늑대 소년'과 같은 존재다. 여러 나라들은 일본과 말이 통하지 않아 애를 먹는다. 우리나라가 그렇고 중국이 특히 그렇다. 얼마 전 일본의 총리는 인도네시아에서 열린 어느 정상회담에서 기조연설을 통해, 과거 일본의 잘못에 대해 '통렬히 사과한다'고 밝혔다. 그러나 같은 날, 80명의 일본 의원들이 도쿄의 야스쿠니신사를 참배한 것이 나중에 밝혀졌다.

북한도 미국한테 늑대 소년 취급을 받는가 하면, 미국도 북한한테 '늑대 어른' 취급을 받는다. 미국은, "북한이 핵무기를 포기하면 국교를 맺고 경제를 지원해 주겠다"는데, 북한은 "핵을 포기할 테니 경제제재를 풀고 북한을 지원해달라"고 한다. 양측의 말을 잘 살펴보면, 그 말이 그 말이다. 그런데 왜 이처럼 서로 말이 통하지 않을까? 바로 신뢰하지 못하기 때문이다.

2002년도에 미국 종합사회조사가 우리나라와 미국의 사회기관 신뢰도를 조사한 적이 있다. 그 결과를 보면, 미국 중앙정부 부처에 대한 국민의 신뢰도는 78.3퍼센트에 이르는데, 우리는 42.4퍼센트에 불과하다. 국민이 정부의 말을 믿지 않으니 보통 큰일이 아니다.

최근 중앙일보와 동아시아연구원이 23개 파워 조직을 대상으로 영향력과 신뢰도를 평가 조사하여 결과를 발표했는데, 그 결과가 놀랍다. 상위권을 삼성, 현대차, SK, LG 등 대기업이 독점했기 때문이다. 중위권은 대법원, 검찰, 경찰, 국세청, 청와대, 정당이 차지했다. 전교조, 교총, 한국노

총, 민주노총, 민변 등은 하위권으로 밀려났다. 영리를 목적으로 하는 기업이 영향력과 신뢰도에서 상위권을 차지했다는 건 이변이다.

우리는 '사람을 보고 믿지 말라'고 한다. 그러나 비신자 입장에서는 '사람'을 봐가며 믿을 수밖에 없다. 그리스도인의 영향력과 신뢰도는 복음 전도 열쇠와 같다. 만약 교회가 위의 조사 대상에 들어갔다면 어느 정도나 됐을까? 通

1.
"세상에서 가장 친절한 교회"

지방에 있는 기독교 재단의 어느 대학에 강의를 하러 간 적이 있다. 이 틀간 머물면서 보기 드문 체험을 하였다. 캠퍼스에서 마주치는 교수와 학생들이 낯선 방문자에게 깍듯이 인사를 해 오는 것이었다. 대학에 출강해 오면서 처음 겪는 일이었다. 친절은 사람을 감동시켜 준다.

사람의 첫인상은 불과 6초 이내에 형성된다고 한다. 그것이 좋으면 헤어지면서 "See you again!"이라고 인사하지만, 그것이 나쁘면 "Good bye!"로 끝나 버린다.

첫인상은 그것이 실체가 아님에도 그 이상의 힘을 발휘한다. 그래서 분장(扮裝) 이상의 화장이 나오고, 변장(變裝) 이상의 성형수술이 생겼다. 이미지를 실제와 다르게 과장하고 꾸며서도 안 되겠지만, 구태여 나쁘게 놔둘 필요도 없다.

이미지에 영향을 주는 가장 큰 요소는 사람의 표정과 태도다. 기독교의 대한 이미지는 그리스도인들의 표정과 태도가 만들어 낸다. 그리스도인은 당연히 다른 사람들에게 밝은 표정과 사랑이 넘치는 태도를 보여줘야 한다. 교회도 그 교회를 찾는 이들에게 '주께 하듯' 사랑을 넘치도록 표현해 줘야 한다. 그것은 선교나 전도만큼 중요한 교회의 의무다.

우리 그리스도인들이 과연 비신자들보다 더 친절한가? 교인들과 몇 마디를 나눠보면 금세 알 수 있다. 교회를 방문하거나 교회에 전화를 걸어보면 금세 알 수 있다. 친절은 느낌이기에 감출 수가 없다.

친절하지 않은 교인 뒤에는 경직된 교회문화가 있다. 숨이 탁탁 막힐 정도로 긴장되는 아침 조회 같은 형식적인 예배문화에서 친절과 사랑이 숙성될 수는 없다. 친절하지 않은 교회문화 뒤에는 경직된 교회 지도자들이 있다. 교인들은 그들의 근엄한 표정과 태도를 그대로 닮아간다.

그리스도인은 당연히 다른 사람에게 친절해야 한다. 친절은 이웃 사랑의 구체적인 표현이며, 다른 사람을 향한 긍정적인 관심이기 때문이다.

처음 온 교인을 색출(?)하여 어떻게든 등록을 시키려고 무리하는 교회는 있지만, 진정 친절한 교회를 찾아보기는 어렵다. 교회가 친절해야 처음 온 교우가 쉽게 정을 붙이고 정착을 할 수 있다. 그러나 교회가 친절하지 못하면, 전도를 아무리 해도 밑 빠진 독처럼 다 새버리고 만다. 전도를 못하면 친절하기라도 해야 하는데….

그 교회에 몇 달을 다녀도 말 한번 거는 이가 없는 교회, 새로 온 교인에게 틈을 주지 않고 오래된 교인들끼리 담을 쌓는 교회는 친절한 교회가 아니다. 안내위원이 주보만 나눠주지 않고 마음도 나눠주며 영접하는 교회, 교회에 처음 나온 이들에게 주차할 자리와 앉을 자리를 양보해 주는 교회가 친절한 교회다. 처음 나온 이들도 이해하도록 예배를 진행하는 교회, 교인들이 밝은 표정으로 다른 사람을 대하고 서로 먼저 인사하는 교회는 친절한 교회다. 교회에 처음 나오던 날을 생각하며 낯선 이에게 '아는 사람'이 되려는 교회, 교우 명단을 보며 새로 등록한 그들을 기억하려는 교회는 친절한 교회다.

우리 교회가 '세상에서 가장 친절한 교회'가 되어야, 우리 교우도 세상에서 가장 친절한 그리스도인이 되고, 교우들이 일하는 일터도 세상에서 가장 친절한 일터가 되어 이웃 사랑을 구현할 수 있다.

새해엔 '친절한 그리스도인', '친절한 교회' 운동을 확산하여 이 세상을 주님의 사랑이 넘치는 공간으로 변화시켜 보자. 나부터(From me)! 通

2.
꿈틀거리는 교회의 제직 수련회

목회를 하는 친구가 흥미로운 부탁을 해 왔다. 제직 세미나를 하려는데, 좋은 아이디어가 없겠느냐는 문의였다. 그는 우리나라 교회 여성들의 사역이 교회 부엌을 벗어나지 못하고 있음을 안타까워했다. 사실 교회 바깥에서는 여성의 역할이 크게 달라지고 있는데, 교회 내에서는 수적으로는 65퍼센트 이상을 차지하면서도 늘 그대로인 것이 현실이다. 그렇게 된 데에는 시대의 변화에 둔감한 목회자들과 남성들의 책임도 크지만, 여성들 스스로의 의식 부족이 더 큰 문제다.

우리는 이번 세미나를 이렇게 진행하기로 했다. 주제는 '건강한 교회–여성의 새로운 역할'로 한다. 첫날에는 먼저 신임 제직의 임명식을 갖는다. 그리고 초청강사가 세미나 주제와 취지를 설명한다. 남성과 여성을 섞은 분임조가 주제를 놓고 토의를 한다. 주제는 우리 교회 내 여성 사역의 현황, 여성 사역의 업그레이드를 막는 요인들, 교회 내 여성의 새로운 역할 방안 등으로 한다. 물론 주제와 조 편성 내용은 미리 발표해서 각자 준비를 해 오게 한다. 토의를 진행할 조장에게는 미리 자료를 제공한다. 조장이 토의 결과를 전체 앞에서 발표한다. 발표한 내용을 묶어 참석자들에게 나눠준다. 초청 강사와 담임목사가 강평을 한다.

둘째날에는 새해에 임명받은 제직회 부서별로 모임을 갖게 한다. 이에 앞서 담임목사는 각 부서의 사명(mission)에 대해 부서장과 미리 협의한다. 부서장은 부서원들과 부서 사명과 사업계획을 협의한다. 아울러 해당 부서는 전날 제기된 여성의 새로운 역할을 어떻게 반영할 것인지 토의한다. 부서장이 토의 내용을 전체 앞에서 발표한다. 끝으로 담임목사가 이틀간의 제직수련회 내용을 총정리한다.

연초에 교회들이 실시하는 제직 세미나는, 말만 '세미나' 이지 질문도 없는 일방적인 강의식이고, '충성'과 '열심'을 강요하는 내용이 대부분이다. 제직 세미나는 부흥회와 구분되어야 한다.

수년 전 신촌성결교회 제직 세미나에 강사로 참여한 적이 있는데 참 인상적이었다. 주일 오후 시간에 짜여진 시간표에는 공통과목에 이어 다양한 선택과목이 마련되어 있었다. 예를 들면 당회, 재정, 선교, 교육, 가정사역, 교회음악 등으로 나누어 해당 분야 전문가의 강의를 수강하도록 했다.

제직 수련회의 목적은 제직의 훈련을 통한 교회 조직의 활성화다. 그렇다면 유명 강사를 초청하여 '뻔한' 이야기를 듣는 방식을, 제직 스스로가 직접 참여하여 찾아낸 문제를 해결해 나가는 방식으로 바꾸어 볼 수도 있다.

내용도 자신의 사역에 보다 전문적인 식견을 갖추는 방향으로 보완하면 좋겠다. 가슴만 뜨겁게 하지 말고, 일하는 방식도 가르쳐 주자는 것이다. 제직 중에는 의욕은 있는데 일하는 방법을 몰라 선뜻 나서지 못하거나, 일을 효율적으로 추진하지 못하는 이들이 적지 않다. 방법을 안 가르치고 일을 시키는 건 어리석은 일이다.

이런 과목을 생각해 볼 수 있다. 우리 교회의 비전과 목적, 올해 우리 교회의 목회 방향, 우리 교회의 조직과 부서의 역할과 사명, 사역자를 위한 리더십, 회의진행과 의사결정 요령, 교회 재정의 효율적인 사용법(부서 재정관리 요령, 예산의 청구 방식 등), 교회와 지역사회, 직장사역, 가정사역, 미래사회와 교회, 교회법 기초, 친절한 교회, 교회와 청소년, 교회와 조직 커뮤니케이션, 교회 용어 바로 알기, 예배 인도와 대표기도 등.

목회자만이 무엇이든지 다 할 수 있다는 생각이 신자의 성장과 성숙을 막는다. 제직을 제직 수련회의 강사로 서고, 평소 모범적인 교회에 보내 현장 체험 겸 벤치마킹을 하게 하는 것도 좋은 훈련방법이다. 이웃 교회와 연합하여 제직 수련회를 개최한다면 보람과 부담을 함께 나눌 수 있다.

제직이 움직여야 교회가 산다. 꿈틀거리는 교회-제직 수련회에 달려 있다. 通

3.

'월급'과 '사례비'

어느 교회에서 지휘자 모집 광고를 냈다. 그걸 보고 전화가 많이 걸려왔다. 그들의 첫마디는 대개 비슷했다. "월급이 얼마죠?"

어느 목사가 유명 간증자를 초빙하려고 전화를 했다. 강의 날짜와 내용 등을 설명하려고 하자, 대뜸 사례비가 얼마인지부터 물어 왔다. 액수를 말하자, 자기는 최소한 얼마는 줘야 한다며 거절했다고 한다.

어느 교회 공동의회에서는, 오르간 반주자나 교회 주방 봉사자나 같은 봉사자인데, 왜 반주자에게만 사례비를 주느냐는 엉뚱한 질문에 사회를 보던 의장이 진땀을 흘렸다고 한다.

필자도 가끔 집회에 강사로 초청되곤 한다. 강의를 마치고 사례비 봉투를 받을 때마다 여간 마음이 불편한 게 아니다. 누구라도 볼까 하여 주위를 두리번거리며 은밀하게 건네주는 사례비 봉투가 뇌물 봉투 같이 느껴지곤 한다. 언젠가 참석자들 앞에 나와 박수를 받으며 공개적으로 사례비를 받았는데 참 좋았다.

‘사례비(謝禮費)’란 주는 사람에게나 받는 사람에게 참 좋은 말이다. ‘감사의 禮’가 담겨 있기 때문이다. 고마워하면서 주고받는 게 바로 사례비다. 그런 사례비가 요즘에는 단순한 ‘월급’, ‘봉급’, ‘연봉’, ‘출연료’, ‘강사료’, ‘인건비’ 삯으로 전락하고 말았다. 그러다 보니 주는 측과 받는 측이 액수를 놓고 밀고 당기게 됐고, 받는 측에서 액수를 먼저 요구하게 됐다.

교회 규모가 커지고 일이 전문화되면서 목회자 외에도 고정적으로 사례비를 받는 이들이 늘어나고 있다. 그러다 보니 누구는 순수하게 봉사를 하고, 누구는 대가를 받고 하느냐, 왜 누구는 더 많이 받느냐는 문제가 나타나고 있다. 자기 사람이 사례비를 받게 하려고 경쟁을 하기도 한다.

목회자의 경우도 마찬가지다. 초빙하는 입장에서는 보다 능력 있는 이를 모시기 위해 다른 교회보다 더 좋은 조건과 대우를 제시한다. 조건에는 사례비 외에 주택, 승용차, 자녀 학자금, 판공비 등도 포함된다. 목회자 입장에서는 이왕이면 더 좋은 조건의 교회를 택하려고 치열한 경쟁을 벌이기도 한다.

목회자 대우를 놓고 새해 들어 교회 안팎에서 말들이 많다. 사실 부자 교회와 가난한 교회 목회자 간에 그 격차가 너무 심하다. 이들은 교인들이 이해하기 어려울 정도의 풍요를 누리는가 하면, 정반대의 경우가 대부분이다.

규모가 큰 교회의 경우, 교인들이 목회자의 대우에 대해 구체적으로 파악하기란 쉽지 않다. 교회 예산을 구체적으로 공개하지 않을 뿐더러, 여러 항목으로 분산 편성해 놓기 때문이다.

지금은 고인이 되신 어느 목사님은, 차든 집이든 돈이든 교회가 마련해 주는 대로 어려운 이웃들에게 나눠주곤 하여, 교회가 그 분의 통장에 항상 일정한 액수의 잔고를 채워 주었다는 일화가 있다. 깊은 존경심과 신뢰의 결과라고 생각한다.

목회자 중에는 외부 강사료를 교회에 입금하는 이, 사찰과 비슷한 사례비를 받는 이, 사례비를 포기하고 오히려 운영비를 내놓는 이도 있다. 그러나 모든 목회자가 반드시 이렇게 해야 하는 건 아니다. 그보다는 교회 재정을 건강하고 투명하게 관리하는 게 훨씬 더 중요하다. 교인들이 목회자를 얼마나 신뢰하고 존경하느냐, 목회자가 교인들을 얼마나 믿고 사랑하느냐가 사례비 액수보다 훨씬 더 중요하다.

'삯'으로 전락해 버린 목회자 '월급'을, 감사가 가득한 '사례비'로 회복하자. 通

4.
어느 산촌의 스피커 방송 예배

경남 함양의 어느 산골 교회. 주일 낮 예배에는 불과 15명이 참석한다. 워낙 작은 교회인 데다가, 농사일 때문에 예배 참석은 현실적으로 어렵다. 비닐하우스 농사가 주업인 이 마을에서 주일은 가장 바쁜 날이다.

그래서 교회가 생각해 낸 것이 유선방송이다. 말이 유선방송이지 비닐하우스마다 스피커를 설치해 주고 주일마다 예배 실황을 들려주는 것이다. 대기업 신우회의 도움으로 앰프와 스피커, 전선 등을 어렵게 마련하여 예배 실황을 중계해 주고 있다.

예배 실황을 듣는 주민은 3백 명이 넘는다. 처음에는 교회가 있는 마을에만 연결하였는데, 최근 인근 두 마을에도 시설을 확장했다. 주민들 대부분이 비신자, 타종교인이지만 평소 이 교회가 지역사회를 극진히 섬겨 온 덕분인지, 아무도 방송에 이의를 제기하지 않는다. 오히려 찬송가와 설교 내용을 기억하는 주민들이 늘어나고 있다. 비록 예배당에 가지는 못하지만, 일하면서 찬양하고 기도하고 설교 말씀을 듣는 모습이 밀레의 작품 〈

만종〉을 연상케 해 준다.

요즘 금요일 밤이나 토요일 밤에도 주일예배를 드리는 교회들이 생겼다. 주일에 출근하는 직장인들을 위해서다. 그런가 하면 금요 철야예배를 수요일 저녁으로 옮기는 교회도 늘어나고 있다. 원래 수요일 저녁 집회는 '삼일기도회'니 제자리를 잡은 셈이다. 주일 낮 예배만 드리는 교회도 있다. 세상에서의 사명에 충실하자는 게 취지다.

안양의 어느 교회는 주일 오후예배를 아예 특별활동 시간으로 전환했다. 모든 교인들이 가족과 함께 식사를 하고 축구, 탁구, 등산, 음악 등 다양한 취미 서클에 가입하여 활동을 한다. 삶 자체가 예배이고 교우들, 가족들 간의 코이노니아가 매우 중요한 예배 요소라는 것이다.

우리나라 교회는 모이기에 힘쓰는 좋은 전통을 지켜오고 있다. 그래서인지 한 주간에도 주일 낮 예배, 주일 저녁예배, 삼일기도회, 금요 구역예배, 금요 철야기도회, 새벽기도회 등 공식 모임은 10회 정도는 된다. 여기에 얼마나 열심히 참석하느냐가 신앙 평가의 기준으로 작용하기도 한다. 생업을 제쳐놓지 않고는 도무지 개근하기가 어려울 정도로 자주 모인다. 목회자들도 설교 준비에 매달릴 수밖에 없다.

우리나라 교회는 '예배'를 대단히 중시한다. '묵도'로 시작하여 '축도'로 끝나는 '형식적 예배'에 모든 걸 건다. '축도' 이후에 계속되어야 할 '삶으로 드리는 예배'에는 관심이 부족하다. 형식적 예배 의식만 자주 되풀이하다 보니, '예배 중독증'에 빠져 삶으로 드리는 예배를 소홀히 하는 것 같다.

우리나라 교회의 공식 집회는 너무 잦지 않나 생각한다. 교인들을 예배당에 자주 많이 모이게만 하면 된다는 발상에 재고가 필요하다. 세상이 바쁘게 돌아가고 교인들의 삶이 고단해질수록 교회는 더욱 모이기에 힘써야 한다고 말할 수도 있다. 그러나 그럴수록 교회는 고단해하는 교인들의 삶을 살펴주고, 어떻게 삶을 통해 신앙을 완성해 나갈 것인지 고민해야 할 것이다. '교회에서 어떻게 살아갈 것인가?'에서, '세상에서 어떻게 살아갈 것인가?'로 관심 영역을 넓혀야 할 것이다.

비닐 하우스에서 땀 흘려 일하다가, 스피커로 예배 실황을 들으며, 흙 묻은 손을 모으고 잠시 기도하는 농부의 모습-거기에 우리가 찾아야 할 진정한 예배 모습이 감춰져 있는 것 같다. 通

5.
문화는 새로운 그물이다

요즘 두 뮤지컬 공연이 우리의 관심을 끈다. 하나는 '더 플레이(The Play)'라는 국산 작품이고, 또 하나는 '풋 루스(Foot Loose)'라는 외국 작품이다. 물론 출연자는 모두 우리나라 사람들이다. 둘 다 기독교적 메시지를 젊은이들이 좋아하는 춤과 음악으로 잘 표현하여 호응을 얻고 있다. 필자도 두 공연 모두 봤는데, 설교보다 훨씬 더 감동적이었다.

복음과 진리에 기초하여 사는 길(道)을 비신자에게 제시하여 그것을 받아들이도록 하는 방식을 직접 선교라 할 수 있다. '4영리' 전도지가 바로 그것이다. 그런가 하면, 복음과 진리를 받아들일 수 있도록 먼저 분위기와 풍토를 조성하는 간접 선교도 있다. 옥토를 만든 후에 씨앗을 뿌리는 식이다. 예수님께서도 병자들을 치료하신 후 복음을 전하시곤 하셨다.

요즘 '문화'를 간접 선교의 수단으로 삼으려는 움직임이 활발해지고 있다. '문화' – 불과 몇 년 사이에 우리와 많이 친근해진 용어다. 문화란, 넓게는 우리가 세상을 살아가는 방식 모두를 말한다. 생각하는 방식, 행동하는 방식, 표현하는 방식이 바로 문화다. 그러니 '기독교문화'라고 하면, 기독교의 복음과 진리에 기초한 삶 전체를 가리킨다고 할 수 있다.

문화를 더 좁혀 해석하기도 한다. 말하자면 영화, 비디오, 연극, 뮤지컬 같이 '표현하는 방식'을 말한다. 이러한 표현예술을 선교의 미디어로 활용하는 게 바로 문화선교다.

문화선교의 관건은 작품성과 그것이 담고 있는 메시지다. 그동안 복음과 진리를 담은 영화, 뮤지컬, 연극은 수없이 제작되었다. 그러나 항상 두 가지 벽을 넘지 못했다. 하나는 작품성이고, 또 하나는 대상 관객이다. 시중에서 상영, 공연되는 일반 작품보다 예술적 완성도가 높은 작품을 그다지 펴내지 못했다. 엄청난 자본력이 따르기 때문이다. 그러니 문화예술을 아끼는 소수의 교인들만이 관객이 될 수밖에 없었다. 뿐만 아니라, 메시지나 표현 방식은 아예 신자들만을 대상으로 한 게 대부분이었다. 비신자들을 대상으로 하지 않고 흥행에 성공할 수는 없다.

젊은 세대를 향한 문화 미디어의 위력은 점점 막강해지고 있다. 교회가 이러한 미디어에 주목하고 이것을 선교의 수단으로 삼는 건 너무도 당연하다. 고기가 모여 있는 깊은 바다를 향해 그물을 던져야 하듯, 젊은이들에게 선교를 하려면 그들이 모여 있는 곳으로 달려가야 한다. 문화는 새로운 그물이다.

문화선교의 시대를 열기 위해서는 목회자들부터 예술 작품들과 친근해져야 한다. 일년 내내 연극 한 편 보지 않는 목회자가 어떻게 문화선교를 이해할 수 있겠는가? 무대 위에서 펼쳐지는 격렬한 춤과 음악, 그리고 현란한 조명과 관중들의 뜨거운 환호…. 이런 뮤지컬을 처음 관람하고는 '사탄의 역사'라고 규정하는 목회자가 있을지도 모른다. 어디 목회자뿐이겠는가?

교회는 모든 수단을 동원하여 복음적 문화를 세상에 확산해야 할 사명이 있다. 공연예술도 그 중의 하나다. 문화와 예술을 통해 비신자들에게 다가

가려면, 그 작품은 복음적 메시지를 담고 있는 동시에 비신자들을 감동시킬 수 있는 뛰어난 작품성을 갖고 있어야 한다. 교회는 그런 작품을 만들어 내든지, 작가나 연기자, 제작자를 길러내든지 해야 한다. 목사 몇 백 명이 할 일을 단 몇 명으로 해낼 수 있는 세상이 다가오고 있다. 通

6.
목회와 벤처사업

어느 목사는 평일엔 택시 운전을 한다. 생활비도 벌고, 교인들이 살아가는 세상도 체험하기 위해서다. 말하자면 자비량 목회다. 다양한 사람들을 만나 이야기도 듣고, 때로는 전도도 한다.

얼마 전 한 세미나에서 어느 목회자가 이런 고민거리를 내놨다.

"장년 20여 명의 작은 교회를 개척하고 있다. 경제적으로 너무 어려워, 아내가 취업을 하겠다고 한다. 목회자로서 대단히 부담스럽다. 어찌하면 좋겠는가? 목회자 부인들이 생활비를 버는 사례가 적지 않다. 심지어 생활이 너무 어려워 평일에 퀵 서비스와 세차 같은 일을 하는 동료 목회자도 여럿 있다."

어느 목회자가 교회를 개척하려고 부동산에 들러 문의를 했다. 부동산 업자가 매우 친절하게 안내를 해 주며 이것저것 조언을 해 주었다. 혹시 교인이냐고 물었더니, 사실 자기는 목사인데 교회 개척에 실패하고 생계를 위해 그 일을 하고 있노라고 했다.

목회자가 사회 체험을 위해, 또 목회자 부인이 자아실현을 위해 직업을 갖는 건 좋은 일이다. 그러나 대형 교회 목회자들의 고액 연봉이 사회 문제로 대두되고 있는 때에, 목회자와 그 부인이 생활고로 돈을 벌러 나선다는 건 참 안타까운 일이다.

커다란 교회들도 처음에는 개척교회로 시작했다. 그러나 개척교회가 모두 대규모 교회로 성장하는 건 아니다. 오히려 대부분의 교회는 여전히 미자립 상태로 남아 있다. 그럼에도 불구하고, 신학대학원 졸업자나 개교회 부교역자들은 상가에 교회를 개척하여 교인들을 많이 모아 예배당을 건축하는 걸 당연시하는 것 같다. 사실 이러한 개척정신이 한국 교회 부흥의 원동력인지도 모른다.

그러나 그 과정에서 일어나는 교회 간의 지나친 경쟁, 예배당 건축 기금 마련 과정에서의 잡음은 심각하다. 예배당 시설과 등록 교인을 묶어서 다른 목회자에게 매매하는 행위, 교인들이 떠안게 되는 과도한 건축비, 교인들의 재산을 담보로 은행에서 융자를 받은 후의 후유증 등은 목회자는 물론이고 교인들의 가정에도 큰 상처를 남겨 주고 있다.

교회 개척은 벤처사업이 아니다. 예배당 건축은 목회자의 야망 성취의 목적이 아니라, 사역의 수단일 뿐이다. 중요한 것은 '사역' 그 자체다. 예배당 짓다가 세월 다 보내는 이들이 있는가 하면 학교, 예식장, 공공시설을 예배당으로 사용하며 사역에 충실한 목회자들이 늘어나고 있음은 다행스러운 일이다. 그럼에도 불구하고, 사역의 꿈은 뒤로 미룬 채 '교회 개척 – 예배당 건축'이라는 단순한 공식에 자신과 교인들의 힘과 시간을 다 소진시키는 목회자들도 많다.

교회 개척은 절대적으로 필요한 일이지만, 준비 없는 맹목적인 접근은 본인은 물론 가족과 교인들에게도 고통과 갈등을 안겨줄 수도 있다. 체격이 크고 체력이 강하다고 해서 반드시 건강한 건 아니다. 건강성을 잃어가며 무리해서 개척한 교회가 건강성을 회복하기란 쉽지 않을 것이다. 교인

수나 예배당의 규모로 목회자의 능력을 평가하고, 그것으로 연봉까지 책정하려는 유치한 발상을 추방해야 한다. 그것이 어찌 목회자 개인의 능력이란 말인가.

이제 교회 개척은 노회가 전략을 가지고 나서야 한다. 같은 지역 내의 개척 경쟁을 조정해 주고, 미자립교회 간의 통합도 주선해야 한다. 신학대학원도 현실을 예측해 가며 인력 수급을 조정해야 한다.

개척교회 목회자의 생활고는 가슴 아픈 일이다. 그렇지만 '교회 개척-예배당 건축'이란 틀은 이제 깨야 한다. 그리고 바울이 일하며 사역했듯이, 목회자는 물론 목회자 부인도 필요하다면, 당당히 직업을 갖고 기쁨으로 일하며 사역하라고 권하고 싶다. 通

7.
목회자와 서비스 마인드

서울 영등포의 한 교회는 수년 전부터 목회 평가제라는 걸 시행하고 있다. 매년 연말 한 해 동안의 목회를 교인들로부터 평가받는 것이다. 예배와 설교를 통해 얼마나 은혜를 체험하고 구원의 지식을 얻고 있는가 등 142개의 항목에 대해 성도들이 평가를 한다. 목회를 서비스로 인식하고 서비스 받는 성도의 필요를 충족시키겠다는 목적에서다. 만약 3년 연속 만족스럽지 못한 평가를 받게 되면 책임을 지겠다는 의지다.

목회 성과에 대해 목회자와 성도가 가슴을 열고 토론할 기회가 거의 없는 게 우리의 실정이다. 때문에 성도들이 숨어서 주관적으로 주먹구구식으로 평가를 함으로써 갈등과 오해를 만들어 낼 수 있다. 다수의 성도를 상대해야 하는 목회자 입장에서는 억울한 평가를 받을 수도 있다. 그것도 일방적으로. 목회 평가제를 실시하면 목회자는 교회 전반의 상태를 보다 객관적으로 진단할 수 있고, 교회의 평화를 지키며 교회의 분열을 예방할 수 있다.

　"목회는 과연 서비스인가?", "성도는 과연 목회자의 고객인가?" 경영학에서는 '내가 누군가를 위해 한 일'을 '서비스'라고 하고, '그 일을 사용하는 사람'을 '고객'이라고 한다. 기업에서 고객은 사원에게 월급을 주는 사람이므로, 최상의 서비스로 만족시키고 감동시켜 줘야 할 대상으로 인식된다.

　서비스는 측정되고 평가되어야 향상된다. 그러나 우리나라 교회에서 목회 서비스는 평가되기 어렵게 되어 있다. 한번 위임받으면 사실상 평생 평가를 면제받게 되어 있다. 더 나은 목회 서비스를 요구할 수도 없으며, 목회자의 실수나 목회 부실에 대해서도 책임을 추궁할 수 있는 장치가 없다. 그러니 커다란 아픔을 통해서야 문제를 해결하는 경우가 적지 않다. 위임 제도가 오히려 목회자들을 무사안일에 빠지게 하고 독재자가 되게 하는 원인이며, 책임 목회를 막는다는 지적에 귀를 기울일 필요가 있다.

　목회를 서비스로 인식하고 서비스 이용자들의 만족 상태를 스스로 측정해야 문제가 해결된다. 목회를 서비스로 인식해야, 군림하는 목회를 섬기는 목회로 전환할 수 있다. 우리나라 교회는 구조적으로나 문화적으로 고객인 성도가 서비스 제공자인 목회자를 섬기도록 되어 있다. 처음에는 섬기는 목회를 다짐하던 목회자도 성도의 존경과 대접에 익숙해져 가면서 '섬기는 종'에서 '섬김을 받는 종님'으로 무너져 가는 걸 쉽게 볼 수 있다. 개척에 성공하여 오너십을 확보한 목회자는 더욱 그렇다. 목회는 '대접받는 목회가 아니라 섬기고 베푸는 서비스'라는데….

　사람이든 조직이든 자기 존재 의미를 바로 알아야 스스로 생존할 수 있다. 상대방의 필요 때문에 내가 존재한다. 필요가 사라지거나 필요를 충족시키지 못하면 존재 의미는 없어진다. 상대의 필요를 채워 주는 것이 바로 서비스다. 서비스 제공자는 고객의 필요를 충족시키고, 더 나은 품질의 서비스로 그를 감동시켜야 한다. 그러기 위해서는 고객이 말하는 것을 들을 수 있는 귀, 고객이 말하지 않는 것을 들을 수 있는 귀, 고객이 말하고 싶지만 말하지 못하는 것을 들을 수 있는 귀를 가져야 한다.

목회자가 서비스 마인드를 가져야 목회자 자신이 살고, 성도가 살고, 교회가 산다. 성도가 없으면 목회도 없다. 성도가 바로 고객이다. 목회자가 성도를 고객으로 섬기고 평가를 받아야 교회는 건강해진다. 通

8.

마당 넓게 쓰기

불과 10여 년 전만 해도, 출판사들은 서점들을 일일이 찾아다니며 책을 팔았다. 그것도 외상으로. 그리고 일일이 서점들을 찾아다니며 수금을 했고, 안 팔린 책들을 걷어와야 했다. 일본에서는 이미 오래 전부터 출판사들이 공동으로 유통회사를 만들어, 서점에 책을 공급해 주고 수금하고 반품을 수거하는 일을 대신 맡겼다. 출판사는 책 만드는 일만 하면 됐다.

우리나라에서도 유통회사를 만들어 보려고 했지만 쉽지 않았다. 손해를 볼지도 모른다는 출판업자들의 단견 때문이었다. 그러나 요즘에는 출판사들이 책을 만들어 유통회사에 주면, 싼 값으로 모든 관리를 해 주어 출판사로서는 오히려 비용은 절감된다. 진작 그럴 것이지, 왜 출판사들이 자전거에 책 몇 권을 싣고 온 동네 서점들을 찾아다녔을까?

외환위기 직전, 우리나라 신문사들은 경쟁적으로 지면을 늘이면서 외국으로부터 윤전기를 사들였다. 그것도 외상으로. 그러다가 환율이 높아지는 바람에 비싼 달러를 갚느라 애를 먹었다. 지금도 비싼 윤전기로 자기네

신문만 찍고 기계를 세워 두는 데가 없지 않다. 그런데 대만은 진작부터 신문사들이 공동으로 윤전기를 구입해서 함께 사용해 오고 있다. 그러니 비용은 훨씬 적게 든다.

교회는 어떤가? 교회가 만약 이익을 내는 기업이라면, 원가 부담으로 인해 벌써 망했을 것이다. 엄청난 비용을 들여 예배당을 지어 놓고는 한 주일에 불과 몇 시간만 사용하는 게 좋은 예다. 그 뿐이 아니다. 가만히 들여다보면 돈 새는 구멍은 한두 군데가 아니다.

교회 기도원(수련관)도 그렇다. 교회마다 과시하듯 기도원을 지어 놓고는 제대로 활용을 하지 못하는 곳이 많다. 많은 기도원들이 텅 텅 비어 있는데도, 교회들은 여전히 자체 기도원을 새로 짓고 있으니 딱한 노릇이다. 그나마 기도원엘 가려면, 전국의 기도원에 일일이 전화로 문의를 해 봐야 한다. 그러니 방이 남는 곳은 계속 남아돌고, 모자라는 곳은 계속 모자라게 되어 있다. 기도원들이 서로 연결(networking)되어 있지 않아서다.

요즘 주 5일 근무시대를 맞아 펜션(pension)이라는 하숙식 호텔이 인기다. 이 펜션을 이용하려면 펜션협회 홈페이지만 찾아가면 된다. 거기서 모든 회원 펜션의 현황을 한눈에 보면서, 쉽게 예약을 할 수가 있다. 우리나라 기도원들이 왜 이런 것 하나 제대로 못하는지 모르겠다. 전국의 기도원들이 연합하여 종합 홈페이지라도 구축하고 시설과 프로그램을 자세히 안내해 준다면, 이용객들은 많이 늘어날 텐데. 주 5일 근무시대를 맞아, 가족들이 부담 없이 참여할 수 있는 다양한 프로그램도 마련해 준다면 기도원은 새로운 '영적 펜션'으로 커다란 호응을 얻을 것이다.

두 채의 전원주택이 마당을 함께 쓰면, 마당의 넓이는 두 배로 늘어난다. 각개전투식 생각은 보이지 않는 손실(loss)을 부르게 된다. 합력하여 선을 이루듯, 교회들이 가진 것을 서로 공유해야 더 큰 가치를 나눌 수 있다. 通

9.

'기독교'냐, '예수교'냐?

가끔 신상명세서라는 걸 쓸 때마다, 종교란에 뭐라고 써야 할지 작은 고민을 하게 된다. 내가 나가는 교회가 '대한예수교장로회'에 소속되어 있으니 내 종교는 줄여서 '예수교'라고 해야 마땅하다. 그러나 솔직히 말해 '예수교'라는 말은 왠지 어색해서 '기독교', 혹은 '개신교'라고 쓰곤 한다.

우리나라에는 예수님을 믿는다는 종교단체가 다른 어떤 나라보다 많은 편이다. 크게는 신교와 구교로 나뉘는데, 그 종류만큼이나 이름도 다양하다. 신교에 속한 종교단체의 이름들을 보면 대한예수교장로회, 예수교대한성결교회, 예수교대한하나님의성회, 대한예수교연합오순절교회, 대한예수교복음교회 등 '예수교'가 있다. 또한 기독교대한성결교회, 기독교한국침례회, 기독교한국루터회, 한국기독교장로회 등 '기독교'가 있다. 그리고 대한하나님의성회, 그리스도의교회, 대한성공회 등이 있다.

구교에는 '천주교'라는 이름이 있는데, 신교에는 마땅한 이름이 없다. '기독교'라 할지, '예수교'라 할지, 아니면 '그리스도교'라 할지 애매하다. 게다가 '기독교'란 말은 이미 구교는 물론, 그리스 정교회 등까지 포함하는 용어로 사용되어 아쉬움을 준다.

신교를 가리키는 통일된 교단명을 찾아내려면, 그에 앞서 현재의 교단 명칭을 리뉴얼할 필요가 있다. 이름은 간결하고 명확해야 한다. 그러나 우리나라 각 교단의 명칭은 지나치게 길고 구분도 명확하지 않다. 따라서 다음과 같은 원칙을 갖고 조정해 나가면 좋겠다.

첫째, '기독교'나 '예수교'라는 말 중 하나로 통일해야 한다. 그래야 신교를 가리키는 확실한 용어가 나올 수 있다.

둘째, 용어의 조합형식을 통일해야 한다. '한국기독교장로회'와 '기독교대한감리회'에서 보듯이, 언어의 조합 형식이 너무 다르다. 만약 '한국기독교장로회' 식을 따른다면, '기독교대한감리회'는 '대한기독교감리회'로 통일해야 한다. 그렇지 않고 '기독교대한감리회' 식을 따른다면 '한국기독교장로회'는 '기독교한국장로회'로 통일해야 한다.

'한국기독교장로회'라는 교단명은 좋은 모델이라고 생각한다. '나라 이름+기독교(예수교)+교단명'의 형식을 잘 갖추고 있기 때문이다. 만약 이에 따른다면 '한국기독교감리회', '한국기독교성결회', '한국기독교침례회', '한국기독교성공회' 등으로 정리할 수 있다. 그렇게 되면 신교는 자연스레 '기독교'로 인식될 것이다. '기독교' 대신 '예수교'를 써도 마찬가지다. 그리고 '대한'을 '한국'으로 바꾸면 번역도 쉬워지고 현대적인 느낌도 줄 수 있다.

교단 명칭은 언젠가 한번은 통일을 해야 한다. 그렇지 않으면 한국의 개신교는 '기독교', '예수교', '그리스도교' 등으로 제각기 불릴 수밖에 없다. 신상명세서 종교란에 쓸 종교 이름을 속히 정해 주었으면 한다. 通

10.
'뜨거운 감자'-교회의 돈 관리

우리나라 교회 전체의 연간 예산은 얼마나 될까? 헌금을 내는 교인을 200만 명이라고 볼 때, 2조원은 될 것 같다. 이는 국가 예산의 2퍼센트에 해당되는 엄청난 금액이다. 그런데도 돈 문제로 아픔을 겪는 교회들이 적지 않은 것 같다. 돈이 부족해서 그렇거나, 관리를 잘 못해서 그렇다.

연간 예산이 100억원이나 되는 교회도 있지만, 교회들의 재정관리 수준은 여전히 초보 단계다. 교회는 가장 모범적인 재정관리 문화를 숙성해서 세상에 내놔야 한다. 세상 사람들이 "재정관리는 교회가 하는 대로 하면 되겠구나"라고 생각하게 해 줘야 한다. 그렇다면 과연 무엇이 과제인가?

첫째로 재정을 건강하게 조성해야 한다. 헌금으로 현세의 복을 받을 수 있다는 기복주의를 추방해야 한다. 자신의 욕망 달성이나 의무감 때문이 아니라 감사함으로 드리도록 성숙한 봉헌정신을 가르쳐야 한다. 서울 주님의 교회는 헌금을 익명으로 하도록 권장하고 있다.

둘째로 재정을 바른 곳에 써야 한다. 대구 서문교회는 구제사업을 시작하면서 헌금이 늘었다. 청주 중부명성교회는 설립일부터 수입의 65퍼센트를 선교와 구제사업에 지출해 오고 있다. 교회 재정을 어디에 쓸 것인가에 대해 교인들 간에 보다 활발한 토론과 합의 과정이 필요하다.

셋째로 재정은 합리적인 절차를 거쳐 지출해야 한다. 예산은 교회가 합의한 편성 지침에 따라 절차를 거쳐 지출되어야 한다. 누구도 재정을 함부로 지출하지 못하도록 견제하는 장치가 있어야 한다. 그렇지 못할 때 많은 갈등이 생길 수밖에 없다.

넷째로 교회는 재정 사용 결과를 감사해야 한다. 교회가 재정을 사용한 후 그 결과를 밝히는 것은 헌금을 낸 사람에 대한 최소한의 예의이다. 또 재정이 바른 절차에 따라 바른 곳에 제대로 사용되었는지를 꼼꼼히 살펴보는 것은 교인의 바른 의무다. 그러나 결산을 심의하는 제직회나 공동의회는 형식적이다. 나눠 준 인쇄물을 회의 후 도로 걷어가기도 하고, 영상으로 대신하기도 한다. 여러 세목을 큰 항목에 묶어서 대충 보고를 하기도 한다. 총회는 예산 항목을 표준화해 줄 필요가 있다.

재정문제는 교인들에겐 '뜨거운 감자' 다. 공식적인 자리에서 따지기가 어렵다. 그래서 서울의 어느 교회는 인터넷 홈페이지에 매월 재정 지출 상황을 상세히 공개한다. 교회 게시판이나 주보에 정기적으로 공개하는 교회도 있다. 결산서와 예산서를 매년 초 한 달간 교회 공공장소에 비치하기도 한다. 서울 다니엘교회 같은 곳은 외부 기관으로부터 매년 감사를 받는다.

교회 주보마다 헌금을 낸 사람들의 이름은 빽빽해도, 교인들이 낸 헌금을 어디에 썼는지를 밝히는 데에는 인색하다. 교회 재정을 사용하는 사람들은 이런 생각을 해 봐야 한다.

"교인들이 어떻게 벌어서 낸 돈인데…."

교회는 헌금을 낸 사람들에게 헌금을 어디에 어떻게 썼는지 투명하게 알려줘야 할 의무가 있다. 그래야 더 내고 싶어진다. 그래야 그 돈이 하나님의 돈답게 쓰일 수 있다. 通

예수님의 '존함으로'

어느 외국인이 고궁 연못의 잉어들을 바라보며, '생선(生鮮) 봐라!' 고 해서 한바탕 웃었다. 따지고 보면 '생선' 이란 죽은 물고기가 아니라 살아 있는 물고기를 이르는 말이다. 우리는 찬물을 마시면서도 '시원하다' 고 하고, 뜨겁고 매운 음식을 먹으면서도 '시원하다' 고 한다. 게다가 '할아버지의 집' 은 '할아버지 댁' 이라고 한다. 외국인들에게 우리말은 얼마나 어려운가?

교회에 처음 나온 사람들에게도 교회의 언어는 어렵다. 사도신경의 '저리로서…' 는 도대체 무슨 뜻인가? '십자가에 못 박혀 죽으시고' 는 무례하지 않은가? 하나님의 존함을 어떻게 '예수, 예수' 라며 함부로 부르나? 하나님 앞에서 어떻게 자신을 '나' 라고, '우리' 라고 하는가? 하나님을 어떻게 '당신' 이라고 부르나? '형제' 란 형과 아우를 가리키는 말인데 어떻게 다른 사람을 '아무개 형제!' 라고 하는가? '애굽' 과 '이집트' 가 같은 말이었단 말인가? 복의 근원이신 하나님께 어떻게 '축복(祝福)' 을 부탁하는

가? '예배당'이 어째서 '성전'인가? '전도 폭발(evangelism explosion)'
이란 말은 너무 과격하지 않은가? '서리 집사'가 아니라 '집사 서리'가 맞
지 않은가?

우리가 교회 안에서 통용하고 있는 말 중에는 우리의 문화, 정서, 어법,
상식, 교리에서 벗어난 말들이 많다. 가장 큰 원인은 번역의 잘못이다. 영
어를 우리말로 번역하면서, 서양인들의 문화와 관습을 우리의 것으로 '번
역'하는 데에 조금 소홀하였다. 호칭만 해도 'I'는 '나'로, 'You'는 '당신'
이나 '너희'로, 'We'는 '우리'로, 'Jesus'는 '예수'로, 'Brother'는 '형
제'로, 'Name'은 '이름'으로 번역했다. 우리에게 상대방에 따라 달라지
는 언어문화가 있음을 지나쳤다.

개역성경을 보면, 바울은 교우들을 향하여 하대를 한다. 그러나 표준새
번역 성경을 보면 깍듯이 존대를 한다. 어느 성경을 보느냐에 따라 사람들
의 생각과 행동과 표현이 얼마든지 달라질 수 있다. '표 파는 곳'이라고 써
붙인 극장과 '표 사는 곳'이라고 써 붙인 극장은 고객을 바라보는 관점이
본질적으로 서로 다르다. 이래서 언어를 문화의 씨앗이라고 하는 것이다.
언어가 문화를 만들고, 문화는 언어로 그것을 보여준다고 할 수 있다.

기독교에는 기독교인들만의 언어와 문화가 있다. 그러나 그것은 우선
복음에 맞게 다듬어져야 한다. 그리고 비신자들의 언어와 문화로 '번역'되
어야 한다. 그래야 복음 전파가 가능해진다. 그래서 미전도 종족에게 그들
의 언어로 복음을 번역해 주는 것이다.

좋은 교회문화를 이루려면 교회에서 사용되는 언어부터 복음적 정체성
에 맞도록 정립해야 한다. 그리고 우리의 문화, 어법, 상식에 맞게 다듬어
야 한다. 목회자가 해야 할 중요한 일의 하나라고 생각한다.

그건 그렇고, "예수님의 이름으로 기도합니다"라고 해야 하나, 아니면
"예수님의 존함으로 기도합니다"라고 해야 하나. 通

12.
시끄러워진 홈페이지 게시판

필자가 나가는 교회 홈페이지에서 칭찬 릴레이라는 걸 시도해 봤다. 교인들이 돌아가면서 교우들을 칭찬하는 방식인데, 뜸했던 홈페이지가 갑자기 활기를 띠고 있다.

요즘엔 웬만한 규모면 교회마다 홈페이지를 운영하고 있는 것 같다. 이젠 홈페이지에만 들어가 보면, 예배 실황은 물론이고 그 교회의 분위기까지 꽤 깊숙이 엿볼 수가 있다. 규모가 작은데도 홈페이지를 아주 깔끔하게 만들어 목회와 선교의 수단으로 잘 활용하는 교회가 있는가 하면, 만들어만 놓고는 제대로 관리하지 않아 '개점 휴업 상태' 인 홈페이지도 적지 않다.

컴퓨터의 탁월한 정보 처리 능력과 저장 능력, 전 세계를 덮는 인터넷의 거미줄 통신망은 인류사에 혁명적인 변화를 몰고 왔다. 지난번 대통령 선거, 촛불 시위, 이라크 반전 의식 확산 등에서 보듯이 정보통신의 혁명은 우리의 의식과 삶의 방식, 나아가 정치, 경제, 사회, 문화 전반에 참으로 엄청난 영향을 미치고 있다.

정보통신 혁명으로 곧 이상적인 세상(comtopia)이 올 것이라고 기대하기도 하지만, 인터넷이 '바벨끈'이 되어 세상을 불행하게 만들 것이라며 경고를 하기도 한다. 정기능과 역기능이라는 양날을 함께 가진 정보통신 문화가 앞으로 어떤 세상을 이뤄나갈지 궁금하다.

정보통신 기술을 잘만 이용하면, 목회자들은 훨씬 효과적이고 건강한 목회를 할 수 있다. 설교를 보다 입체적으로 할 수 있고, 해외나 지방의 교인을 직접 만나지 않고도 상담할 수 있다. 또 여러 교인들과 사이버 회의도 할 수 있다. 한 주간을 기다리지 않고도 그때그때 교인들과 필요한 정보를 공유할 수 있다. 그래서 어떤 교회는 당회와 제직회의 회의록, 교회 재정 결산서 등을 즉시 교회 홈페이지에 공개한다.

교인 입장에서도 서로 바빠서 대하기 힘든 목회자를 사이버상에서 쉽게 만날 수 있고, 일방적으로만 들어오던 설교에 대해 질문도 할 수 있다. 커뮤니티를 만들어 교인들과 끈끈한 교제를 나누거나 토론도 할 수 있다. 교회와 교인들, 목회자와 교인들, 교인과 교인들 간에 공간적, 시간적 거리가 크게 단축되었다.

그러나 당혹스러운 일들도 생기고 있다. 교회 재정의 지출 내역을 물어오고, 설교 표절 여부에 대한 시비도 생긴다. 목회 방식에 대해 참견이 늘어나고, 심지어 비난과 테러도 발생하고 있다. 그것도 익명으로. 조용하던 교회가 갑자기 시끄러워지기 시작한 것이다.

잠잠하던 교인들의 자기 목소리 내기에 목회자들은 당황해 할 수밖에 없다. 그래서 어떤 이는 교회 홈페이지 게시판을 아예 폐쇄해 버렸다. 그렇게 한다고 문제가 해결되는 건 아니다. 모든 사회 문화가 개방, 쌍방, 민주의 방향으로 향하고 있기 때문이다. 조용하던 교회 게시판이 시끄러워졌다는 건 지금까지 뒤에서 나누던 이야기를 공개적으로 하게 됐다는 것이고, 교회가 그만큼 건강해졌다는 증거다. 진짜 무서운 건 바로 '침묵'이다.

어쨌든 교회는 사이버라는 새로운 세상을 맞이하게 됐다. 목회자에게는 목회의 영역이 새롭게 늘어난 것이다. 두 세계를 오가며 사는 교우들, 그리고 여전히 컴퓨터와 담을 쌓고 사는 교우들을 어떻게 돌보느냐 – 그것이 문제로다. 通

13.
거룩한 소유권 고백

서울 수유동의 성실교회는 30년 동안 14개 교회를 개척해 왔다. 이 교회는 개척 만한 전도가 없다고 믿는다. 개척방식도 특이하다. 개척자는 부교역자 중에서 심사를 거쳐 선발한다. 그는 모교회의 교우 중에서 함께 일할 동지를 포섭(?)할 수 있다. 모교회는 개척 기금과 몇 년간의 목회자 생활비를 지원해 준다. 교우들은 시설과 비품을 맡는 등 개척교회가 자립하기까지 여러모로 돕는다. 자립한 교회는 모교회로부터 받았던 대로 다시 다른 교회를 개척한다. 모교회는 어떠한 간섭도 하지 않는다. 다만 농어촌의 미자립 교회만은 '주님께서 다시 오실 날까지' 끝까지 돕는다. 이것은 이 교회의 개척 노하우다.

부천의 어느 목회자는 자신이 담임하는 교회가 일정한 규모로 성장하면, 부교역자에게 교회를 맡기고 자신이 개척에 나선다. 그렇게 해서 개척한 교회가 여럿이고, 떠나온 교회도 그 정신을 따라 계속 교회를 개척하고 있다. 참 아름다운 일이다. 그런가 하면, 전국에 여러 지교회를 거느리고 있는 강남의 어느 대교회는 수년 전 분당에 교회를 개척하고 독립시켰다. 그러다가 최근 분당 부근에 다른 지교회를 설립하고는, 분당 교인들을 거기로 다 데려가 버렸다. 1천여 명에 가깝던 이 교회는 요즘 겨우 100명이 모인다.

전북의 어느 농촌교회 목회자는 도시로 나간 자기 교인이 출석하는 교회에 편지를 보낸다. 그가 내는 십일조 헌금만큼 다른 농어촌 미자립교회를 도와주라고. 그는 적은 기금을 여러 교회에 조금씩 분배하는 대교회의 개척교회 지원 방식에 항의를 하며, 3년 치를 한꺼번에 지원받아 현재의 교회를 개척했다. 그런가 하면, 어느 농촌 교회 목회자는 여러 교회로부터 너무 많은 지원금을 개인적으로 받아 문제가 되기도 했다.

건강한 사람이 남을 돕고 헌혈을 하듯, 건강한 그리스도인이라면 당연히 전도를 한다. 마찬가지로 건강한 교회라면 당연히 작은 교회를 돕거나 교회를 개척한다. 그런데 몇 가지를 잊지 말아야 한다.

첫째, 교회 개척은 '자립'에 목표를 둬야 한다. 약간의 기금과 함께 살림만 내주고는 손을 떼버리는 개척 방식은 실패하기 쉽다. 교회 개척의 목표는 '개척' 그 자체가 아니라, '건강한 자립'에 있다. 교회 개척에 나선 교회는, 여러 분야의 전문가들과 충분히 타당성 검토를 거친 후 재정, 인력, 프로그램 등을 통해 전폭적으로 지원하여 교회를 '건강하게' 자립시켜야 한다.

둘째, 미자립 교회는 끝까지 집중적으로 지원해야 한다. 여러 곳에 조금씩 나눠주며 생색을 내려 하지 말고, 한 곳이라도 제대로 지원해야 한다. 매월 '몇 푼' 씩을 보내주면서 무슨 보고서를 내라 하지 말고, 아예 자매결연을 맺고 끝까지 도와야 한다. 총회 창구를 통하는 것도 방법이다.

셋째, 개척 방식을 통해 '위성 교회'를 형성하지 말아야 한다. 자립 후에는 간섭하지 말고 소유권을 주장하지 말고 독립을 시켜줘야 한다. 대교회가 여러 지교회를 거느리며 영향력을 행사하는 건 대기업의 그룹 경영방식을 연상케 한다.

　교회를 개척하고, 미자립 교회를 후원하는 것은 아름다운 일이다. 여기에 "모든 교회의 주인은 오직 하나님이시다"는 바른 소유권 고백이 따를 때에 비로소 거룩한 일이 된다. 通

14.
목사와 장로-갈등 줄이기

　장로들 모임에 가보면 소속 교회 담임목사 흉을 보고, 목사들 모임에 가보면 장로들 흉을 보는 수가 많다. 그만큼 목사와 장로간의 갈등은 오래된 병이다. 이들의 갈등은 교회로서는 크나큰 손실이다. 교회 발전에 쏟아야 할 힘을, 상대방의 눈치를 살피고 상대방을 견제하는 데 소모한다니…. 담임목사와 장로들이 어떤 점을 아쉬워하고 불만스러워하는지를 정리해 봤다.

　먼저 담임목사가 장로에게서 느끼는 불편한 점들이다. 주로 장로들이 당회를 주도하는 교회의 경우다.

▲ 궂은 일은 하지 않고 어른 대접만 받으려 한다.

▲ 담임목사가 의욕을 갖고 추진하려는 일에 대안도 없이 발목만 잡는다.

▲ 사소한 일에 토라지고 섭섭해한다.

▲ 지나치게 자기 의견만 내세우며 소신을 굽히지 않는다.

▲ 당회에서 거론된 내용을 여과 없이 교인들에게 전해 문제를 야기한다.

▲ 장로들끼리 사전에 결정을 하고, 당회에서 우세한 수(數)로 밀어붙인다.

▲ 급변하는 목회 환경을 이해하지 못하고 옛날 방식만 고집한다.

▲ 교회 재정을 자기 돈으로 오해하고 인심을 쓰려고 한다.

▲ 부교역자나 교우들 앞에서 담임목사의 리더십을 세워주지 않는다.

▲ 담임목사를 통하지 않고 부교역자들에게 직접 일을 지시하거나 꾸중한다.

▲ 일정한 직업 없이 평일에도 교회로 출근하여 목회 전반에 대해 간섭한다.

▲ 교회에서 자기실현을 성취하려고 한다.

그런가 하면 장로들이 담임목사에게서 느끼는 불편한 점들도 있다. 주로 담임목사가 주도하는 교회의 경우다.

▲ 중요한 문제를 혼자 결정한다. 장로들은 주보의 광고를 보고서야 알게 된다.

▲ 교회 일을 부교역자들과 상의해서 처리한다.

▲ 장로들에게 재량권을 주지 않는다. 장로가 처리한 일을 담임목사가 자주 뒤집는다.

▲ 교우들 앞에서 장로의 리더십을 세워주지 않는다.

▲ 권위주의에 빠져 장로나 교인들에게 경어를 쓰지 않는다.

▲ 어떤 문제에 대해 일관성이 없다.

▲ 교회 재정 지출 절차와 원칙을 무시하고, 재정 사용에 지나치게 영향력을 행사한다.

▲ 교회 재정 사용에서 공과 사를 구분하지 않는다.

▲ 고급 승용차를 타고, 고급 음식점과 골프장을 출입한다.

▲ 다른 교회에 자주 설교하러 간다. 외부 강사를 너무 자주 초청한다.

▲ '선교' 란 이름으로 해외여행을 자주 한다.

▲ 노골적으로 사례비 인상을 요구하고, 변칙적인 비용 지출을 요구한다.

▲ 장로들에게 시무 경쟁을 시키고, 그 실적으로 교회 내 입지를 보상해 준다.

▲ 노회나 총회 정치에 많은 시간과 돈과 관심을 쏟는다.

▲ 일반 교인 심방은 소홀히 하면서, 유력한 특정 교인들과는 자주 접촉한다.

▲ 장년 목회는 소홀히 하면서, 청소년과 청년 목회에만 관심을 쏟는다.

▲ 설교의 내용과 방식에 발전이 없고, 목회 방식이 구태의연하다.

▲ 담임목사 측근이나 재력가를 장로로 뽑게 영향력을 행사한다.

▲ 교회 규모가 커짐에도 장로를 더 세우지 않는다.

목사와 장로의 갈등을 줄이려면 목사와 장로의 시무 임기제를 도입하고, 당회를 교우들이 방청하도록 공개하고, 여성 당회원을 보강하고, 청년과 젊은 제직들을 당회에 옵서버로 참여시키는 등 의사결정 구조의 시스템적인 개혁이 필요하다.

갈등은 어느 한쪽이 너무 많은 권한을 쥐고 행사하려 할 때 생긴다. 교회 운영의 주도권은 교회의 주인이신 주님께 반납하고, 목사와 장로는 겸허하게 주님의 종으로 내려앉아야 한다. 通

15.
목회자 청빙과 채용 문화

서울의 어느 대교회는 최근 담임목사의 조기 은퇴와 후임자 청빙을 위한 절차를 순조롭게 마무리하였다. 이 교회는 전임자가 정년을 5년이나 앞당겨 은퇴를 하는 데다, 이미 1년 여 전부터 공개적으로 차분하게 준비를 해 와 교계의 좋은 본보기가 되고 있다. 분당의 한 교회는 담임목사가 전격적으로 후임자를 지명, 교우들도 거기에 동의함으로써 아주 간단히(?) 새로운 리더십을 맞아들였다. 후임 목회자의 청빙만큼 교회공동체에 크고 중요한 문제도 없다. 그로 인한 후유증도 적지 않은 게 사실이다.

담임목회자를 세우는 형식은 감독정치, 의회정치, 회중교회 등 교단의 정치 형태에 따라 조금씩 다르다. 감리교회는 담임목사를 감독이 파송하고, 장로교회는 지교회의 청빙과 노회의 인준을 거쳐서 하고 있다.

그러나 요즘에는 이런 게 유명무실해졌다. 지교회가 직접 유능한 목회자를 모셔오거나, 모집해서 채용하는 게 보통이다. 전자의 경우는 교회가 청빙 대상자에게 좋은 조건을 제시하고, 후자의 경우는 응모한 이가 자신의 좋은 조건을 교회에 내세우게 된다. 문제는 이러한 방식이 성서적이고 복음적이고 기독교적이냐 하는 점이다.

공모 방식은 공개적이고 합리적으로 보이지만, '양이 목자를 선택' 하는 꼴이다. 학력이나 학위 등 서류에 나타난 객관적인 조건만으로 응시자를 평가하게 된다. 그러니 목회자들이 학위 등 경력 관리에 관심을 가질 수밖에 없다. 그러나 목회자에게는 신앙과 영성, 비전과 가치관, 설교 능력, 리더십, 성품 같이 수치나 문자로 표현할 수 없는 중요한 것들이 많다. 학력이나 학위가 그런 것들과 비례하는 것도 아니다.

더구나 목회자들의 학위 중에는 교회가 시간과 학자금만 지원해 주면 쉽게 취득할 수 있는 것도 많다. 그러니 그런 학위는 그의 능력이라기보다 그를 후원해 준 교회의 능력으로 봐야 옳다. 여건이 어렵고 목양에 전념하느라 학위 취득은 생각도 하지 못하는 목회자가 얼마나 많은가.

시흥의 어느 교회는 후임 목회자를 공개 모집했지만, 기대에 못 미쳐 당회가 목회자 청빙에 적극 나섰다고 한다. 말이 청빙이지, 다른 교회의 유능한 위임 목사를 모셔오겠다는 것이다. 좋은 조건을 내세워 운동선수 스카우트해 오듯 목사를 데려온다면, '스카우트 파동' 이 생길 수밖에 없다.

장로교회에서 목회자의 위임은, 지교회에 대한 노회의 권한을 맡긴다는 의미다. 위임으로 목회자와 교회는 혼인하는 것 같은 관계를 맺게 된다. 그래서 위임 목사는 시무 기간에 제한이 없다. 그럼에도 불구하고 다른 교회가 현직 위임 목사를 빼내가려 하고, 위임식에서의 서약을 저버리고 위임 목사가 다른 교회로 쉽게 옮겨가 버리는 게 현실이다. 과연 무엇을 위해선가?

'성공' 이라는 세속적 가치관이 교회에 깊이 스며들고 있기 때문이다. 그래서 다른 교회보다 더 우수한 목회자를 청빙하려고 교회들이 경쟁을 벌이고, 목회자는 다른 동료들보다 더 조건이 좋은 교회로 가려고 경쟁을 벌이고, 심지어 유력한 이들에게 청탁도 하고 있다. 그리고 많은 목사 후보생들은 그걸 바라보며 자신의 야망을 키워가고 있다.

　이력은 내세울 게 없지만, 훌륭한 인품과 소명감으로도 존경을 받으며 '아골 골짝'을 찾아가 교회를 성장시키고 복음을 전파한 훌륭한 목회자들이 있었다. 과연 목회자의 제일 가는 조건이란 무엇일까? 교회도, 목회자 자신도 그걸 한번 깊이 생각해 봤으면 한다.　通

16.
교회와 건강 검진

"바퀴벌레가 기침 해소에 좋다?"

만약 이게 사실이라면 이 땅의 바퀴벌레는 확실하게 박멸되고 말 것이다. 사람들은 건강에만 좋다면 무슨 짓이라도 한다. 오래 살고 싶어서 운동도 하고, 좋은 음식도 먹고, 적당히 쉬기도 한다.

건강을 유지하려면 먼저 건강 상태를 점검해야 한다. 필자도 오래 살고 싶어서 정기적으로 검진을 받는다. 그때마다 의사는 문제 있는 부분만 들춰내 사람을 불안하게 한다. 그러니 병원에 가기가 싫어진다.

건강하다는 건 어느 한 부분이 탁월하게 발달된 상태가 아니라, 어느 한 부분도 부족함이 없는 상태를 말한다. 건강하다는 건 체격이나 체력을 의미하지 않는다. 체격이 크고 체력이 강한 사람들 중에도 병자가 얼마든지 있으니까.

건강을 수레바퀴에 비유해 볼 수 있다. 바퀴의 어느 한 축이라도 짧으면 바퀴는 제대로 굴러갈 수가 없고 소리만 요란해진다. 마찬가지로 신체의 어느 한 부분이라도 문제가 생기면 삶에서 신음이 나게 마련이다.

교회도 마찬가지라고 생각한다. 어느 한 부분이 탁월하다고 해서, 규모가 크다고 해서, 재력이 있고 유능한 인재가 많다고 해서 반드시 건강한 교회가 되는 건 아니다. 겉으로는 건강해 보이는 대규모 교회 중에도 건강 이상의 징후를 보이는 교회가 있다. 또는 과로로 심하게 지쳐 있거나, 전혀 운동을 하지 않아 근육이 노화된 교회도 있다. 모두 건강하지 못한 교회들이다. 균형과 조화는 건강에서 매우 중요한 원리다.

사람이든 조직이든 오래 살고 싶으면 건강 상태부터 진단해 봐야 한다. 그래야 원인을 찾아 병을 고칠 수 있다. 그럼에도 불구하고 병원 가기 싫어하는 사람처럼, 우리나라 교회들은 진단받기를 두려워하거나 거부하려는 경향이 있다. 그러다가 때를 놓치면, 병은 점점 회복하기 어려운 지경으로 빠져들게 된다. 호미로 하찮아 뵈는 구멍을 긴급하게 가래로 막는 경우가 얼마나 많은가?

중요한 것은 검진을 받아보려는 자세다. 그것만 있다면 방법은 얼마든지 있다. 교인들이나 지역사회 주민들을 대상으로 설문조사를 해 볼 수도 있고, 신학자들이나 전문가들에게 진단을 받아볼 수도 있다.

필자가 고안한 13가지 진단 항목을 소개해 본다.

▲ 교회로서 정체성과 순수성이 뚜렷한가?

▲ 예배가 성령 충만한가?

▲ 목회자의 리더십과 교인들의 팔로워십이 조화를 이루는가?

▲ 교회의 비전과 목적이 명확하고 교인들이 공감하는가?

▲ 재정관리가 바르고 투명한가?

▲ 교회 내 의사소통이 원활하고 의사결정이 합리적인가?

▲교회가 분야별로 고르게 성장하고 있는가?

▲평신도를 동역자로 세우고 있는가?

▲교회를 확대 재생산하고 있는가?

▲교회가 차세대를 육성하고 있는가?

▲교회가 좋은 문화를 숙성하여 사회에 확산하고 있는가?

▲교회가 사회에 공헌하고 있는가?

▲교회가 과로나 운동부족에 빠져 있지 않은가?

물론 이것 말고도 중요한 항목이 있을 수 있다. 그러나 이런 정도의 항목만으로도 교회의 건강성을 어느 정도는 진단해 볼 수 있을 것이다.

교회의 건강성에 대한 우려의 목소리가 점점 커지고 있다. 이런 현실에서, 우리 교회는 "지금 이대로 좋은가?"라는 문제의식을 갖고 건강 상태를 냉정히 진단해 보고, 그 처방을 찾아야 할 때다. 목회자의 용기가 필요하다. 通

17.
건강한 가정-이런 걸 해 보자

어떤 아이가 아빠에게 물었다.

"아빠, 천국은 어떤 곳이야?"

"응, 말하자면 우리 집 같은 곳이지."

"그래? 아빠, 나 그럼 천국에 안 갈래."

건강한 가정에는 여섯 가지 공통점이 있다고 한다.

첫째는, 가족들이 가족의 행복과 복지에 관심을 갖는다.

둘째는, 가족끼리 서로를 향한 격려와 지지를 아끼지 않는다.

셋째는, 가족들이 의사소통을 잘 한다.

넷째는, 가족들이 많은 활동을 함께한다.

다섯째는, 어떤 위기가 닥쳐와도 그것을 잘 해결할 줄 안다.

여섯째로, 가족들이 자기 역할을 잘 감당한다.

가정은 이러한 중요한 기능을 제대로 하지 못할 때 위기를 맞이하게 된다.

행복하고 건강한 가정문화를 위한 구체적인 아이디어를 몇 가지 소개한다.

▲ 가족이 식사를 함께하자. 그래야 진정한 식구가 된다. 지금 우리는 '식구'가 아니라 '하숙생'이다.

▲ 식탁에서는 밥맛 나는 이야기만 나누자. 돈 이야기, 성적 이야기, 꾸중이나 훈계는 금물이다.

▲ 식사 후에는 잘 먹었다고 인사를 하자. 그리고 자신의 밥그릇은 주방 설거지통에 넣어주자.

▲ 주말마다 마루캠핑을 떠나자. 주말에는 가족들이 거실에 누워 한 이불을 덮고 자자.

▲ 방문을 열어놓고 살자. 왜 가족들이 자기 방에 들어가 문을 닫고 사는가. 방마다 한 뼘 정도만이라도 문을 열어놓고 살자.

▲ 가족들이 정기적으로 가족회의를 열고 우리 집 이야기를 나눠보자.

▲ 돈 문제는 공개하자. 부부 간에, 가족 간에 돈주머니를 따로 차지 말자. 부부는 가족 친지들과 비밀리에 돈 거래를 하지 말자.

▲ 현금을 감춰 두지 말고 어느 정도는 집안 일정한 곳에 비치해, 가족들이 자율적으로 꺼내 쓰게 하자.

▲ 가훈을 재미있게 만들자. 매년 또는 수시로 가훈을 흥미로운 것으로 바꿔보자.

▲ 가족에게 상을 주자. 자녀에게 아빠와 엄마의 이름으로 멋진 상장을 수여하자.

▲ 음식값은 가장이 내게 하자. 아이들 앞에서, 다른 사람들 앞에서 아버지의 권위를 세워줄 수 있는 좋은 기회다.

▲ 가족예배나 가족회의는 가장이 주도하게 하자.

▲ 남자가 할 일, 여자가 할 일 구분하지 말고 자녀들에게 모두 가르치자. 그래야 이 다음에 좋은 아내, 남편이 된다.

▲ 생일에는 부모에게 미역국을 끓여 드리자. 왜 생일날 자식이 부모로부터 대접을 받으려 하는가.

▲ 배우자나 자녀를 다른 사람과 비교하지 말자. 가족은 최우수 선수들을 뽑아 구성한 드림팀이 아니다.

▲ 엄마에게 인터넷 계정을 만들어주자. 그리고 편지를 쓰자.

▲ 가족 전체가 어려운 곳이나 어려운 사람을 정해놓고 지속적으로 도와주자.

▲ 자녀들을 가르치자. 잘못 가르치거나 가르치는 걸 포기하면 평생 고생하게 된다.

▲ 온 가족이 참고, 기다리고, 지고, 손해 보는 연습을 하자.

▲ 가족들이 함께 목욕을 가거나 발을 씻어주자.

▲ 아버지가, 어머니가 아이들을 위해 축복기도를 해 주자. 아이들이 잠든 후에나 아침에 잠 깨기 전에도 좋다.

▲ 서로 칭찬하고 격려하는 마음을 자주 표현하자.

▲ 생일에는 부모에게 미역국을 끓여 드리자. 생일에는 자식이 부모를 대접해야 한다.

▲ 부모님의 직장을 방문하여 부모님이 하시는 일을 알아보자.

▲ 어머니의 가사를 도와 드립시다. 부모님의 방을 청소해 드리자.

▲ 컴퓨터는 공개된 거실에 설치하고 함께 사용하자. 通

18.
바가지 타령

한번은 가족들과 꽤 괜찮은 레스토랑에 간 적이 있었다. 무대에서는 피아노 트리오가 재즈음악을 흥겹게 연주하고 있었다. 연주 솜씨가 수준급이었다. 그런데 중간에 많이 들어본 가락이 흘러나왔다. 찬송가였다. 손님들의 박수 소리가 제일 컸다.

가끔 CCM 가수들이 왜 CCM을 예배음악으로 인정해 주지 않느냐, 왜 교인들이 CCM 음반을 팔아주지 않느냐고 하소연하는 걸 듣곤 한다. 또 기독교 영화와 연극의 제작자나 출판 제작자, 크리스천 작가들이 교회와 교인들의 무관심을 탓하는 걸 보게 된다.

사실 기독교 문화가 이처럼 척박한 건 교회와 교인들의 무관심 때문이다. 그러나 우리 교인들에게 그런 걸 누릴 만한 시간적인, 경제적인, 심적인 여유가 있는가?

문화 사역자들에게도 책임이 있다. 예를 들어 CCM 가수들이 보다 높은 예술성과 대중성을 갖추고 있다면, 교회 바깥 세속사회에서 대중가요 가수들과 당당히 겨룰 수 있을 것이다. 그러나 경쟁력은 기르지 않고 교인들에게만 참고 '봐달라', '들어달라' 고 떼를 쓸 수는 없는 일이다.

폐쇄적이고 경직된 이분법적 사고도 벽이다. CCM이 대중음악의 형식을 따르고 있는 건 '일반 대중' 을 대상으로 한다는 말이다. 그렇다면 그들이 있는 '밤무대' 로 나서야 하지 않을까?

담배 피우는 장면, 연애하는 장면, 술 마시는 장면을 잘라버린 영화가 대중들에게 다가설 수 있을까? 담배도 못 피우게 하고, 스피커에서는 찬송가만 나오는 소위 '기독교 카페' 란 곳에 대중들이 들어올 수 있을까? '예배당 같은 카페' 가 왜 세속사회 한복판에서 문을 여는가?

목사님들과 신부님, 그리고 스님들이 축구시합을 하는 장면이 텔레비전에 소개된 적이 있다. 관중석에서 응원을 하는 수녀님들, 스님들, 목사님, 그리고 그 가족들의 얼굴에서 축구를 종교 간의 전쟁으로 보는 표정은 찾아볼 수가 없었다.

남북한의 군인들이 비무장 지대에서 만나, 남북한을 잇는 철도 연결공사 현장을 점검하는 모습은 어떤가? 군복을 입었지만 그들에게서 이념의 차이는 느껴지지 않았다.

종교도 삶이다. 그런데 삶은 결코 단순하지가 않다. 종교, 이념, 세대 차이 같이 매우 이질적인 것들의 총합(mixture)이다. 그것들과 어디까지 닮을 것이고, 어디부터 달라질 것인가가 우리 그리스도인들에게는 언제나 풀기 어려운 문제다. 그 경계가 워낙 높고 사람마다 차이가 있어서 스님, 신부님들과 축구시합을 한 목사님들이 박수를 받을 수도 있고, 지탄을 받을 수도 있다. 참 두려운 일이다.

그러나 기독교는 궁극적으로 비신자들을 위한 종교다. 예수님께서 구원을 위해 사람의 '모양' 으로 오셨듯이(고전 9:22, 빌 2:8), 우리도 생명을 살리려면 비신자들의 '모양' 을 존중해야만 한다. 그릇(문화)의 모양을 바꾼다고 담긴 물(본질)이 달라지는 건 아니다.

대중문화는 비신자들이 좋아하는 모양(그릇)이다. 그들의 그릇(문화)에 생명수(복음)를 담아 마시게 하는 것이 선교요, 문화사역이다. 우리는 하덕규의 '가시나무' 에서, 영화 '타이타닉' 에서 문득 생명수 한 모금을 맛보게 된다. 영원한 생명수를 담을 그런 좋은 바가지를 마련해 보자. 通

19.
주 2일 휴무시대의 창조적인 쉼

요즘 직장을 구하는 젊은이들은 토요일 휴무 여부에 관심이 많다. 소위 '주 5일 근무제' 는 주당 근로시간을 48시간에서 40시간으로 줄여, 일주일에 8시간씩 5일만 일하는 제도다. 정작 근로기준법은 개정되지 않았는데도 월차, 연차를 활용하여 토요일에 쉬는 기업은 늘어나고 있다.

근로시간이 줄어들면 근로자 입장에서는 개인적인 삶의 질을 높일 수가 있지만, 기업주의 입장에서는 당장 경쟁력이 떨어질 것이 뻔하다. 주 5일 근무제는 다른 쪽에서 보면 주 2일 휴무제이기도 하다.

주 2일 휴무제는 개인적으로나 사회적으로 이미 큰 변화를 가져오고 있다. 교회도 예외는 아니다. 그동안 교계에서는 이에 대해 몇 차례 논의가 있었다. 그러나 도시교회, 시간적으로나 경제적으로 여유가 있는 사람, 교인보다는 목회자, 사회 전체(totality)보다는 교회라는 부분적인 입장과 관점을 벗어나지 못했다. 당면한 주 2일 휴무 시대 앞에서 교회는 무엇을 준비할 것인가?

첫째, '안식일'과 '주일', '예배'의 개념부터 명확히 정리하자.

둘째, 노동과 안식의 의미를 바르게 가르치자.

셋째, 토요일은 육체적인 안식의 날로, 주일은 영적인 안식의 날로 선포하자. 그래서 교인들이 안식을 누리게 하자.

넷째, 토요일을 신앙을 실천하는 훈련의 기회로 삼자.

다섯째, 교회는 토요일을 이용하여 지역사회와 세상을 섬기자.

여섯째, 늘어난 여가를 가정 회복의 기회로 활용하자. 친지나 이웃과 더불어 살아가자.

일곱째, 교인들이 여가를 자기 자신의 발전을 위해 투자하도록 돕자.

여덟째, 교인들이 자연환경과 친화하도록 가르치자.

아홉째, 소득의 감소로 남들이 쉬는 날에 일을 해야 하는 소외계층에 관심을 갖자.

끝으로, 주일과 평일에 시간적으로나 공간적으로 여유가 없는 청소년들을 위한 신앙훈련의 기회로 삼자.

이번에 근로자들의 근무시간을 줄이려는 건, 우리 근로자들이 많이 일함으로써 생기는 여러 가지 역기능 때문이다. 산업재해율이 높고, 의료비용이 많이 들고, 가족이 해체되고, 자녀 가정교육이 무력해지고, "빨리빨리" 조급증이 사회에 만연된 것이 그것이다. 쉼을 포기한 대가는 이처럼 크다.

그동안 한국교회도 성장 일변도로 달려오면서 여러 가지 문제점을 노출해 왔다. 목회자들과 교인들이 영적으로는 몰라도 정신적으로나 육체적으로는 만성피로를 벗어나지 못하고 있는 게 현실이다. 피로라는 것은 사람의 판단을 흐리게 하고 생명에까지 영향을 준다. 주 2일 휴무시대는 쉼을 잊고 피로에 쌓인 한국 사회와 교회에 주신 하나님의 선물이며 치료제다.

지금은 주 2일 휴무제로 교인 수가 줄어드는 것을 걱정만 할 때가 아니다. 모두가 들로 산으로 나가면, 교회도 목회자도 들로 산으로 함께 나가면 된다. 지금은 한국교회가 새로운 환경에서 어떻게 새롭게 태어나, 어떻게 더 많은 영혼과 가정과 사회를 살릴 수 있을지 고민해야 한다. 특히 목회자들은 주일, 예배당 중심의 전통적인 목회를 어떻게 삶 속으로 확대해 나갈지 고민해야 한다. 성도들도 가정, 직장, 사회 속에서 그리스도인으로서 어떻게 살아갈 것인지 고민해야 한다.

그런데 지금 우리는 차분히 앉아서 그런 걸 생각할 여유가 없다. 한국교회에 지금 절실한 것은 '창조적인 쉼'이다. 通

20.
교회와 기업

지난 학기에는 장신대 신대원에서 목사후보생들과 교회와 기업문화를 연구해 볼 기회가 있었다. 기업과 교회는 어떻게 다른가?

▲ 기업의 주인은 사주이나, 교회의 주님은 예수님이다.

▲ 기업은 이익을 보려고 일하나, 교회는 손해 보기 위해 일한다.

▲ 기업은 적은 투자로 많은 성과를 기대하나, 교회는 적은 성과를 위해서라도 많은 투자를 한다.

▲ 기업은 고객 만족을, 교회는 하나님 영광을 우선한다.

▲ 기업은 일하는 곳이고, 교회는 예배하는 곳이다.

▲ 기업은 육의 양식을 공급하나, 교회는 영의 양식을 공급한다.

▲ 기업은 다른 기업과 경쟁하나, 교회는 다른 교회와 서로 사랑하고 연대한다.

▲ 기업은 돈 받고 다니고, 교회는 돈 내고 다닌다.

▲ 기업은 결과를 중시하고, 교회는 과정을 중시한다.

▲ 기업은 상명하복이나, 교회는 합의적이고 민주적이다.

▲ 기업은 영리를 추구하나, 교회는 복음 전파를 추구한다.

▲ 기업은 고객과의 의사소통을 중시하나, 교회는 하나님과의 의사소통을 중시한다.

▲ 기업은 현실을 지향하지만, 교회는 영원한 미래를 지향한다.

▲ 기업은 강제적 노동을 요구하지만, 교회는 자발적 충성을 원한다.

▲ 기업은 이윤이 있어야 생존하나, 교회는 구원할 영혼이 있기에 존속한다.

▲ 기업은 철저한 서열 중심이나, 교회는 서열이 없다.

▲ 기업은 성과에 따라 즉각 보상해주나, 교회는 현세적 보상을 거부한다.

▲ 기업은 정당한 이윤 획득이, 교회는 정당한 지출이 건강성의 바로미터다.

▲ 기업은 이기적이나 교회는 이타적이다.

교회와 기업은 존재목적, 운영방식 등 하는 일이 모두 다르다. 그러나 현실은 어떤가? 교회가 기업을 점점 닮아가고 있다. 그럼에도 불구하고 이윤추구의 기업이 거룩함을 추구하는 교회로부터 배울 점은 여전히 많다. 예를 들어보자.

▲ 경쟁자 아닌 공동체 의식

▲ 이웃 섬김

▲ 수평적 관계

▲ 사랑과 봉사

▲ 자발적 헌신 봉사

▲ 영원을 향한 소망

▲ 구성원을 동역자로 인식

▲ 노동의 기쁨을 통한 생산성 향상

▲ 직업에 대한 소명의식

▲ 금주 금연 금욕 문화

▲ 가정 중시

▲ 무소유

▲ 정직성

▲ 연합을 통한 성장

그런가 하면, 교회가 기업으로부터 배워야 할 점도 적지 않다.

▲ 변화에 민감하게 대응

▲ 구성원의 능력 계발 투자

▲ 고객 중심의 서비스

▲ 최소 투자로 최대 성과

▲ 사람의 욕구 충족

▲ 전문가와 전문성 중시

▲ 철저한 계획과 점검 시스템

▲ 재정의 합리적 운용

▲ 끊임없는 연구개발

▲ 벤치마킹

▲ 효율적인 회의문화

▲ 투철한 프로의식

▲ 시장 개척

▲ 책임 경영

▲ 철저한 시간관리

자본주의 기업은 영리 추구와 국민 복지를 함께 충족해야 하는 딜레마를 안는다. 과거 기업은 영리만 추구해 왔으나, 요즘 선진기업들은 종래의 경영 패러다임을 바꿔 이윤을 내기 위해 노력하는 동시에, 법에 복종하고 윤리적이며 성실한 기업시민이 되기 위해 노력하고 있다.

　사회공헌은 더 이상 시혜가 아니라 나눔이며, 기업과 사회 양자에게 이익이 되는 사회적 투자(social investment)로 인식한다. 또한 사회공헌이 사회로부터 신뢰를 획득하는 좋은 수단이고 눈에 보이지 않는 자산임을 인식한다. 나아가 선진기업들은 철저한 윤리 경영으로 기업의 가치도 높이고 있다. 기업도 거룩해져가고 있다.

　물론 이것은 고도의 마케팅 전략이다. 그러나 교회보다 사회에 더 공헌하고, 교회보다 더 윤리적이고, 교회보다 더 존경받는 기업들이 늘어나고 있는 것이 사실이다. 기업이 이윤을 내지 못하면 망하듯, 교회는 정체성을 잃으면 망한다.

　교회가 세상에 더 공헌하고, 더 윤리적이어서 세상으로부터 더 존경을 받도록 교회다움과 거룩함을 속히 회복하자. 나부터(From me)! 通

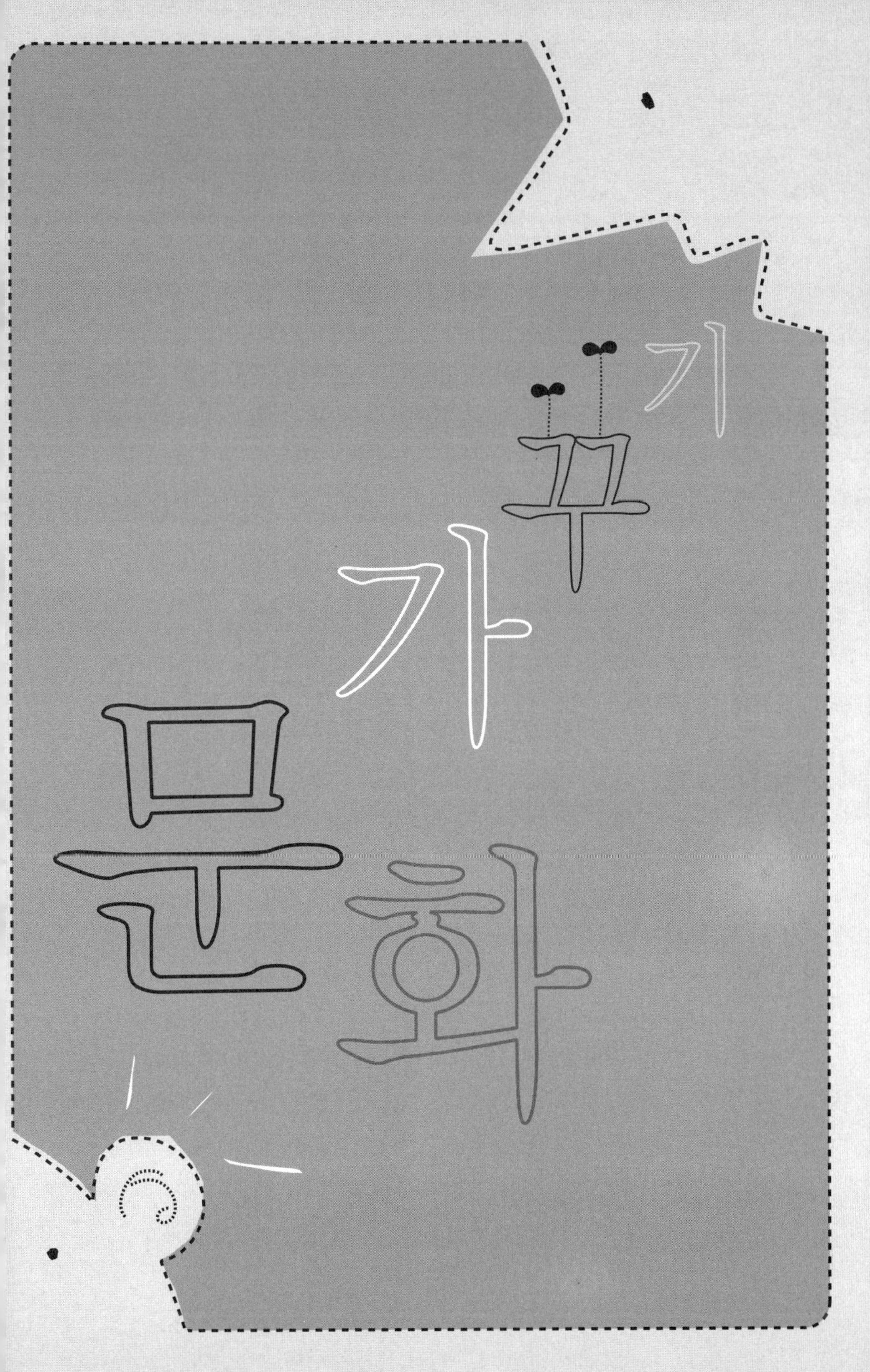
꾸기
가
무로화

1.

문화는 물이다

　수년 전 북경에 갔다가, 그곳의 젊은이들이 서울의 청소년들과 흡사한 패션 복장을 해서 놀란 적이 있다. 영상정보 매체의 보급으로 세계의 패션은 매우 빠르게 지구촌에 전파된다. 패션뿐이 아니라 언어, 사고방식, 삶의 양식도 인터넷을 통해 전 세계로 확산되고 있다.

　그래서인지 프랑스의 한 신문은, "유럽의 젊은 세대들 간의 유대감은 프랑스 국민 간의 그것보다 훨씬 더 강하다."고 했다. 비록 눈에는 보이지 않지만 문화의 영향력은 국경, 체제, 세대차, 그리고 종교의 벽을 넘나들고 있는 것이다. 유럽이 통일을 지향하는 건 그들이 원래 같은 문화권이기 때문이다. 소련이 여러 나라로 분리된 것도, 그 나라들 간의 문화가 원래 판이하게 달랐기 때문이다.

　문화는 커뮤니케이션의 결과다. 개인들이 서로 커뮤니케이션을 하면 그들 사이에는 관계가 형성된다. 그 관계를 바탕으로 그들끼리의 묵계 같은 것이 생겨나는데, 그 구성원들은 그 묵계로 모든 걸 공감하며 결정한다.

어른에게 아이가 먼저 고개를 숙여 인사를 하는 것이 좋은 예다. 그걸 가지고 매번 토론하지는 않는다. 그런 걸 문화라고 한다.

1999년 12월 31일 밤, 지구촌 사람들은 2000년을 앞두고 열광했다. 사실 연대의 기준은 나라마다 다르다. 우리가 쓰는 서기(西紀)는 예수 그리스도의 탄생을 기준으로 한다. 그럼에도 불구하고 온 세상 사람들이, 그것도 다른 종교를 가진 사람들조차 2000년 맞이에 나섰다는 사실은 기독교인의 입장에서는 남다르게 느껴진다. 여기서 우리는 기독교가 세계의 문화에 얼마나 큰 영향력을 끼치고 있는지를 생생하게 확인할 수 있다. 물론 기독교 안에 다른 종교나 세속 문화가 침투한 사례가 없는 건 아니다. 코카콜라 광고에서 선보였던 산타클로스 복장이 오늘날 성탄절의 주역이 되어버린 예가 좋은 예다.

어느 부인이 바닷가에 앉아 하염없이 울고 있었다. 남편은 수년 전에, 두 아들도 몇 달 전에 바다에 나갔는데 생사를 알 수가 없었다. 그녀는 남편을 따라 바닷사람이 되어버린 두 아들을 원망했다. 그런데 그녀의 집 마루에는 커다란 그림 한 폭이 걸려 있었다. 그녀가 시집올 때 가져온 바다 그림이었다. 어쩌면 그녀의 두 아들은 어려서부터 그 그림을 보며 바다에 대한 꿈을 품어왔을지도 모른다.

문화는 이처럼 소리도 없이 보이지 않게 지속적으로 작용하면서 때때로 엄청난 위력을 발휘하곤 한다.

"아무리 천재라도 한국에서 태어나면 한국말을 하고 한국적인 사고방식에 따라 생각하고 행동하게 된다. 아무도 자신이 소속되어 있는 문화로부터 자유로울 수는 없다. 문화는 인간이 만든 것이지만 인간은 태어나면서부터 기존 문화의 규제를 받는다."

김용운 교수의 말이다.

그렇다. 사람은 문화를 떠나서는 살 수가 없다. 물고기가 물을 먹고 산다면, 사람은 문화를 먹고 산다. 문제는, 어항의 물이다. 그것이 좋으면 붕어도 싱싱하지만, 그것이 오염되면 붕어도 병들어 죽게 된다. 문화는 삶이다. 우리가 듣고, 보고, 생각하고, 느끼는 모든 것이 문화다.

개인에게 개성이 있듯이, 크고 작은 조직마다 독특한 개성이 있다. 그것이 문화다. 또 조직에 속한 사람들이 공유하고 있는 가치관이나 신념, 이념, 관습이 바로 문화다. 그런가 하면 거기에 속해 있는 사람들의 생각이나 행동에 영향을 주는 잘 다듬어지고 의식화된 존재양식과 행동양식도 문화다. 문화는 예술처럼 표현되는 것만이 아니라, 그렇게 표현하게 해 주는 환경까지를 포함한다.

여하튼 문화는 화랑이나 서점, 공연장에만 있는 것이 아니라 우리 가정, 교회, 직장, 학교, 사회 구석구석에 존재한다. 사람을 살리는 좋은 문화를 우리 삶 속에 정성껏 가꿔보자. 그런 좋은 문화를 삶 속에 창조하고 누리는 게 진정한 문화생활이 아닐까? 通

2.
곳곳에 스며든 강요의 문화부터 바꿔보자

얼마 전 한 모임에서 중요한 사항을 결정하게 되었다. 다들 손을 들어 다수결로 하자고 하는데, 한 사람만이 비밀투표를 제의했다. 그러자 사회자는, 단 한 사람이라도 비밀투표를 원한다면 그렇게 해야 한다며, 급히 투표지를 만들어 비밀투표로 일을 결정하였다. 소수의 의견에 귀를 기울이려는 사회자의 태도가 참 좋았다.

가끔 만나는 친구들이 있는데, 모이면 식사를 마치고 나서 술을 마시곤 한다. 그런데 그중 리더격인 친구는 언제나 내게 먼저 양해를 구한다. 술을 마시러 가도 되겠느냐고. 내가 술을 안 마시는 데다, 내가 낸 회비가 대부분 술값으로 지출되기 때문이다. 내가 그 모임에 잘 나가는 건 그들의 그러한 배려가 좋아서다.

실내에서 담배를 피우려면 다른 사람의 양해를 구하는 게 도리다. 아직도 '흡연권'을 외치는 사람들이 있긴 하지만, 이제는 흡연자들이 흡연실에 들어가서 담배를 피우는 시대가 되었다.

사람들이 모이면 으레 술을 마시곤 하지만, 그러려면 원칙적으로 나 같은 비주류파(非酒類派)의 양해를 먼저 구하는 게 순리다. 그럼에도 불구하고 주류파(酒類派)는 술 안 먹는 사람들을 비정상으로 보고, 오히려 폭탄주를 마시게 하려고 궁리를 하는 게 우리네 음주문화다. 직장인을 대상으로 한 어느 설문 조사에 따르면, "원만한 직장 생활을 하려면 반드시 술을 마셔야 한다"는 응답이 76퍼센트나 되었다. 그러니 이러한 음주문화를 공기를 마시듯 호흡하며 살아가야 하는 비주류파 직장인들, 특히 그리스도인들은 얼마나 고통스러울까. 그렇지만 머지않아 주류(酒類)가 비주류(非主類)가 되고, 비주류(非酒類)가 주류(主類)가 되는 날이 올 것으로 확신한다.

회식 석상이 즉석 노래방이 되기도 한다. 아예 노래방 기계를 갖다 놓기도 한다. 그런데 노래방이라는 곳이 보면 볼수록 희한한 곳이다. 노래하는 사람은 모니터의 가사를 읽느라 바쁘고, 다른 사람들은 자기가 부를 노래를 책에서 찾느라 바쁘다. 함께 노래를 즐기는 곳은 아니라는 생각이 든다. 어쨌든 회식 석상에서는 정말로 노래를 부를 줄 모르는 사람이나, 노래하기 싫어하는 사람에게 노래를 억지로 부르게 함으로써 노래하는 사람과 부르는 사람 모두를 피곤하게 한다.

회의에도 그런 문화가 스며들어 있다. 의견을 말해보라고 해서 자기 생각을 말하면, 왜 그렇게 생각을 하느냐고 다그치거나 윽박지르는 일이 있다. 생각하는 것이야 개인의 자유가 아닌가. 그 의견을 받아들이지 않으면 되지, 그가 낸 의견 자체를 비판하는 건 옳지 않은 것 같다. 그렇게 되면 결국 회의 때 모두가 입을 다무는 회의적(懷疑的)인 회의가 될 수밖에 없다.

닭장에 새 닭을 집어넣으면 닭장은 한동안 시끄러워진다. 그러나 얼마 안 가 닭장은 조용해진다. 힘센 닭의 등장과 함께 나름대로 새로운 위계질서가 생겼기 때문이다. 힘은 언제나 강요를 촉발한다. 닭장이 겉으로는 안정돼 보이지만, 위장된 것일 뿐 그 안에는 보이지 않는 아픔이 있다.

우리의 의식과 삶 곳곳에 깊이 스며들어 있는 강요문화 – 강요문화는 개인 간에, 세대 간에, 종교 간에 갈등을 만든다. 강요문화는 사람들의 창조의식을 억압한다. 강요의 문화가 깊어지면 '침묵의 문화' 가 생기게 된다. 한번 다문 입을 열게 하기란 참으로 어려운 일이다. 그리고 강요문화는 또 다른 강요문화를 만들어 내기 마련이다.

과거 정신적인 분야에 국한했던 문화가 이젠 삶의 모든 분야로 확대되고 있다. 특별한 재능을 가진 사람들만이 누리던 문화가 이젠 모두의 것이 되었다. 누구나 함께 생각하고, 만들고, 소비하고, 보존하고 때로는 함께 타락시킬 수 있게 되었다. 누구든 서로 영향을 주고, 영향을 받는 문화의 주체가 된 것이다. 문화란 가꾸는 것이다. 모두가 창조적인 문화인이 되어 우리의 가정과 직장과 사회, 그리고 교회에 좋은 문화를 가꾸어 보자. 通

3.
명절문화—이제 먹는 타령은 그만...

명절 때마다 고향을 향하는 민족 대이동 작전이 시작된다. 비록 이 때마다 100여 명이 교통사고로 숨지지만, 민족 대이동은 우리네 가정이 아직은 건강함을 잘 드러내 주는 증거라 생각한다. 핵가족화와 도시화로 가족들이 뿔뿔이 흩어져 사는 현대사회에서, 명절은 흩어진 가족이 다시 모여 가족임을 확인하고 정을 나누며 가족의 의미와 정체성을 일깨우는 축제일 것이다.

그러나 명절은 서로 다른 환경과 문화 속에서 살아온 가족들이 오랜만에 만남이어서 그런지, 때로 갈등의 자리가 되기도 한다.

첫째는 종교관의 차이로 인한 갈등이다. 제사로 할 것이냐 추도예배로 할 것이냐, 절을 할 것이냐 말 것이냐가 첨예하게 대립되면 가족 관계는 엉망이 되고 만다.

둘째는 경제로 인한 갈등이다. 부유한 가정과 그렇지 못한 가정 간의 부주의한 말 한 마디, 경솔한 행동 하나가 깊은 상처를 줄 수 있다.

셋째는 세대 간의 갈등이다. 다양한 연령층이 함께하는 자리여서 대화가 단절되기 쉽다.

문화는 함께 창조하고 누리는 것이다. 명절은 누구에게나 즐거운 날이 되어야 한다. 그러자면 명절문화를 잘 가꾸고 바꿔 나가야 한다.

▲ 첫째, '먹는 문화'를 획기적으로 개선해야 한다. 우리 주부들에게 명절은 중노동 소집영장이다. 남자들의 먹는 타령에, 주부들은 음식 장만하고 심부름하고 설거지 하다가 명절을 다 보낸다. 그래서 명절을 앞두고 주부들은 불안감과 우울증에 시달리기도 한다. 일만 실컷 하고 마음마저 상한 채 돌아가는 여인네들의 모습은, 분명히 우리 명절의 어두운 단면이다. 어려서부터 평등교육을 받은 신세대 젊은 주부들이 이런 명절문화에 적응할 수 있을까?

음식의 종류와 양, 음식 장만하는 시간을 줄이고 그 시간에 함께 즐겨야 한다. 음식은 각 가정에서 나누어 만들어 오자. 가져온 음식은 각자 먹을 만큼만 접시에 덜어 먹자. 그리고 설거지는 젊은 남성들이 맡아 해 보자. 여성들의 고충, '먹는 문화'의 폐해를 실감할 수 있으리라.

▲ 둘째, 대화와 놀이를 회복시켜야 한다. 우리는 수백 년간 상하관계에 익숙해 왔지 평등한 관계를 전제로 한 대화문화는 만들지 못했다. 서로 따뜻한 정을 주고받기보다는, 묵은 감정을 미숙하게 표현하여 감정의 앙금을 만드는 수가 많다. 놀이문화래야 윷놀이나 고스톱 정도인데, 고스톱은 적지 않은 해악을 지니고 있다. 이번 명절에는 화투장을 꺼내지 말자. 텔레비전도 켜지 말자. 가족 간에 칭찬과 격려와 위로의 말을 많이 나누자.

▲ 셋째, 세대차를 극복해야 한다. 기성세대가 신세대를 적극 받아들여야 자식들로부터 외면당하지 않을 것이다. 신세대들도 연로하신 어른들에게 관심을 갖고 그분들을 정성껏 섬기자.

▲ 넷째, 보다 유연한 종교관으로 무장해야 한다. 다른 종교 의식이나

제례문화 앞에서 그리스도인은 어떻게 할 것인가? 진리와 양심은 지키되, 다른 부분은 사랑과 지혜로 넉넉히 수용해야 한다. 그러려면 평소 다른 가족들과 좋은 인간관계를 지켜야 한다. 제사에는 참석하지 않더라도 준비하는 일에 적극 참여하고 힘써 도와야 한다. '얌체'가 되어서는 안된다. 살아계신 부모와 어른을 공경함으로써 '불효하다'는 인상을 줘서도 안되겠다.

설은 절을 하는 날이다. 어른들에게는 물론이고, 가족들 간에도 서로 절을 하는 문화를 회복하자. 세뱃돈은 지나치게 액수가 크면 세배의 의미를 퇴색시킬 뿐 아니라, 세배를 받는 다른 이에게도 큰 부담을 준다. 세뱃돈을 공동으로 모아 나눠주면 어떨까?

명절은 누구에게나 즐겁고 행복해야 한다. 왕따를 만들어서는 안된다. 온 가족이 한 가족임을 확인하고 사랑을 나누는 '설다운 설 문화'를 위해 지금부터 아이디어를 찾아보자. 通

4.
문화와 삶을 바꾸는 좋은 리더십으로 무장하자

사람은 어쩔 수 없이 다른 사람에게 영향을 주고(leadership) 그들로부터 영향을 받으며(followership) 산다. 다른 사람으로부터 어떤 영향을 받으며 사느냐, 다른 사람에게 어떤 영향을 미치며 사느냐는, 자신은 물론 다른 사람의 삶과 그들이 속한 조직의 성패를 결정짓는다.

우리는 어려서는 부모로부터, 자라면서는 학교 선생님으로부터 리더십과 팔로워십을 배운다. 그리고 군대와 직장, 사회 생활을 거치면서 나름대로 자신의 독특한 스타일을 체득하게 된다.

조직문화를 구성하는 요소로 보통 7S를 든다. 공유가치(shared value), 전략(strategy), 구조(structure), 관리 시스템(system), 구성원(staff), 기술(skill), 리더십 스타일(style) 등의 요소들이 서로 밀접하게 연결되고 의존하면서 조직의 문화를 형성한다는 것이다.

이 중 조직문화에 가장 큰 영향을 미치는 건 아무래도 리더십이라고 본다. 가정, 학교, 군대, 직장, 그리고 교회에서 리더가 어떤 스타일의 리더

십을 발휘하느냐에 따라 그 조직의 문화가 크게 달라지는 것을 자주 볼 수
있다.

오늘날 얼마나 많은 조직들이 잘못된 리더십 때문에 쇠하고, 얼마나 많
은 사람들이 고통을 받는가? 반면에 얼마나 많은 조직들이 좋은 리더십 덕
분에 흥하며, 얼마나 많은 사람들이 행복을 누리는가? 그만큼 리더십은 중
요하다.

사람은 누구나 리더가 된다. 문제는 좋은 리더냐 아니면 나쁜 리더냐.
조직과 구성원들에게 나쁜 영향을 미치는 리더들은 대부분 잘못된 리더에
게 훈련을 받았거나 준비 없이 리더가 된 사람이다. 좋은 리더가 되려면
좋은 훈련을 받아야 한다.

그러나 한국의 남자들은 부모, 학교 선생님, 군대 지휘관, 직장 상사로
부터 리더십을 배운다. 문제는 그러한 리더십들이 결코 좋은 모델이 아니
라는 것이다. 특히 많은 남자들이 군대에서 익힌 권위주의형 리더십을 가
정, 직장, 학교, 사회, 그리고 교회생활 속에 무리하게 적용하려는 경향이
있다. 리더가 일방적으로 명령하고 통솔하는 군대 리더십은 사람들을 바
보로 만들고 절망시키기 쉽다.

상대방이 스스로 생각하고 창의적으로 문제를 해결하도록 기회와 여지
를 남겨 두지 않는다면, 그의 가슴은 결코 뜨거워질 수 없다. 좋은 리더십
이란 강제적인 방법을 사용하지 않고서도 상대방이 자발적으로 행동하도
록 이끄는 것이다. 아이가 청소를 하려고 빗자루를 드려는 순간, "야, 너
방 안 치울래?" 하며 소리를 지르면, 아이는 빗자루를 집어던지고 말 것이
다.

리더십의 본질은 다른 사람에게 미치는 '영향력'이다. 즉 능력, 권력,
권위, 인격, 삶의 태도, 윤리성 등이다. "나도 저렇게 되어야지" 하는 기대
심이 사람을 움직이게 한다.

공사장 감독의 무자비한 카리스마형 리더십은, 당장은 강해 보여도 쉽

게 시들어 버린다. 독재란 리더십을 상실했을 때 나타나는 최후의 증상인 것이다. 카리스마는 훌륭한 리더십의 결과이지, 카리스마의 결과로 훌륭한 리더십이 형성되는 건 아니다.

리더십이라면 보통 목표를 향해 많은 사람들을 이끌어 가는 '슈퍼 리더십'을 말한다. 그러나 목표를 향해 자기 자신을 이끌어 가는 '셀프 리더십'이야말로 리더십의 핵심이다. 리더십은 강한 영향력이나 스타일이 아니라 명확한 방향성(비전)이다.

"우리 가정을, 교회를, 조직을 어디로 이끌어 갈 것인가?"

그것이 리더의 존재 이유다. 그러므로 할 일을 마쳤거나 더 이상 비전을 제시할 게 없다면, 또 리더로서 영향력을 잃었다면 그 자리에서 빨리 내려와야 한다.

대구의 어느 교회는 매년 송구영신 예배 후, 교역자들이 교인들 앞에서 장로들에게 세배를 한다. 장로들이 당황하여 더 허리를 굽혀 맞절을 하는 아름다운 광경에 온 교회가 갈채를 보내며 새로운 해를 시작한다.

리더십은 테크닉이 아니라 섬기는 마음이다. 가정에서, 학교에서, 직장에서, 교회에서 남을 '살리는' 아름답고 바른 리더십을 가르치고 배우자. 좋은 리더십은 문화를 바꾸고 삶을 바꾼다. 通

5.

언어 가꾸기, 문화 가꾸기

'숨탄것'이라는 우리말이 있다. '숨을 불어넣음을 받은 것'이란 뜻이니, 다른 말로는 '동물(動物)'이다. 하지만 '숨탄것'과 '동물'의 뉘앙스는 전혀 다르다.

언어란 사물을 보는 근본적인 시각이며, 중심이 되는 개념이다. 그래서 같은 사물을 놓고도, 같은 한자 언어권인 중국이나 일본, 우리나라의 표현에는 서로 미묘한 차이가 있다. 일본의 野球(야구)가 중국에서는 棒球(봉구)로 불린다. 野球가 잔디밭에서 하는 공놀이라면, 棒球는 몽둥이 갖고 하는 공놀이다. 같은 놀이지만, 중심적인 개념이 다르기에 이름도 다른 것이다.

언어는 역사와 문화에 따라 달라진다. 한때 역사와 문화를 같이 했기에 우리말은 일본말의 영향을 많이 받았다. 우리가 섞어 쓰고 있는 '家族'(가족)과 '食口'(식구), '結婚'(결혼)과 '婚姻'(혼인), '兄弟'(형제)와 '同氣'(동기), '夫婦'(부부)와 '內外'(내외)는 엄연히 그 뿌리도 다르고 중심 개념도 다르다. ‘兄弟’(형제)가 태어난 순서를 말하는 일본식의 수직적 개념이라면, ‘同氣’는 같은 기를 받고 태어난 생명 공동체라는 우리 식의 수평적 개념이다. 이렇듯 ‘兄弟’(형제)보다는 ‘同氣’(동기), ‘家族’(가족)보다는 ‘食口’(식구), ‘結婚’(결혼)보다는 ‘婚姻’(혼인), ‘夫婦’(부부)보다는 ‘內外’(내외)가 우리에게 맞는 말이다.

존 듀이는, 문화는 언어의 조건이며 동시에 그 산물이라고 했다. 언어는 문화의 씨앗이다. 말을 가꾸고 다듬는 건, 곧 문화를 가꾸고 다듬는 일이다.

인류 역사상 훌륭한 문화를 이룬 민족에게는 잘 다듬어진 언어 문화가 있다. 세계에서 자기네 말 아끼기로 유명한 프랑스의 어느 아버지가 딸을 부잣집에 시집 보내면서, 사돈에게 이렇게 말했다고 한다.

“혼수는 준비하지 못했습니다. 그러나 제 딸에게 훌륭한 프랑스어를 가르친 것을 자랑스럽게 생각합니다.”

훌륭한 프랑스어란 무엇일까? 정확하고 정직한 말, 절제와 예의가 담긴 세련된 말이 아닐까. 훌륭한 언어 구사력은, 단순한 발음과 어법 훈련이 아니라, 사람 됨됨이의 훈련을 통해 체득될 수 있다.

기독교를 ‘말씀의 종교’라고 한다. 기독교만큼 말을 중시하는 종교도 없다. 언제 어디서든 모이면 말씀 공부를 한다. 그래서인지 말로 시작해서 말로 끝난다는 비아냥거림도 듣는다.

그런데도, 교회의 언어문화는 몸살을 앓고 있다. 예를 들어보자. ‘永訣式’(영결식), ‘靈安室’(영안실), ‘靈柩車’(영구차)는 기독교 교리와는 정면 배치되는 말인데도 쓰이고 있다. 기도문에서 자주 쓰는 ‘나’는 ‘저’로, ‘우리’는 ‘저희’로, ‘당신’은 ‘주님’으로 고쳐 써야 옳다. 또 ‘죽으시고’는 ‘돌아가시고’로, ‘전능하신 자(者)’는 ‘전능하신 분’으로, ‘황무지가 꽃 피니’는 ‘황무지에 꽃 피니’로, ‘세례 요한’은 ‘세례자 요한’으로, ‘오늘날 우리에게 일용할 양식’은 ‘오늘 우리에게 일용할 양식’으로 고쳐 쓰는 게 옳다.

'축복해 주시옵소서' 라는 표현도 잘못이다. 복의 근원이신 하나님이 다른 신에게 복을 빈다는 건 모순이기 때문이다. '김ＯＯ 형제', '이ＯＯ 자매' 라는 호칭도 바로잡아야 할 대상이다. '형제' 나 '자매' 는 '고부' 나 '남매' 같이 두 사람 간의 관계를 표현해 주는 말이므로, 이름 뒤에 붙여 호칭으로 쓸 수는 없다. 그래서 어느 교회에서는 '아무개 벗님' 이라고 부르기도 한다. 또 '사도 바울' 이란 표현도 적절하지 못하다. '사도(使徒)' 나 '성도(聖徒)' 라는 말은 복수를 의미하기 때문이다.

그러고 보면 기도할 때 "예수님의 이름으로 기도합니다"도 "예수님의 존함으로 기도합니다"라야 맞다.

이처럼 정확하지 못하고 성경적이지 못하고, 때로는 세련되지 못하고 무례하고 난폭한 언어들이 '무관심' 이라는 거름을 먹으며 교회 안에서 잡초같이 자라고 있지만, 교회는 그것을 바로잡으려 하지 않는다.

잘못된 말은 진리를 왜곡하고 정체성을 훼손시키며 나아가 척박하고 황폐한 문화를 낳게 된다. 어느 목사는 교인들을 '형님', '아우님', '누님', '누이' 등으로 편하게 호칭한다. 성도들은 그리스도 안에서 모두가 한 형제요, 자매요, 영원한 가족이기에 그렇게 한다는 것이다. '집사님', '권사님' 보다 얼마나 정이 넘치는 표현인가.

'하나의 사물을 가리키는 말은 이 세상에 오직 하나밖에 없다' 는 말이 있다. 그 하나밖에 없는 말을 찾아 바르게 쓰려는 노력이 곧 문화를 가꾸는 일이다. 성경책 옆에 국어사전도 함께 펴놓자. 通

6.

마음먹기 나름

날마다 복권만 사 모으는 남편이 있었다. 그러니 집안 형편은 엉망이었다. 참다 못한 부인이 결단을 내렸다. 그녀는 남편과 헤어졌다. 바로 그날 저녁, 전 남편은 복권이 당첨되어 부자가 되었다. 일이 꼬여도 이렇게 꼬일 수 있을까.

어느 직장인은 벼르고 벼르다 처음으로 자리를 비웠는데 생각하지 않은 일이 터지고 말았다. 마침 핸드폰마저 꺼져 연락도 되지 않았다. 그런가 하면 업무에 충실하지 않은 어떤 직장인은 늦은 약속 때문에 사무실에 앉아 시간을 보내다가, 사장의 전화를 받고 야근하느라 수고한다고 격려까지 받는다.

살아가다 보면 그런 일이 얼마나 많은가. 세차를 하고 나서면 비가 오고, 우산을 놓고 오면 비가 오고, 급해서 택시를 타면 길이 막히고, 비싼 옷을 사고 나면 며칠 후 바겐세일이 시작된다. 전철에서 앞의 승객 내리기를 기다리다 종점까지 가고, 버스에서 겨우 잡은 자리를 애 안은 아기 엄마한테 양보하게 된다. 집을 팔자마자 정부의 부동산 정책이 바뀌어 집 값이 폭등을 하고….

그런가 하면 잠깐 남의 노트에서 본 내용이 시험에 나오고, 한 과목 빼놓고는 성적이 엉망인 아이가 입시제도가 바뀌어 꿈도 못 꾸던 좋은 대학에 들어가고, 비행기 예약이 안돼 발을 동동 구르다 남는 1등석에 앉아 오게 된다. 어느 연예인의 장모는 사위 내외와 라스베이거스에 관광을 갔다가 슬롯 머신에서 105억원을 따고….

일이 원하는 대로 잘 안되고 꼬이는 수가 있다. 잘못될 가능성이 있는 일은 반드시 잘못된다는 것이 '머피의 법칙'이다. 그런가 하면 모든 일이 자신에게 유리하게만 풀리는 경우가 있다. 그것을 '샐리의 법칙'이라고 한다. 머피의 법칙이나 샐리의 법칙이 적용되는 건 그 사람의 성격이 낙관적이냐 비관적이냐에 달려 있다고 볼 수 있다.

일이 꼬일 때, 비관주의자는 그 일이 언제나 자신에게만 일어난다고 믿는다. "나만 왜 항상 이렇게 일이 꼬이지?"라며 자신을 탓한다. 그러나 낙관주의자는 그 일이 일시적이고 한정적이라고 믿는다. "이번엔 이 일이 잘 안 되는구먼."이라며 원인을 외부에서 찾으려 한다.

'자살'을 거꾸로 읽으면 '살자'가 되듯, 이 세상은 관점에 따라 얼마든지 달라 보인다. 물이 나를 삼킬지 모른다고 생각하면 수영을 할 수 없다. 잘 안 보여서 안경을 쓰는 사람보다는 잘 보려고 안경을 쓰는 사람이 더 잘 볼 수 있고, 아파서 약을 먹는 사람보다는 나으려고 먹는 사람에게 약효가 있다. 맛없는 사과부터 먹으면 나머지 사과 3개를 모두 맛없게 먹지만, 맛있는 사과부터 먹으면 사과 모두를 맛있게 먹을 수 있다. 골퍼는 놀았다고 생각하지만, 캐디는 일을 했다고 생각한다.

사람을 변화시키는 것은 꾸중보다는 칭찬과 격려다. 부정적인 그리스도인은 기도 시간 내내 과거의 '죄'만 들먹이지만, 긍정적인 이는 '의인'된 것을 기뻐하며 감사한다. 부정적인 사람은 "왜 하필이면 나인가?"라고 하지만, 긍정적인 사람은 "왜 내가 아닌가?"라고 되묻는다. 물이 절반 들어 있는 컵을 보며 부정적인 사람은 "반밖에 없다"고 하지만 긍정적인 사람은 "반이나 있다"고 한다.

요즘은 크게 달라졌지만 한때는 공무원들을 이렇게 평했다. "안 되는 일 되게는 못해도, 되는 일 안 되게는 할 수 있는 사람들"이라고. 그렇게 된 데에는 감독자의 부정적 사고에도 책임이 있다. "왜 허가를 내줬느냐?"며 직권의 남용 여부에 초점을 맞추면, 공무원들은 가급적이면 허가를 내주지 않으려 한다. 그러나 "왜 허가를 내주지 않았느냐?"며 직무 유기 여부를 추궁하면, 어떻게든 허가를 내주려 한다.

40일 동안 가나안 땅을 정탐하고 돌아온 사람 중에 갈렙만이 긍정적 사고를 지녔다. 그 결과 이스라엘 사람들은 가나안땅에 들어갈 수 있었다. 부정적 사고는 아무 일도 이루지 못한다. 역사는 언제나 긍정적인 사람들이 이뤄왔다. 세상을 긍정적으로 보는 사람은 창업을 하지만, 부정적인 사람은 샐러리맨도 면하기 어렵다.

세상을 긍정적으로 보면 긍정적인 결과가 나타난다고 한다. 이것이 '피그밀리온 효과' 다. 벌써 7월이다. 올해가 이미 절반이나 지나갔다고 하기보다는 아직 절반이나 남았다고 여기자. 낙관적이고 긍정적으로 생각하는 방식-그것이 믿음이요 좋은 문화다.

"믿음은 바라는 것들의 실상이요." 通

7.

창조적 휴가

온도계가 발명된 이래 최고의 더위는 1922년 멕시코에서 기록된 섭씨 58도였다. 그러나 우리나라의 더위는 기간도 그리 길지 않고, 더워 봐야 40도를 넘지 않는다. 부채와 냉수만으로도 충분히 이겨낼 수 있는 더위다.

사람은 쉬어야 한다. 쉼이란 창조주의 섭리이며 '의무' 요 '명령' 이다. 또한 열심히 일한 이에게만 주어지는 특권이다. 자동차 왕 포드는 "일만 알고 휴식을 모르는 사람은 브레이크 없는 자동차와 같아 위험하기 짝이 없다."고 했다. 잘 쉬는 사람이 일도 잘한다.

그러나 휴식은 적당해야 한다. 지나치게 많은 휴식은 지나치게 적은 휴식과 마찬가지로 사람을 피로하게 한다. 휴식이 길면 삶에 곰팡이가 생긴다.

문제는 쉬는 방법을 잘 모르는 데 있다. 그래서 여름만 되면 남들을 따라 어디론가 떠난다. 떠나지 않으면 스스로 불안함을 느낀다. 그렇게 따라나선 휴가는 고생길일 수밖에 없고, 그들이 지나간 자리에는 오염이 고일 수밖에 없고, 그들에게 남는 것은 피로뿐이다. 휴가를 마친 이들에게 잘 쉬었느냐고 물으면, 수척하고 지친 표정으로 '쉬느라 힘들었다' 고 대답한다.

쉰다는 것은 '회복' 이다. 푹 쉬는 것도 좋은 쉼이 되지만, 평소 해 보고 싶었던 일을 해 보는 것도 정신적으로는 좋은 휴식이 된다. 정신 노동자가 육체 노동을 하고, 육체 노동자가 정신 노동을 해 보는 것도 좋은 휴식이다. 선한 일이나 봉사활동을 하는 것도 지친 삶을 회복시켜 주는 좋은 휴식이다.

미국이나 캐나다에서는 도끼로 나무 패기 시합을 한다. 한 사람은 잠시도 쉬지 않고 하루 종일 나무를 팼고, 또 한 사람은 50분 동안 나무를 패고 10분간 쉬면서 도끼의 날을 갈았다. 누가 이겼겠는가.

휴식에도 창조적인 철학이 필요하다. 창조적인 알뜰 휴가 아이디어 몇 가지를 소개해 본다.

첫째는 방콕형. 우리나라는 땅이 좁고 기후대가 하나여서 사실상 더위를 피해 갈 곳이 마땅찮다. 그래서 휴가(休暇)는 '휴가(休家)' 가 좋다. 세상에서 가장 편안한 곳에서 잘 먹고 잘 자고 잘 쉬는 것이다.

둘째는 자린고비형. 집에 캠프를 치고 수영장, 극장, 명승지, 재래시장, 전시장, 박물관 등 평소 안 가본 곳으로 출퇴근을 하는 것이다. 낮에 자고 밤에 새벽 시장, 대형할인 매장, 심야 영화관을 가 볼 수도 있다. 냉방이 잘 되는 대형 서점, 백화점, 종합전시장이나 공개방송 관람도 좋다. 차 안에서 숙박을 해결하는 야간열차 여행도 경제적이다. 아니면 마당에 텐트를 치고 온 가족이 함께 자든지.

셋째는 출근형. 휴가를 가을이나 겨울로 미루고, 모두가 떠난 텅 빈 회사에 홀로 남는다. 모두가 떠난 회사는 얼마나 조용하고 한적한가? 에어컨까지 들어온다면 회사는 더할 나위 없는 피서지.

넷째는 실속형. 집안일 돕기, 집 단장, 아르바이트, 이사, 관청 업무, 운전면허 취득 등으로 내실 있는 휴가를 보낸다.

다섯째는 충전형. 교회 수련회에 참석하기, 종합 건강검진 받기, 자격증 공부하기, 무료강좌 듣기, 창작활동 하기, 운동 배우기, 성경 읽기, 기도하기 등으로 자신을 충전한다.

여섯째는 봉사형. 사회봉사 기관이나 고향 일손을 돕는 데 휴가를 보낸다.

현대를 자기 상실의 시대라고 한다. 사실 열심히 살다보면 우리 자신을 제대로 살펴볼 시간적, 정신적 여유를 갖지 못한다. 이젠 휴가에도 발상의 전환이 필요하다.

'휴가(休暇)'라는 말의 '休' 자는 사람(人)과 나무(木)의 어우러짐이고, '暇' 자는 '한가함'이다. 사람이 나무가 우거진 한적한 곳에서 한가하게 보내는 것이 휴가이다. 여럿이 떼를 지어 몰려다니는 소란스러운 휴가보다는, 조용히 명상하고 사색하는 휴식이 필요한 때다.

어디서든 자기만의 '스톱(stop)의 시간'을 가져보자. 고속으로 달려온 인생이라는 자동차를 잠시 멈추고 엔진도 점검하고, 부속품도 살펴보고, 기름도 넣고, 지도와 나침반을 꺼내 지금 가고 있는 방향이 맞는지도 살펴보자.

그런 깊은 생각을 하다 보면, 보이지 않던 밤하늘의 별들도 보일 것이고, 풀숲에서 벌레 우는 소리도 들릴 것이고, 어쩌면 지구가 돌아가는 소리도 들릴지 모른다. 마침내 하나님의 음성도 듣게 될 것이다. 그러다 보면 어느덧 더운 여름은 잊혀지고 가을이 오겠지. 通

8.
창조적 수련회 문화를 가꿔보자

어느 시골 교회로부터 강연 요청을 받았다. 이 교회는 자체 수련회를 하지 못하는 농어촌의 작은 교회 청소년들을 매년 초청하여 여름 수련회를 개최해 주고 있다. 벌써 6년째. 올해에는 전국에서 자그마치 1천5백여명이 참석한다. 3박4일 간의 모든 비용과 일손을 250여 명의 작은 농촌 교회가 기꺼이 부담해 준다. 도시의 대형 교회들을 부끄럽게 하는 꿈 같은 이야기다.

서울의 어느 교회는 여름이 되면 온 교인이 함께 수련회를 떠난다. 아침과 저녁에만 전체 프로그램이 있고 나머지 시간은 자유시간이다. 가정별로, 또는 여러 가정이 어울려 자유롭게 지낼 수 있다. 물론 혼자 참석한 사람들을 위해서 별도의 프로그램도 마련해 준다. 가족별로 숙소를 마련해 주고, 가족끼리의 시간을 배려해 주기 때문에 평소 교회에 나오지 않는 가족들도 부담 없이 참석을 한다.

무더위가 시작되면 교회마다 분주해진다. 여름 행사를 위해서다. 여름

성경학교와 수련회는 한국교회의 연례행사가 되었다. 교역자들은 여름 행사만 치르고 나면 일년 농사를 다 지은 것 같다고 고백한다. 그런데 교회학교의 여름 행사가 그 옛날 추억 속의 성경학교나 수련회의 틀을 크게 벗어나지 못하는 것 같아 안타깝다. 청소년 수련회 문화를 한번 진단해보자.

첫째, 수련회라는 이름으로 학생들을 '고문' 하고 있지는 않은가? 깊은 산 속이나 바닷가에까지 학생들을 데리고 가서 교실에 가둬 놓고 빡빡한 교실 수업을 진행하는 건 일종의 '고문' 이다. '고문' 은 환자를 만들어 낸다. 자연과 단절시켜 가두어 두는 건 극기훈련이지 교육이 아니다. 수련회는 청소년들이 흙을 만져 보고 나무와 풀, 그리고 곤충을 발견하고, 밤하늘의 별을 세면서 삶 속에서 굳어버린 삭막한 정서를 촉촉이 적시고, 창조주 하나님을 발견하게 해 줘야 한다.

둘째, 너무 빡빡한 '집단' 프로그램을 무리하게 진행하고 있지는 않은가? 마치 학원에서 수업을 진행하듯 쉴 틈도 주지 않고 빡빡하게 프로그램을 진행하는 것 자체에서 교사들이 뿌듯한 성취감을 갖는 건 아닌지? 이런 수련회에는 '선택'이란 없다. 모든 과목이 주어진다. 노는 것마저 주어지고 강요된다. 이런 수련회가 청소년들의 심성이나 가치관에 어떤 영향을 미칠까?

셋째, 많은 학생들에게 집단적인 체면 프로그램을 진행하고 있지 않은가? 그래서 수백 명, 수천 명의 중학생과 고등학생을 무더운 공간에 몰아넣고는, 만담꾼 같은 연예인형 강사나 인기 연예인을 초청하는 건 아닌가? 그런 걸 중요한 경력으로 여기는 강사들도 있지만, 그런 강의 요청을 받을 때마다 얼마나 당혹스러운지 모른다. 교육의 효과가 학생 수와 반비례한다는 것은 상식이다. 숫자 놀음에서 벗어나자.

넷째, 청소년들의 호연지기(浩然之氣)를 키워주고 있는가? 세 교회가 연합 청소년수련회를 가진 적이 있다. 서로 다른 문화를 지닌 교회의 청소년들이 서로 교제를 하면서 서로를 이해하며 '다양성 속의 일치'를 체험하는 좋은 기회였다. 여러 교회가 같은 캠프장에서 수련회를 갖는 경우가 많다. 그러나 '너는 너, 나는 나' 식으로 지내는 경우가 얼마나 많은가. 한 차례라도 함께 예배를 드리거나, 강사를 교환하거나, 음식을 서로 나누는 것이 학생들에게는 프로그램보다 더 영향을 준다. 수련회는 학생들에게 더 넓은 세계를 보여줘야 한다. '속 좁은 그리스도인'을 길러서는 안 된다. 농촌교회와 도시교회 간의 교환 수련회, 육체노동이 포함된 체험 수련회, 여러 교회의 연합 수련회, 담임교사와 떠나는 1박2일 배낭여행 프로그램은 어떨까?

"수련회는 원래 이런 것이야"라는 생각을 버리고 수련회 문화를 혁신하자. 무리에 무리를 거듭하는 빡빡한 수련회를 다녀와, 쉰 목소리에 하품만 하며 며칠씩 피로해 하고 후유증에 시달리는 '화끈한' 수련회-그것이 과연 좋은 수련회 문화일까? 올 여름에는 묵은 땅을 갈아엎듯, 생각을 열어주고 삶에 변화를 주는 창조적 수련회 문화를 가꿔보자. 通

9.
복음의 회복

일본의 어느 기업 사장 이야기다. 석유 파동 직후, 그는 시장이 변했음을 뒤늦게 깨달았다. 그는 전임 사장은 죽었다고 선언했다. 종전의 경영방식은 어디까지나 전임사장 때 일이라며 새로운 경영을 시작했다. 몇 년 후 그는 감성의 시대가 왔음을 깨달았다. 그는 다시 2대 사장의 사망을 선언하고 여성을 중용하며 새로운 경영을 과감히 시도하고 있다. 그는 지금 3대 사장이다.

현대 교회가 저지른 실수라면 복음을 믿기 편하게 엉터리로, 싸구려로 변질시키고 그 의미를 축소 해석한 것이라고 생각한다. 회개나 제자 됨, 개인적인 희생이 없이도 예수 그리스도를 영접하면 공짜로 구원도 얻고 복도 받을 수 있다고 강조하는 엉터리 싸구려 복음이 교회를 세속화시켜 왔다. 그 결과 복음을 교회 안에 묶어두었고, 수많은 그리스도인들을 성화(聖化) 없는 칭의(稱義)의 단계에 머무르게 했고, 행함 없는 믿음을 보편화시켰다. 우리나라 교회가 선교, 봉사, 교육 등은 세계적인 수준이면서도 말씀의 생활화(聖化)에 이토록 무관심한 것도 이 때문이다.

교회의 사명은 하나님 나라의 확장에 있다. 하나님 나라에 대해서는 여러 견해가 있다. 첫째, 하나님의 나라는 내세에 이뤄진다. 둘째, 교회 안에서만 이뤄진다. 셋째, 사람이 사는 사회 모든 영역에서 이뤄진다. 넷째, 하나님이 창조하신 시공간 모든 영역에서 이뤄진다. 첫째 견해가 맞는다면 빨리 이 세상을 떠나야 한다. 둘째 견해라면 교회 바깥 세계의 모든 삶은 무의미하다. 셋째 견해라면 하나님은 지구 안의 하나님에 불과하다.

우주 전체가 신앙의 영역이며 복음화 해야 할 대상이다. 그러나 아쉽게도 한국 교회의 영향력은 예배당 옆집에까지도 제대로 미치지 못하며, 불의한 세력들은 회원 수천 명의 시민단체는 무서워해도 1천만 명의 교회는 무서워하지 않는다.

교회가 강도 만난 사마리아인의 상처를 싸매주는 일도 중요하지만, 강도를 없애는 일도 중요하다. 교회가 삶의 모든 영역에서 하나님의 뜻에 어긋나는 비도덕적인 사건이 일어나지 않도록 감시하고, 그 가능성을 제거하여, 사회 전체의 이익을 도모하는 일이야말로 이웃 사랑의 길이며 천국을 이뤄 나가는 일이다.

교회를 보통 세 가지로 설명한다. 첫째는 건물 교회, 둘째는 모인 교회, 셋째는 흩어진 교회. 그동안 우리나라 교회는 건물과 모인 교회를 키우는 데에만 주력해 왔지, 개인의 성화와 흩어진 교회 활동을 통한 사회적 성화에는 관심을 갖지 못했다. 그리스도인들은 교회, 가정, 일터, 사회를 오가며 산다. 이 중에서 신자들이 오래 머무르는 곳은 일터와 사회, 가정이고 가장 오염된 곳은 일터와 사회이며 그 다음이 가정이다. 그럼에도 우리의 신앙은 교회 안에 갇힌 채 '흩어진 교회' 활동을 포기하고 있다.

교회가 예수 그리스도의 종들을 개교회의 종으로만 묶어두면, 교인들은 교회를 떠나거나 교회 밖의 사회적 성화운동에 나서게 된다. 개종 경험자 중 기독교에서 다른 종교로 옮겨간 이들이 전체의 58.4퍼센트나 된다. 이

'구멍'을 막는 것이 전도보다 시급하다. 복음을 통전적으로 바르게 해석하여 교회와 그리스도인들이 영향력을 회복하고 하나님의 나라를 삶의 모든 영역으로 확대해 나가는 것이 이 시대 교회의 과제다.

신앙의 세계는 연공서열이 아니다. 처음 된 자가 나중 되고, 나중 된 자가 처음 되는 세계다. 그럼에도 불구하고 교회에서 직분이나 경력, 기득권이 지나치게 우선되는 문화가 복음의 회복을 막고 있다. 교회와 그리스도인이 사는 길은 '사망 선언'이다. 목사나 장로부터 '사망 선언'을 하고 새신자 반에 입학하여 다시 시작할 수 있는 용기를 회복해야 한다. 通

10.
삶 가로막는 습관과 관습, "바꿔!"

미국 폐협회의 조사 결과에 따르면, 흡연자의 4분의 3은 금연을 시도해 봤지만 결국 실패했다고 한다. 이들은 대부분 흡연과 연관된 '습관적 행동이나 느낌'을 극복하지 못하고 다시 담배를 피우게 된다고 답했다.

과연 인간 행동의 99퍼센트는 순전히 무의식적이고 자동적이고 습관적인 활동의 연속이라고 볼 수 있다. 건강을 위해 아침 일찍 일어나 산에 오른 사람이, 담배 한 대를 꺼내 입에 무는 걸 보면 습관이 얼마나 무서운지를 실감하게 된다. 습관이란 생각하거나 결정할 필요 없이 자동적으로 일어나는 반응인 것이다.

여럿이 중국 음식점엘 가곤 한다. 그때마다, 손님들에게 주문을 받는 방식이 수십 년 전이나 지금이나 별로 달라진 게 없음을 확인하게 된다. 점원이 음식 이름을 부르면서 그 음식을 주문할 사람들에게 손을 들게 하는 것이다. 가만히 생각해보면 손님으로서는 기분이 별로 좋지 않은 일이다.

그래서 한번은 자주 가는 중국 음식점 지배인에게, 그렇게 하지 않았으면 좋겠다고 조언을 해 주었다. 그후부터 우리가 가면 언제나 주문서를 들고 정중하게 한 사람씩 주문을 받는다. 그러나 다른 사람에게는 여전히 "자장면 드실 분요" 하면서 손을 들게 한다. 아마 어느 중국 음식점엘 가도 마찬가지가 아닐까 생각한다.

신촌 세브란스병원 장례식장엘 가보면, 다른 '영안실'과는 전혀 다른 분위기를 느낄 수 있다. 술 먹는 모습, 고스톱 치는 모습을 볼 수 없다. 밤을 새우는 조문객도 없다. 술과 고스톱이 없고 밤을 새우는 사람도 없어 처음에는 좀 어색하고 썰렁했지만, 유가족이건 조문객이든 이 장례식장을 이용해 본 사람은 누구나 "참 좋다!"고들 한다.

조문을 하러 갔으면 상주를 위로하고 함께 슬퍼하는 게 예의일 것이다. 그러나 우리네 상가의 모습은 아무리 관습이라 하지만 이해하기 힘든 면이 있다. 고인과 슬픔에 빠진 유족 앞에서 무례하게도 술을 마시고 노름을 하고 큰 소리로 떠들며 논다. 그것도 담배 연기가 자욱한 공간에서 밤새도록. 그런 손님들을 치러야 하는 유가족들은, 어쩌면 슬퍼할 겨를조차 없을지 모른다. 세상에 이런 장례 문화가 또 어디에 있을까 싶다.

일본이나 영국 같은 나라의 차는 오른쪽에 운전석이 있다. 자동차가 나오기 전, 마부가 채찍질을 하느라 오른쪽에 앉고 손님을 왼쪽에 모셨던 게 전통이 됐다고 한다. 우리에게는 좌측통행이란 게 있다. 일제의 유물이다.

명치유신 때만 해도 일본에는 이른바 '사무라이(武士)'들이 옆구리에 칼을 길게 차고 다녔다. 주된 업무가 싸움인 이들은 공격과 방어를 위해, 또는 칼이 서로 부딪쳐 일어날 수 있는 사소한 시비를 막기 위해 좌측통행을 수칙으로 삼게 되었다. 우리의 좌측통행은 일본의 칼 문화에서 나온 것이다. 그런데 차가 우측통행을 하고 사람이 좌측통행을 하게 되면 사람은 차를 등지고 걷게 되어 위험하다. 그래서 좌측통행은 일본에서도 사라졌다. 그런데 우리에게는 여전히 남아 있다.

사람은 누구나 반복적인 경험을 깊이 신뢰하려 한다. 늘 그래왔기에 앞으로도 그래야 한다고 쉽게 생각해 버리고, 바꿔볼 생각을 아예 하지 않으려 한다. 한번 길들여진 습관은 오래 신은 구두 같이 편하기 때문이다.

스마일스는, 습관이란 나무 껍질에 글자를 새긴 것과 같아서 그 나무가 커짐에 따라 글자도 커진다고 했다. 반복이 계속되면 습관이 되고, 성격이 되고, 인격이 되고, 운명이 된다. 또 개인의 습관은 한 사회의 관습이 되고 관습은 그 사회의 문화를 이루게 된다. 문제는 어떠한 습관이며 어떠한 관습이냐다.

지금 우리 사회는 급격한 변화를 맞고 있다. 지금의 사고방식과 가치관으로는 살아갈 수 없는 시대가 다가오고 있다. 새로운 시대에 맞는 가치관과 문화로 새롭게 무장하지 않으면 안 된다. 사실 오래 전부터 그래왔다는 것이 그리 대단한 건 아니다. 우리의 삶을 가로막는 습관과 관습의 유물들을 이 기회에 들어내자. 봄이 오기 전에. 通

11.
교회 화장실을 강단 같이 꾸미자

기업이나 학교를 방문할 때마다 눈여겨 보는 것이 세 가지 있다. 하나는 게시판이고, 또 하나는 거기서 펴낸 간행물이고, 다른 하나는 화장실이다. 게시물과 간행물을 훑어본 후, 화장실에 다녀오면 그곳의 문화를 어느 정도는 파악할 수 있다. 교회도 마찬가지다. 이방인으로서는 교회 게시물, 주보, 화장실을 보면 그 교회의 관심사, 담임목사의 목회 스타일, 심지어는 교인들의 의식 수준까지 쉽게 엿볼 수가 있다.

어느 교회엘 갔는데, 로비에 커다란 게시판이 걸려 있었다. 교인들의 이름이 깨알같이 적혀 있고, 그들의 새벽 예배 출석 여부, 전도 인원 수, 성경 읽기 진도 등이 잘 정리되어 있었다. 교인들의 각성과 분발을 촉구하는 구호도 빨갛게 씌어 있었다. 언뜻 보아 보험회사의 영업 실적표 같아 긴장이 느껴졌다. 우등생 교인과 열등생 교인을 한 눈에 구분할 수 있으니, "교인들이 참 힘들겠구나"하는 생각이 들었다.

또 다른 교회의 작은 게시판에는 봉사자를 찾는다는 광고가 정갈하게 디자인되어 있었다. 토요일 오후에 창고를 정리하려고 하는데 도와줄 사람은 여백에 이름을 적어 달라는 내용이었다. 나도 한번 이름을 쓰고 싶다는 생각이 들었다.

게시물 못지않게 교회의 문화를 드러내 주고 교인들의 의식에 영향을 미치는 것이 주보다. 대부분의 주보가 표지에 예배당 건물 사진을 싣고 있지만, 성경 말씀이나 아름다운 성시를 한 편씩 싣는 주보도 있다. 담임목사의 부흥회 인도 일정과 방송 설교 시간 안내문이 광고 지면의 절반 이상을 차지하고, 담임목사의 얼굴 사진과 학력과 경력, 저서 이름을 나열해 놓은 주보도 있다. 헌금자 명단이 깨알같이 인쇄되어 있는 건 보통이다. 그런가 하면 새로 등록한 교인들의 얼굴 사진과 간단한 소개문을 싣는 주보도 있다.

어느 주보 광고란에는 이런 신선한 소식이 첫번째 기사로 실려 있어 그 기사를 몇 번이나 읽어보게 한다.

"지난 몇 월 몇 일에 아무개 교우가 담임목사를 찾아와 예수님을 구주로 영접한다는 고백을 하였습니다."

주보가 무엇을 중요하게 취급해야 하는지를 보여주는 사례라고 생각한다. 교회의 게시판이나 주보는 그 교회의 문화를 가장 잘 표현해 줄 뿐만 아니라, 그것을 보는 교인들의 사고와 가치관에도 적지 않은 영향을 주며 교회문화를 창조해 주는 중요한 역할을 한다.

게시판이나 주보와 달리 화장실은 가려져 있지만 교회의 문화를 가장 적나라하게 보여주는 문화공간이다. 어느 교회엘 가니 화장실에 '몸무게 줄이는 곳' 이라는 팻말이 붙어 있어 즐거운 마음으로 일을 볼 수 있었다. 화장실에 유머 책자나 짧은 읽을거리를 비치해 놓은 교회, 여자 화장실에 머리 빗과 로션 같은 간단한 화장품을 준비해 놓은 교회, 향수 냄새가 물씬한 교회 화장실도 있다.

그러나 많은 교회의 화장실은 남성과 여성이 함께 사용하므로 얼마나 조심스럽고 불안한지 모른다. 겨울에는 춥고 여름에는 무덥고, 화장지는 아예 없고, 더럽고 냄새 나는 '변소' 수준의 화장실도 있다. 그나마 문을 아예 잠가 놓는 비문화적인 화장실도 있다.

요즘 화장실 문화 바꾸기 캠페인이 좋은 반응을 얻고 있다. 화장실은 비록 다수에게는 감추어진 곳이지만, 개인에게는 완전히 노출되는 공간이다. 예배당에서 가장 정성껏 꾸며진 곳이 강단이라면, 가장 취약한 곳은 화장실일 것이다. 왜 화장실은 강단같이 멋있게 꾸미지 못하는가? 화장실이 개혁되어야 교회가 개혁된다. 교회를 성숙시키고 싶으면 화장실 문화부터 바꾸라.

게시판, 주보, 그리고 화장실—이 세 가지는 교회를 드나드는 사람이 가장 쉽게, 반복적으로 접하는 문화매체다. 이것이 교인들의 가치관과 사는 방식에 결정적인 영향을 줄 수 있다.

문화는 '어떻게 사느냐?'의 문제다. 교회와 그리스도인들은 자신의 삶을 '문화적으로' 가꾸어 나가는 모습을 먼저 보여줘야 한다. 목회자부터! 通

12.
‘머스트문화’, ‘메이문화’

젊은이들이 주고받는 난센스 퀴즈를 들어보면 참 재미가 있다. ‘SALT’와 ‘salt’의 차이점은? 대문자는 ‘왕소금’이고 소문자는 ‘곤소금이다’. 또 ‘삶은 계란’을 영어로 ‘Life is egg’라고 번역하기도 한다. ‘Life(삶) is(은) egg(계란).’이라는 것이다. 난센스 퀴즈 중에는 아주 깊은 의미를 지닌 것들도 있다.

‘삶은 계란’ 이야기도 그렇다. 과연 인생이란 계란과 같다. 계란을 뜨거운 물에 넣으면 단단하게 굳어 버리듯이, 사람도 나이가 들고 학식이 깊어지고 지위가 올라가면 몸과 마음이 점점 단단하게 굳어져 가는 것 같다. 그래서 새롭고 유연한 것을 거부하고 굳어진 것, 자신에게 익숙한 것만을 고집하게 된다.

대통령이 주재하는 회의에 참석한 고급 관리들이, 수능시험 보는 학생들처럼 앉아서 열심히 필기하는 모습을 아직도 가끔 텔레비전 뉴스에서 보게 된다. 굳은 모습, 경직된 모습이란 그것을 바라보는 사람에게도 부자연스럽고 부담스럽다.

마이크로소프트의 빌 게이츠나 야후의 제리양 같은 세계적인 경영자의 행동이나 복장을 보면 그렇게 소탈하고 자연스러울 수가 없다. 그러나 그와 만나는 우리나라 관리나 기업인들의 매너는 왜 그리도 경직되고 부자연스러워 보이는지.

미국에서 오래 살다 최근 귀국한 어느 대학 총장이 아파트 엘리베이터를 탔다. 엘리베이터 안의 사람들은 서로 눈을 마주치지 않으려고 화난 사람의 표정으로 서로 외면하고 있었다. 그래서 먼저 웃으면서 인사를 했더니, 반가워하기는커녕 "별 이상한 사람을 다 본다"며 눈치를 줘서 당황했다고 한다.

그러던 중 우연히도 전에 엘리베이터에서 만났던 사람을 다시 만나게 되어 정중히 인사를 했더니, "아저씨, 저한테 무슨 유감 있으세요?"라며 얼굴을 붉히더란다. 그런 일이 있고 나서는, 엘리베이터를 타면 자신도 엉뚱한 데를 응시하게 되었다고 한다.

문화는 생각하는 방식이요, 사는 방식이다. 개인이든 조직이든 사람들을 문화라는 틀에 가두려 한다. 문제는 그것이 사람을 살리는 틀이냐, 그렇지 않은 것이냐이다. 경직된 사고는 사람의 생각과 행동을 발뒤꿈치의 굳은 살같이 둔하게 만든다. 규격화된 사고는 사람의 개성과 창조성을 죽이고 생각과 행동을 시체같이 차갑고 뻣뻣하게 만든다. 유머를 모르는 사람, 눈물을 모르는 사람, 바늘로 찔러도 피 한 방울 나지 않을 사람, 앞뒤가 꽉 막힌 사람, 전통과 교리를 우상화하는 사람, 형식과 규정을 절대화하는 이가 그런 사람들이다.

이런 사람들은 알래스카에 에어컨이나 냉장고를 수출할 생각을 하지 못한다. 또 손이 아닌 발(足)에 바를 화장품을 만들어 낼 생각도 하지 못한다. 동해에 출몰한 잠수함을 생포한 것이 대포가 아니라 유연하고 작은 꽁치 그물이었음을 알지 못한다. 007가방보다 보자기가 더 유용함을 알지 못한다.

이런 사람들이 지배하는 문화권에서는 '반드시', '꼭', '절대로' 라는 말이 자주 사용된다. 이러한 말들이 'Must문화' 를 만든다. '머스트문화' 에 익숙해지면 반드시 어떻게 해야 한다는 편집적 강박관념에 시달리게 된다. 아름다운 대자연을 보고도 기도원 지을 생각부터 한다. '머스트문화' 의 목사는 교회 성장만을, 직장인은 일의 생산성만을, 학생은 일류대학 가는 데에만, 정치인은 국회의원 되는 데에 모든 걸 건다. 또 성경대로 살기보다 성경을 몇 번 읽었느냐를 중시하고, 형식만 남은 '닫힌 예배' 에의 속박과 부자유스러움을 '믿음' 으로 오해한다. '머스트문화' 에는 감사와 자유함 대신 형식과 규정이 있다. 그리고 여기에는 '습기' 가 없다.

"더러는 바위 위에 떨어지매 났다가 습기가 없으므로 말랐고"(눅 8:6).

창조의 씨앗은 '머스트문화' 에서는 싹을 틔우지 않는다. 우리의 굳은 생각에 간지러움을 태워, 우리의 문화 공간을 유연하고 웃음과 유머가 있는 '좋은 땅' 으로 만들어 보자. 경직된 '머스트문화' 를 사람을 살리는 유연한 '메이(may)문화' 로 가꿔보자. 通

13.
"요즘 아이들 큰일났다"

"요즘 아이들 큰일났다."

이런 말이 곳곳에서 들린다. 문화란 생각하는 방식, 살아가는 방식인데 그것이 뚜렷하게 다른 새로운 세대가 등장하면서 기성세대들은 '충격'을 경험하고 있다.

세대 간의 갈등은 어느 시대에나 있었다. 고대 그리스 신전 기둥에도 "요즘 아이들 큰일났다"고 적혀 있다지 않는가. 그런데 오늘날의 세대 갈등은, 그 폭이 매우 급하고 크다는 데 해결의 어려움이 있다.

세대 갈등은 이미 우리 시대의 커다란 골치 덩어리로 등장했다. 그로 인한 대화의 단절과 문화적인 충돌이 곳곳에서 많은 아픔과 갈등을 초래하고 있다. 부모의 리더십은 선(先)경험을 통해 터득한 월등한 정보처리 능력과 경제력이었다. 그러나 요즘에는 경제 권력은 부모가, 정보 권력은 자녀가 나눠 갖게 되면서 가정에 위기가 오고 있다.

대학에도 '고4' 같은 신입생들이 몰려오면서 '깊이 없는 문화' 가 뿌리를 내리고 있다. 남학생의 9할, 여학생의 8할이 음주를 하고 14퍼센트의 학생이 알코올 중독자일 정도로 캠퍼스가 취해 있다. 우리나라 남자 고3의 흡연율은 41퍼센트에 이른다. 교사와 학생, 교사와 교사 간의 세대 갈등은 각급 학교에서 수없이 노출되고 있다.

군대는 어떤가? 73.9퍼센트의 신세대 사병이 부모에게 용돈을 송금받고 있으며, 상관에게 기합을 받으면 곧바로 부모에게 연락을 하고, 애인의 변심에 예측할 수 없는 행동을 보여 지휘관들이 애를 먹고 있다.

직장에서도 신세대들은 업무나 생활 방식에서 선배들과는 뚜렷한 차이를 보이며, 전통적인 가치관에 부정적인 태도를 취해 기성세대를 당혹시키고 있다. 아내가 아프다며, 집에서 김장을 한다며 결근을 하고, 야근이나 휴일 근무를 쉽게 거부하니….

교회도 예외가 아니다. 모자를 쓰거나 해괴한 복장으로 예배에 참석을 하는가 하면, 재미가 없으면 집회에 참석하려 하질 않는다. 청년 세대는 비민주적이고 독선적인 교회문화에 거부감을 갖고 교회를 떠나고 있다.

미국에서는 신세대를 'X세대'라고 부른다. 구분 짓기 어려운 미지의 세대란 뜻이다. 신세대는 얼룩말 같아서 검은 말에 흰 점이 있는 말인지, 흰 말에 검은 점이 있는 말인지 규정하기가 알쏭달쏭하다. 또 럭비공 같아서 어디로 튈지 도무지 행동을 예측할 수가 없다. 이들은 컴퓨터 보급이 일반화하면서 탄생하였고, 태어나면서 부터 동적이고 화려한 원색의 텔레비전 화면을 접하며 살아왔다. 이들은 컴퓨터의 '오려 두기' 기능을 이용하여 어느 부분이든지 원하는 곳에 옮겨 붙여가며 글을 쓴다. 이들은 텔레비전 리모콘 같이 당장의 좋고 싫음으로 매사를 선택하려 한다. 이들은 동시에 여러 일을 진행하는 동시다행(同時多行/multi-tasking)의 기술을 갖고 있지만, 인내력은 15분을 넘기지 못한다(quarterism). 이들은 개인주의적 가치를 추구하며 타인과의 차별성을 중시한다. "뛰는 놈 위에 나는 놈 있다"는 말에 "그렇다면 나는 걸어가겠다"는 게 신세대다.

기성세대에게 신세대가 정체를 알 수 없는 'X세대'라면, 신세대들에게도 기성세대는 'X세대'가 된다. 젊은이들의 눈에는 기성세대가 하는 일이 불합리와 모순투성이로 보이고, 어른들의 눈에는 신세대들이 하는 짓이 해괴하고 망측하게만 보인다.

그러나 세대는 환경의 산물이다. 환경이 사람을 낳는다. 오늘의 신세대는 기성세대가 찍어 놓은 붕어빵일 뿐이다.

세대 간의 갈등으로 인해 우리의 문화는 심하게 갈라지고 찢어져 가고 있다. 기업, 군대, 학교, 가정, 그리고 교회가 모래알 같이 세분화, 차별화, 이질화되어 가고 있다. 이러한 때에 매주일 낮 예배를 어린이부터 어른들이 함께 드리는 순천 동부교회, 학년별 반 편성을 폐지하고 남녀와 학년을 섞어서 반을 편성 운영하는 서울 장석교회의 사례는 해체와 단절의 문화를 치유해 보려는 참 좋은 시도다.

문화는 가꾸어 나가는 것이다. 가정, 학교, 직장, 사회에서 다름과 차이를 수용하고 더불어 살아가는 문화를 만들어 보자. 通

14.
정보화 시대 누리기

"만약 텔레비전, 휴대전화, 인터넷, 술, 담배 중 한 달 동안 단 한 가지만 사용해야 한다면?"

독자 여러분은 어떤 것을 선택하겠는가? 필자가 대학생들을 대상으로 조사한 결과 인터넷이 49.4퍼센트, 휴대전화가 34.6퍼센트를 차지했다. 인터넷과 휴대전화가 일상생활의 필수품으로 등장한 것이다. 10대, 20대의 인터넷 이용률은 97퍼센트에 이르고, 가구당 컴퓨터 보급률은 78퍼센트에 이른다.

우리나라의 휴대전화 가입자는 3천7백만 명으로 세계 최고 수준이다. 정통부가 청소년을 대상으로 우리나라 10대와 20대의 휴대전화 중독 실태를 조사하여 발표했다. 그 결과, 37퍼센트가 "손에 휴대전화가 없으면 불안하다"고 답했고, 44퍼센트는 "수업 중 몰래 문자를 주고받는다"고 답했다. 과연 중 고등학교가 파할 무렵 학교 앞엘 가 보면, 핸드폰을 귀에 대고 떠들며 나오는 아이들의 모습은 진풍경이다. 중고등학생에게 왜 휴대

전화가 필요하냐고 항변하는 이도 있지만, 이제 핸드폰은 하나의 패션이자 문화가 되어 버렸다. 오죽하면 학교가 '휴대전화 없는 날'을 지정했을까.

요즘 휴대전화는 단순히 휴대하는 전화기가 아니라 전자 우편, 문자 메시지, 인터넷 검색, 전자수첩 기능, 카메라, TV 시청 등 수십 가지의 기능을 갖춘 신기한 발명품이다. 아마 이름을 바꾸어야 할지도 모르겠다.

핸드폰의 출현이 그렇듯이, 새로운 발명은 항상 사람들의 생각하는 방식과 사는 방식, 즉 문화를 바꿔 놓는다. 자동차의 출현은 미국에 교외주택 붐을 만들었고, 인쇄기는 종교개혁을 가져왔으며, 피임약은 성생활에 해방을 가져왔다. 항생제와 백신은 47세이던(1900년) 미국인의 평균 수명을 77세로 연장시켜 주었다. 최근의 유전공학은 인류의 수명을 획기적으로 연장시켜 줄 것 같다.

미래학자들은 21세기를 휩쓸 7대 변화물결로 정보화, 세계화, 기술 혁명, 초경쟁, 인간과 환경, 복합화, 유연성과 스피드를 꼽는다. 이 중 최대의 물결은 컴퓨터가 주도하는 정보화다. 컴퓨터가 인류의 삶에 가져올 미래의 변화는 어떤 것일까? 보다 빨리, 보다 사용하기 쉽게, 보다 새롭게, 보다 많이, 보다 다채롭게, 끊임없는 개선, 호환성과 통합성 같은 새로운 개념들이 이미 이 시대의 문화 풍속도를 하루가 다르게 바꿔놓고 있다.

사람들은 끊임없이 "어떻게 하면 시간과 공간을 극복할 것인가?"로 고민한다. 사실 컴퓨터(인터넷)와 텔레비전과 전화의 결합으로 우리는 시간의 한계, 거리의 한계에서 크게 자유로워지고 있다. 1865년 링컨의 암살 소식이 영국에 도착하는 데에는 12일이나 걸렸다. 1963년 케네디의 암살 소식은 4시간 만에 영국에 전해졌다. 그러나 오늘이라면 인터넷이나 위성 방송을 통해 실시각(real time)에 현지 모습을 생생하게 체험시켜 줄 수가 있다.

그러다 보니 사람들은 유행과 변화에 민감해졌다. 이런 세상에서는 '고전(古典)은 죄악'일 수도 있겠다. 그리고 너무들 조급해지고 있다. 컴퓨터의 작동이 조금만 느려도 최신 모델로 바꾸려 한다. 이러다가 사람도 그렇게 대할까봐 걱정이다.

주위의 젊은 친구들은 필자의 핸드폰을 '무전기', '무기다', '아령이다'이라고 부른다. 불과 3년 전에 구입한 것인데, 벌써 '고철' 대접을 받고 있다. 전원이 자주 끊겨 점포엘 들렀더니 점원도 똑같은 소릴 한다. 생각 같아서는 "무기여, 잘 있거라"를 외치며 버리고 싶었지만, 너무 비싸서 그냥 나오고 말았다.

그런데 대부분의 사람들은 이러한 급한 변화 앞에서 적지 않은 스트레스를 느끼며 산다. 보다 빨리 변화에 적응해야 생존할 수 있다는 강박관념에 사로잡혀 경쟁적으로 습관적으로 '과속'을 하며 살려고 한다.

우리가 시간과 거리를 극복하려는 건 그것의 한계로부터 자유로워지는데 있다. '초(秒)' 단위 시간의 지배를 받으며 바쁘고 급하게 살기 위해서가 아니라, 시간을 누리고 참된 여유와 평안을 얻기 위해서다. 通

15.
'왕따 아버지' 살리기

옛날엔 아침에 아이가 일어나지 않으면 아버지가 큰 소리로 깨웠다. 그러나 요즘엔 달라졌다. 요즘 아버지는 이렇게 속삭이며 아이를 깨운다.

"애야, 엄마가 일어나래. 혼나지 말고 어서 일어나렴."

아버지가 텔레비전을 켜자, 엄마가 보지 말라고 했다며 아이가 경고를 한다. 그래도 텔레비전을 계속 보자, 리모콘을 들고 엄마에게 달려가 이른다.

"엄마, 아빠가 텔레비전 켜 놓으셨어. 그냥 놔둘까 끌까?"

아버지로서, 남편으로서 영향력이 형편없이 추락해 있음을 보여주는 우스개 소리다.

아이가 집으로 전화를 걸어왔다. 아버지가 받자, 다짜고짜 "엄마 바꿔주세요." 한다. 이번에는 아버지가 집에 전화를 걸었는데, 아이가 "엄마 바꿔줄게요."라고 한다. 이 정도 되면 아버지는 가정에서 '집단 따돌림'을 당하고 있는 것이다. 아이들이 중요한 문제를 엄마하고만 상의하려 한다면,

그 아버지는 이미 '왕따 아버지' 다.

왜 '남편' 과 '아버지' 의 영향력이 이처럼 약해지고, 왕따 아버지가 늘어나게 되었는가? 가족과 함께 가정에서 머무는 시간이 줄어들어서이다. 따라서 자녀들에게 미칠 수 있는 영향력이 줄어들었고, 가족들과의 관계도 점차 서먹서먹해졌다. 미국 중산층 가정에서 아버지들이 자녀와 함께 보내는 시간은 하루 평균 15분-30분에 불과하다. 또 아버지가 자녀와 얼굴을 마주하는 횟수는 하루 평균 2.7회이고, 그나마 각각 10초-15초를 넘지 못한다.

아버지의 영향력이 줄어들면 아이들은 어떤 영향을 받게 될까? 벨렌 밀즈 박사는 "아버지는 아이들에게 '행동의 모델' 로, 어머니는 '돌봐주는 사람' 으로 인식된다"고 말했다. 아이들에게는 아버지가 채워줘야 할 자리가 따로 있다. 아버지의 참여 없이 자라는 아이들에게는 각별한 돌봄이 필요하다. 아버지 없이 자란 아이들은 시험 성적이 낮고 학업 성취 속도도 느리며, 가난해질 확률은 그렇지 않은 아이들보다 5배나 높고, 극빈자가 될 확률은 10배나 더 높다는 통계가 있다. 또 성적으로 문란해지기 쉽고, 여자 아이들은 미혼모가 될 확률이 70퍼센트나 더 높다고 한다. 지금 미국에는 아버지 없이 자라는 아이들이 3명 중 1명 꼴이며, 이들은 양친이 있는 가정의 아이들에 비해 5배나 더 가난하게 살고 있다.

월간 《아버지와 가정》의 조사에 따르면, 아버지들의 46퍼센트가 아들이 자신을 닮기를 소망하고 있다. 그러나 아버지를 닮고 싶다는 아들은 33퍼센트에 불과하다. 한편, 아들이 자신을 닮지 않기를 희망하는 아버지는 28퍼센트나 된다. 그러나 실제로 아버지를 닮지 않겠다는 아들은 37퍼센트나 된다. "이 다음에 나도 아버지 같은 사람이 되어야겠다"는 생각을 하는 아이들은 찾아보기가 어렵다. 그런가 하면 "내 아들이 나를 닮았으면 좋겠다"는 생각을 하는 아버지들도 점점 줄고 있는 것이다.

호프만은, 자신이 아버지를 닮았다고 생각하는 아이들은 성숙한 도덕성과 가치관을 갖고 있으며 아버지와 관계가 매우 좋다고 했다. 헨리 빌러도, 아버지와 좋은 관계를 경험한 아이들은 신체적으로 건강하고 정서적으로 안정되어 있다고 말한다.

아버지는 자녀에게 가장 영향력 있는 모델이다. 아버지를 결코 닮지 않겠다고 결심하는 아이들도, 결국은 아버지를 닮아가며 성장하게 되어 있다. 아버지를 닮지 않겠다고 하는 것 자체가 아버지로부터 영향을 받고 있는 것이다.

'바쁜' 아버지는 '나쁜' 아버지가 될 가능성이 높다. 아이들은 완전한 아버지보다 좋은 아버지가 되려고 노력하는 아버지의 모습을 원한다. 아이들은 그렇게 노력하는 아버지에게서 '아버지'를 배우게 된다.

'아버지'가 너무 오래 자리를 비우면, 아이들은 아버지 없이 사는 데 익숙해지고 그렇게 사는 방법을 터득하게 된다. 그렇게 되면 아버지의 자리는 영영 회복하기 어렵다. 남성의 정자 수가 매년 2.1퍼센트씩 줄어들어, 앞으로 1세기 안에 생식 기능이 상실될 수도 있다고 한다. 아버지를, 남자를 살려야 한다.

아버지는 하나님이 가정에 세우신 제사장이다. 아버지들이여! 아버지의 자리로 돌아가자. 그리고 아내들이여! 남편을 가장으로, 아버지로 다시 일으켜 세우자. 通

16.
경청의 문화를 살리자

　따스한 봄날, 청춘 남녀가 근사한 레스토랑에서 데이트를 하고 있었다. 돈가스를 시켜서 맛있게 먹고 있는데 비발디의 "사계"가 흘러나오기 시작했다. 남자가 물었다.

　"이 곡이 무슨 곡(고기)인 줄 아세요?"

　그랬더니 아가씨가 이렇게 대답했다.

　"예, 알지요. 돼지고기요."

　레스토랑 점원이 주문을 받으러 왔다.

　"돈가스 하나 주세요."

　"손님, 죄송합니다. 오늘은 돈가스가 안 되는데요."

　"그럼 돈가스 하나에다 콜라 하나 주세요."

　"죄송합니다, 손님. 오늘은 돈가스가 안 되는데요."

　"그럼 돈가스 하나에다 우유를 주세요."

　"죄송합니다만…."

"그럼, 돈가스만 주세요."

두 사람의 교인이 길에서 만나 이런 말을 하며 지나간다.

"안녕하세요? 교회에 가시나요?"

"아뇨, 교회에 가요."

"아, 그러세요. 전 교회에 가시는 줄 알았죠…."

우리의 삶 속에 이런 이상한 커뮤니케이션은 얼마나 많은가? 깊은 얘기, 많은 얘기를 나누는 것 같지만 의미는 없고 '소리' 뿐인 대화가 얼마나 많은가? 커뮤니케이션 매체는 첨단화하고 있지만, 정작 사람과 사람 간의 진솔한 커뮤니케이션은 점점 퇴보하고 있다. 홍수에 마실 물이 부족하듯, 말은 많은데 진정한 대화는 점점 찾아보기가 어려워지고 있다. 너무 바쁘고, 너무 정보가 많고, 너무 관심을 끄는 일들이 많아서 그런 것 같다. 정보통신이 발달한 미국이나 유럽의 경우, 목 염증 환자가 많다고 한다. 독신자가 많아 가정에서 말할 상대가 없는 데다, 직장에서도 컴퓨터로 대화를 하기 때문이라고 한다.

노래방엘 가보면 노래하는 사람은 열심히 부르는데, 들어주는 사람이 없다. 다른 사람이 노래하는 동안 나머지는 자기가 부를 노래만 찾고 있다. 현대인의 특징은 눈이나 귀는 분명히 상대방을 향하고 있지만 생각은 엉뚱한 데에 가 있다는 점이다. 이 시대를 사는 사람들의 머리 속은 많은 정보로 가득 차 있다. 스펀지가 물에 흠뻑 젖어 있는 것 같이.

이러한 시대일수록 말하는 사람이나 듣는 사람이나 세심한 배려가 필요하다. 특히 남의 말에 귀를 기울여주는 "적극적인 청취"가 필요하다. 하고 있는 일을 중단하고, 눈을 마주쳐 주고, 상대방의 말에 신나게 맞장구를 쳐주는 것이다. 상대방의 말에 "아, 그래요?", "정말 그렇겠네요.", "그래서 어떻게 했어요?", "정말 재미있네요.", "다음에 또 얘기해줘요." 이런 말로 맞장구를 쳐준다면 말하는 사람이 얼마나 신이 날까?

그러나 아예 대꾸도 하지 않아 감정을 상하게 하는 경우가 많다. 또 맥

빠지는 반응으로 상대방의 입과 마음을 굳어 버리게 하는 수도 있다. "에이, 썰렁하네.", "그 얘긴 올드 패션이야.", "쓸 데 없는 소리 하지 마!", "닥치지 못해?", "시끄러워!", "너 사오정이냐?" 이런 얘기 듣고 그 사람과 얘기를 더 할 사람은 없다.

요즘 청소년들은 리모콘 세대다. 재미가 없다 싶으면 잠시도 기다려 주지 않고 다른 데로 관심의 채널을 돌려버린다. 어느 고등학교에서 전교생에게 특강을 한 적이 있다. 강의를 시작해야 하는데 학생들이 집중을 해 주지 않아 진압(?)에만 5분 이상이 걸렸다. 강의를 시작했지만, 학생들은 옆 사람과의 '대화'에 더 열심이었다. 찜찜한 마음으로 강단에서 내려오니, 교사들이 위로를 해 준다. 그래도 다른 날에 비해 상당히 경청을 한 편이라며. 그때 한 교사가 해 준 말을 잊을 수 없다.

"요즘 아이들은 선생님 말씀을 안 듣는 것 같아도 사실은 다 들어요. 그러나 정작 어른들은 교회에서 목사님 말씀 잘 듣는 것 같지만 사실은 별로 안 듣지요."

남의 말을 들으려 하지 않고 자기 말만 하려는 사람만큼 어리석은 사람도 없다. 사람이란 누구나 자기 말을 들어주는 사람과 이야기를 하고 싶어 한다. 맞장구는 대화의 보약이다. 가정에서, 직장에서, 교회에서 내 목소리는 좀 줄이고 제발 남의 말에 귀를 좀 기울이자. 그리고 열심히 맞장구를 쳐주자.

"그대가 뭔가를 말하는 동안, 그대는 들을 수 없고 배울 수 없다(You cannot listen if you are talking-and if you are talking you are not learning)." 通

17.

대화는 관계를 만든다

아이들은 20세가 되기까지 약 15만 회나 질문을 한다. 그러나 그럴 때마다 말대꾸를 하지 말라. 어른들 얘기에 끼어들지 마라며 아이들의 입을 막아 버린다. 그래서인지 학교에서도 질문을 잘 하지 않으려 하고, 다른 사람과 깊이 있는 대화를 잘 하지 못하는 것 같다.

사람은 말을 하고 살도록 창조되었다. 남자가 하루에 사용하는 어휘 수는 약 1만2천 개이고, 여자는 약 2만5천 개라고 한다. 창조주께서는 여자가 남자보다 훨씬 더 말을 많이 하며 살도록 지으셨다. 그런데 문제가 생겼다. 남편들은 바깥에서 1만2천 단어를 다 사용하고 귀가하지만, 아내는 아직도 할 말이 많이 남아 있는 것이다. 집에 들어온 남편은 "밥 묵었나?", "아이들은?", "자자!"며 예비용으로 남겨둔 세 마디만 하고는 일과를 끝내 버린다. 그러니 아내의 입은 얼마나 심심할까?

샹포르는 대화를 수상 여행(水上 旅行)에 비유한다.

"대화는 수상여행과 비슷하다. 거의 깨닫지 못하는 사이에 육지에서 차

차 멀어진다. 그리하여 아주 멀어지고 난 다음에야 비로소 그가 해안에서 떠나 있다는 것을 알게 된다.”

러셀은 “인간 관계에 있어서 상대방은 그 상대방의 고독의 핵심으로 뚫고 들어가 거기서 대화를 나눠야 한다.”고 말했다. 관계가 대화를 만들기도 하지만, 대화가 관계를 만들기도 한다. 사람들이 나누는 대화는 대략 다섯 단계로 나눠 볼 수 있다. 그 내용에 따라 그들 간의 관계가 어느 수준인지 가늠해 볼 수 있을 것이다.

첫째는 침묵의 단계. 아무 말도 하지 않고 지내는 사람들의 사이는 한마디로 아무 것도 아니다. 대화가 없을 때 관계는 생기지 않는다. 관계가 있는 사람끼리도 입을 다물면 관계가 무너지고 만다.

둘째는 매우 형식적이고 의례적인 말만 나누는 단계. “안녕하세요?”, “별일 없지요?” 이런 말들은 이미 그 본뜻을 상실한 단순한 ‘소리’에 불과하다.

셋째는 꼭 필요한 말만 하는 단계. “지금 몇 시죠?”, “서울역 어디로 가죠?” 등의 말은 뭔가 정보를 얻기 위한 것이다. 이러한 세 단계를 넘어야 사람과 사람의 관계는 깊어진다.

넷째는 자신의 생각을 말하는 단계. 잘 모르는 행인을 붙잡고 자신의 의견을 함부로 얘기할 수는 없다. 아무 관계가 없는 사람이기 때문이다. 그러나 친밀한 사람에게는 자신의 의견을 얼마든지 말할 수 있다. 의견을 나눌 수 있어야 좋은 관계다.

다섯째는 자신의 감정을 말하는 단계. 지나가는 젊은 여성에게 “나는 외롭습니다.”라고 말한다면 망신을 당하고 만다. 그러나 사랑하는 사이라면 얼마든지 가능하다. 미팅 파트너인 여대생이 갑자기 “추워요”라고 말할 때, 상대방의 반응도 여러 가지라고 한다. 고려대생은 외투를 벗어서 입혀주고, 연대생은 꼭 끌어 안아주는데, 서울대생은 “니만 춥나, 나도 춥다”라고 한다던가. 그런데 육사생은 “우리 구보합시다”라고 한다나. 감정 표현은 상당히 깊은 관계에서만 가능하다.

우리는 많은 사람들을 만나고 그들과 더불어 이 세상을 살아간다. 가족, 직장 동료, 이웃, 교인, 고객…. 우리는 과연 그들과 어떤 수준의 이야기를 나누며 살아가고 있는가? 아무 말도 하지 않고 살아가는 사이인가, 형식적인 말만 주고받는 사이인가, 필요한 정보만 주고받는 사이인가, 생각을 주고받는 사이인가, 좋고 싫은 감정까지도 주고받는 사이인가? 하나님과의 관계도 마찬가지다. 우리는 하나님과 어떤 수준의 이야기를 나누며 사는 사이인가?

그런데 사람과 사람 사이의 커뮤니케이션은 말만으로 이뤄지지는 않는다. 커뮤니케이션에서 언어가 차지하는 비중은 7퍼센트에 불과하다고 한다. 나머지 93퍼센트는 신체의 움직임과 접촉, 상대방과의 공간적 거리에 달려 있다고 한다. 젖을 먹는 아이와 그 어머니는 서로 말은 하지 않아도 매우 깊은 대화를 나눈다. 사람이란 그 거리가 가까워질수록 깊은 대화를 나누게 된다. 지금 나의 가족, 이웃과 너무 멀리 떨어져 있지는 않은가. 더 가까이 다가가서 보자.

"대화는 정(情)의 표시다. 사랑하는 사람에 대한 최초의 충동은 말을 걸고 싶은 욕망이고, 반면에 미운 사람에 대한 최대의 복수는 말을 하지 않는 것이다." 通

18.

"다수결의 이름으로…"

기독교인들이 가장 미워하는 인물은 누구일까? 아마 스승인 예수 그리스도를 배신한 가룟 유다일 것이다. '유다의 키스'란 말은 스승의 이마에 입을 맞추면서 그 분을 팔아넘겼다 하여 나온 배신의 상징어다. 하마터면 베드로의 칼을 맞을 뻔한 배신자는 결국 스스로 목숨을 끊고 말았다.

그러면 기독교인들로부터 가장 욕을 많이 먹는 사람은 누구일까? 그는 뜻밖에도 빌라도다. 그는 로마 총독으로서 10년간이나 유대인들을 다스렸다. 기록에 따르면 그는 매우 포악하고 잔인하며 비겁한 인물로 알려져 있다. 그도 자살로 생을 마감했다고 한다.

그는 예수님을 군중들에게 내준 후 손을 씻으며 자신의 무죄함을 선언했다. 그러나 기독교인들은 2천년 동안 그를 예수 처형의 주범으로 인정해 왔다. 오늘도 기독교인들은 모일 때마다 "본디오 빌라도에게 고난을 받으사 십자가에 못 박혀 죽으시고…"라며 사도신경을 왼다. 예수님을 팔아넘긴 가룟 유다나, 그 분을 체포하여 재판에 회부한 종교 지도자들, 이성을 잃고 그 분을 처형하라고 외친 군중은 일절 언급하지 않으면서, 유독 자신만을 주범으로 몰고 있는 사도신경에 대해 빌라도는 부당하다며 억울해할지도 모른다. 그러나 사도신경이 개정될 것 같지는 않다.

지도자로서 빌라도가 저지른 가장 큰 실수는, 예수님이 무죄인 줄 알면서도 절대적인 기준을 집어던지고, '다수'의 목소리를 기준으로 삼았으며, 결과적으로 직무를 유기했다는 점이다.

리더십에서 최악으로 꼽는 유형이 몇 가지 있다. 첫번째 유형은 무식하면서 결단력이 있는 경우다. 무식하면 용감하다고, 이 유형은 어떤 일을 저지를지 알 수가 없다. 자고로 '사고(思考)' 하지 않으면 '사고(事故)'를 내기 마련이다. 무식과 결단력에다 '열심' 까지 갖춘다면 상황은 더욱 심각해진다.

두번째 유형은 유식하지만 소신이 없는 경우다. 빌라도가 이 유형이라 하겠는데, 그는 예수 그리스도가 죄 없음을 잘 알고 있었다. 그렇지만 그는 자신의 소신을 감추었다. "진리는 결코 죽지 않지만 그것을 주장하는 사람은 죽을 수 있다"는 사실을 너무도 잘 알기에 그는 '진리' 보다는 '다수' 쪽을 택했다.

우리는 다수결의 원칙을 금과옥조(金科玉條)처럼 여긴다. '다수결' 은 정치, 경제, 사회 전반에서는 물론이고 교회 내에서도 매우 중시되고 있다. 이번 총선에서도 우리는 다수결 원칙에 따라 국회의원을 선출했다.

그러나 다수결의 원칙은 결코 완전하지 않다. 역사상 다수결의 원칙이 저지른 만행은 수없이 많다. 다수결의 원칙은 폭력과 독재, 비극의 근거로 수없이 남용되어 왔다. 대표적인 사례가 예수님의 처형이다. 과거 우리 나라의 독재 정치를 유지시켜 준 근거도 따지고 보면 다수결의 원칙이다. 이 원칙은 교회에서도 남용되고 있다. 담임목사의 아들을 후임자로 앉히기 위해 공동의회를 연 어느 교회는, 반대자들에게 자리에서 일어나 의사를 표현하도록 하는 공개투표 방식을 적용하고는 다수결로 안건을 통과시켰다. 그렇지만 그 교회는 지금 그 잘못으로 후유증을 앓고 있다.

아이러니하게도 선지자들은 언제나 소수였다. 예수님도 외로운 소수이 셨다. 기독교는 어찌 보면 다수결의 종교라기보다는 소수결의 종교에 가 깝다. 교회가 모든 문제를 다수결에 의존하려 한다면 '민주주의 교회'일 수는 있어도 진정한 '진리의 교회'라고 할 수는 없을 것이다.

우리는 알게 모르게 다수결 문화에 너무도 익숙한 나머지 매사를 그것 으로 밀어붙이려는 경향이 있다. 빌라도의 실수에서 보듯이 다수가 옳고 그름, 진리와 거짓의 기준이 될 수는 없다. 사회의 모든 가치가 다수에 쏠 리더라도 교회만은 외롭고 의로운 소수의 목소리를 경청한다. 사회 문제 에 있어서도 진리의 원칙을 따라 외롭고 의로운 소수의 입장에 당당히 설 수 있어야 할 것이다.

고난주간이다. 직장과 사회, 가정과 교회에서 '다수결의 이름으로' 소 수를 외롭고 아프게 하고 있지는 않은지 우리의 삶의 방식을 한번 되돌아 보자. 通

19.
이런 결혼 문화 어때요?

수년 전, 아주 놀라운 편지를 받은 적이 있다. 아끼는 후배의 결혼 소식이었다. 청첩장이 아니라 결혼을 했다는 알림장이었다. 폐를 끼치고 싶지 않아 양가의 친척들끼리 조용히 예식을 치렀다며, 앞으로 지도를 잘 해달라고 했다. 두 사람의 결혼 기념 사진이 들어 있었다. 악착같이 소재지를 수소문하여 청첩장을 우송하거나, 잘 알지도 못하는 사람에게조차 청첩장을 보내는 세태에 참 신선한 사건이었다. 마음 속 깊이 그들을 축복해 주었다.

결혼문화도 하루가 다르게 변하고 있는 것 같다. 온라인 번호가 인쇄된 청첩장이 있는가 하면, 축의금을 받지 않겠다는 청첩장도 있다. 축의금 접수대에 축하와 격려의 말을 적을 화판이 대신 놓여 있는 식장도 있다. 축의금을 가져온 사람에게 교통비를 주는가 하면, 축의금 대신 쌀 부대를 받아 이웃 돕기에 쓰기도 한다. 함에다 세례 받은 날과 건강진단서를 넣어 보내는가 하면, 하객들을 위해 예식을 저녁에 거행하기도 한다.

여자를 주례로 모시는가 하면, 신랑 아버지가 주례를 맡기도 한다. 전날 저녁에 따로 불러서 이미 주례사를 다 말해 주었다면서, 주례사를 5분 만에 끝내고 주례문을 선물하는 이도 있다. 주례사에 이어 곁에서 그들을 지도해 줄 멘토(mentor)의 격려사 순서도 있다.

그런가 하면 출석 교회에서 예식을 하고 싶은데, 주례를 담임목사로 모셔야만 하는 조건 때문에 고민을 하는 젊은이들도 있다. 주례에 대한 사례비 액수도 고민거리다.

요즘은 신랑신부가 퍽 대담해져서 하객들 앞에서 사랑의 고백문을 읽기도 하고, 심지어는 사람들 앞에서 포옹을 하거나 입을 맞추기도 한다. 주례가 성혼을 선포하는 순간, 팡파레가 울려 나오고 하객들이 함성을 지르며 축하해 주기도 한다. 시아버지와 시동생이 축가를 부르는가 하면, 당사자인 신랑신부가 답송을 하기도 한다. 친구들이 단상에 올라가 부부를 둘러싸고 축복송을 부르면서, 장미 한 송이씩을 건네주며 다정하게 축하해 주는 모습은 하객들에게까지 진한 감동을 준다.

신랑신부의 성찬식은 하객들에게도 혼인의 성스러움을 실감하게 해 준다. 또한 양가의 부모들이 함께 모여 폐백 대신 주례 앞에서 부모 서약을 하고 인사를 나누는 모습도 인상적이다.

신랑신부의 친구와 후배들이 피로연장에서 베푸는 작은 음악회도 하객들에겐 볼거리다. 하객들에게 인사도 하지 않고 자기네 기념사진 찍느라 정신이 없는 무례한 신랑신부, 예식에는 참석하지 않고 식권 한 장 얻어들고 곧장 피로연장으로 달려가는 무례한 하객들, 예식이 진행되는 동안 오랜만에 만난 친지와 열심히 떠들어 대는 하객들도 없지는 않다. 그러나 양가의 부모와 신랑신부가 피로연장에 나와 일일이 인사를 나누며 하객들에게 음식을 권하는 모습도 자주 볼 수 있다. 어린 시절부터 두 사람이 만나기까지의 사진들로 구성한 영상쇼는 하객들을 잠시나마 동심으로 인도해 주기도 한다.

혼례는 당사자에게는 평생의 기념이, 하객들에게는 감동의 순간이 돼야 한다. 당사자와 하객들에게 많은 인내를 요구하는 지루한 예식, 잔치 기분이 나지 않는 건조하고 경직된 예식은 당사자들에게도 불만거리가 될 수 있다. 혼례는 주례자에게는 흔한 일이지만, 당사자들에게는 평생에 단 한 번 있는 일이다. 그러니 주례는 프로듀서나 MC의 마인드를 갖고 예식을 아주 멋있고 은혜롭게 이끌어 줘야 할 책임이 있다.

한 조사에 의하면 이상적인 주례의 모델은, 평소 자주 찾아 뵙고 인생의 지도를 받을 수 있는 인물이라고 한다. 그러나 살아가면서 어려울 때 주례를 찾아보는 부부는 6퍼센트에 불과하다. 대부분 '일회용 주례'에 그치고 있는 것이다. 그래서 어느 목사는 자신이 주례를 맡아 준 부부들을 대상으로 매년 1박2일의 부부 수련회를 개최하고 있다. 주례로서 최소한의 애프터서비스는 해 주고 있는 셈이다.

좋은 결혼문화를 잘 숙성시켜 세상에 전해 줘야 할 책임이 교회에 있다고 생각한다. 결혼시즌을 맞아 주례자들께서는, 더 멋있고 감동적이고 은혜로운 예식의 모형을 개발하여 하나님과 사람을 기쁘게 해 주셨으면 한다. 通

20.

진정한 매를 들자

나쁜 짓을 한 아들이 아버지 앞에 불려왔다. 아버지는 아무 말 없이 아이를 데리고 산으로 올라갔다. 조상의 산소 앞에 선 아버지는, 자식을 잘못 가르친 것을 조상에게 백배사죄하고는, 회초리로 자신의 종아리를 사정없이 치기 시작했다. 아버지가 종아리를 칠 때마다 아들의 마음은 찢어질 듯 아파 왔다. 아들은 아버지 앞에 무릎을 꿇고는 눈물을 흘리며 참회하였다.

20년 후 그 아들은 아버지가 되었다. 그의 아들도 말썽꾸러기였다. 밤낮 사고를 저질러 부모의 마음을 아프게 했다. 아무리 타일러도 듣지를 않았다. 아버지는 자신의 어린 시절이 떠올랐다. 어느 날 아버지는 매섭게 생긴 회초리를 하나 만들었다.

아들이 또 나쁜 짓을 저지르자, 아버지는 아들을 불러 놓고는 회초리를 꺼내 들었다. 아버지는 아들이 보는 앞에서 자신의 바지를 걷어 올렸다. 그리고는 눈물을 흘리며 회초리로 자신의 다리를 사정없이 내려치기 시작했다. 그러자 갑작스런 광경에 놀란 아들이 마루로 뛰쳐 나가면서 외쳤다.

"엄마! 아빠가 미쳤나봐. 빨리 와 봐…. "

세상이 변해도 아주 많이 변했다. 옛날엔 청소년들이 어쩌다 잘못하여 파출소에 잡혀가면 제발 집에는 알리지 말아 달라고 사정을 했다. 아버지가 알게 되면 큰일이 나기 때문이다. 결국 소식을 듣고 달려온 아버지는 파출소에 들어서자마자 아들의 뺨부터 몇 대 올려붙이는 게 보통이었다. 그렇지만 요즘 아이들은 파출소에 끌려가면 집에 먼저 알려달라고 부탁을 한다. 달려온 아버지는 아이를 꾸짖기는커녕 다친 데가 없는지 먼저 묻는다고 한다.

월간 《아버지와 가정》의 조사 결과에 따르면, 요즘 아버지들의 82.9퍼센트는 권위와 위엄이 있는 아버지보다 친구 같은 아버지를 선호한다. 그러면서도 76.6퍼센트의 아버지들은, 자신이 아버지로서 권위와 위엄을 갖고 있다고 생각한다. 그러나 그건 아버지들의 생각일 뿐이다. 자기 아버지가 권위와 위엄을 갖고 있다고 생각하는 아이들은 39.7퍼센트에 불과하다. 10.6퍼센트는 자신의 아버지가 아버지로서 권위와 위험을 갖고 있지 않다고 대답하고 있으며, 절반에 가까운 49.7퍼센트는 아버지가 권위와 위엄을 갖고 있는지 그렇지 않은지 잘 모르겠다고 응답한다.

아버지의 59.6퍼센트는 자녀들이 자신을 무서워할 것이라고 생각한다. 그러나 아이들의 생각은 다르다. 집에서 가장 무서운 사람으로는 아버지가 30.7퍼센트, 어머니가 12.6퍼센트, 37퍼센트의 아이들은 '집에 무서운 사람이 없다'고 응답한다. 청소년들이, 집에 무서운 사람이 없다고 생각한다는 사실 자체가 어찌 보면 무서운 일이다.

1년 전쯤, 어느 아버지는 딸이 밤늦게 술을 먹고 귀가하자 뺨을 때렸다. 그러자 딸은 아버지를 경찰에 신고하였다. 아버지는 잘못을 저지른 딸에게 당연히 징계를 내린 것인데, 딸은 그것을 구타나 폭력으로 받아들였던 사건이다. 요즘엔 학교에서 매를 맞은 학생이 교사를 경찰에 신고하는 일이 늘어나고 있다.

매는 잘못된 행동을 고쳐준다. 특히 부모의 매는 자식 사랑의 구체적인 표현이다. 성경은 자식을 징계하라고 가르친다. 징계가 없으면 사생아라고 했다. 하나님께서도 사랑하는 자녀를 징계하시고 채찍질하신다.

그러나 우리의 가정과 학교에서 진정한 매는 점점 사라지고 있다. 아예 매를 들지 않는 부모가 많다. 기껏 매를 든다 해도 화가 나서 감정적으로 때리거나 닥치는 대로 때리는 일이 많다. 그래서 매를 맞고서 행동을 바꾸었다는 아이들은 39퍼센트밖에 되지 않는다.

권위와 위엄을 잃은 아버지가 매를 들 때 그 매는 구타로 전락한다. 진실이 담기지 않은 분노와 증오의 매를 들 때, 그 매는 폭행으로 전락한다. 맞는 자녀보다 때리는 부모가 마음으로 더 고통을 느끼게 하는 매가 진정한 매다. 그런 매를 맞아봐야 이 다음에 부모가 되어서도 진정한 매를 들 수 있다.

부모들이여, 진정한 매를 들자. 通

21.
주일학교는 인성교육의 유일한 대안

어느 주일학교 선생님이 결석한 학생에게 전화를 걸었다.

"철수야, 왜 오늘 교회에 안 나왔니? 다음 주일에는 꼭 나오거라."

그러자 아이는 이렇게 대답을 했다.

"선생님, 저 교회 끊었는데요."

'주일학교'—신앙생활을 오래 한 사람이라면 '주일학교'라는 말만 들어도 가슴이 뛸 것이다. 천국에 들어갈 수 있을 정도로 영혼이 순수했던 어린아이 시절, 주일학교에서 경험했던 수많은 추억과 배움은 우리의 삶에 평생 영향을 끼치고 있다. 일요일에만 모이지만 선생님들이 친절하고 학비가 없는 곳, 학교에 없는 재미있는 순서와 신기한 시청각 교재들이 많은 곳, 여자 아이들과도 놀 수 있는 곳—필자에게도 주일학교는 학교보다 훨씬 좋은 곳이고 앞선 곳이었다.

그렇지만 오늘은 어떤가? 교육의 환경도, 교육의 내용도 많이 뒤져 있다. 19세기 교사들이 20세기 시설과 프로그램으로 21세기 아이들을 가르치는 현장이라고 하면 지나친 표현일까?

그럼에도 불구하고 요즘 "세상을 어떻게 살아갈 것인가?"를 가르치는 곳은 주일학교 말고는 없다. 학교와 가정이 이 문제를 외면하는 상황에서 주일학교야말로 부모들이 기대할 수 있는 유일한 인성교육의 장이다. 더구나 주일학교는 교회의 미래다. 오늘 한국교회의 성장은 과거 주일학교의 결과다. 그렇기에 교회는 주일학교를 살려야만 한다.

최근 주일학교가 성장하는 교회에는 몇 가지 특징이 있다.

첫째, 주일학교 교육에 대한 담임목사의 철학과 의지가 남다르다. 주일학교 교육을 목회의 핵심으로 이해한다. 그래서 교회 교육을 교육 전문가도 아니고 평신도도 아닌 애매한 신분의 신학생에게 떠넘겨 버리지 않는다. 본인이 직접 나서거나, 유능한 교회교육 전문가를 확보하고 철저히 돕는다.

둘째, 교육비 투자가 과감하다. 청소년들이 교회를 멀리하게 되는 원인은 텔레비전 등장, 어린이 인구의 격감, 부모의 어린이 과보호 의식 등도 있지만 장년 위주의 교회 예산 편성으로 인한 교회 교육의 낙후성이다. 교육은 투자다. 뿌린 만큼 거둔다. 교육비를 적게 쓰는 주일학교가 잘 될 리 없다. 가정에서 자녀 교육에는 아낌없이 투자하면서도 교회에서는 교육비 지출을 투자가 아닌 비용으로 인식한다. 자녀들이 주일학생 연령을 지나 버린 담임목사, 장로들일수록 교육비 증액에 소극적이다. 요즘 젊고 유능한 교사 구하기도 어렵고, 아이들도 잘 모이지 않는다. 게다가 교회 지도자의 인식마저 부족하다면 주일학교의 미래는 암담하다.

셋째, 성장하는 주일학교는 아이들의 문화를 적극 수용한다. 문화는 생각하는 방식이고 사는 방식일 뿐 본질은 아니다. 아이들은 어른들이 그들의 문화를 이해해주기 원한다. 농구대와 DDR과 PC방이 있는 교회에 아이들은 모인다. 평생 농구장이나 PC방, 공연장에 한번도 가 보지 못한 비문화적인 어른일수록 자신들이 받은 19세기 교육 방식만을 고집한다.

넷째, 성장하는 주일학교는 학교식 시스템을 벗어난다. 교회교육은 학교 교육과는 목적이나 내용이 근본적으로 다르다. 그러니 교회는 교회 나름대로 교회교육에 가장 효과적이고 독창적인 방식을 개발해 내야 한다. 학년을 기준으로 한 학급 편성, 이론과 지식 중심의 주입식 교육을 과감히 벗어난 주일학교가 성장한다.

다섯째, 성장하는 주일학교는 학부모 교육도 병행한다. 교사가 한 주일에 학생과 함께하는 시간은 1시간 36분에 불과하다. 학생의 삶에 영향을 미치고 있다는 교사는 26.1퍼센트에 불과하다. 신앙교육은 교회가 전담할 수 없다. 가정과 교회가 분담해야 한다. 주일학교는 부모들이 가정에서 '매일학교' 의 교사가 되도록 적극 도와야 한다.

최근 한국교회에 소명감 있는 교회교육 전문가들이 나타나고 있다. 당회장이 될 꿈을 접고 더 나은 자리를 뿌리치고 교회 교육에 헌신하려는 사역자들이 주일학교를 살려내고 있다. 그들은 의식 있는 담임목사로부터 전폭적인 위임과 신뢰를 받으며 전문성을 갖고 소신껏 사역하고 있다. 지금 이런 주일학교에는 헌신적인 교사들과 아이들이 구름같이 모여들고 있다. 이런 교회야말로 비전이 있다. 아직도 장년 목회에만 모든 걸 걸고 있는 목회자들은, 당장 찾아가 눈으로 확인을 해 보시라. 通

22.
'양의 탈을 쓴' 광고문화 바로잡기

산 속에 늑대가 살고 있었다. 늑대는 양을 잡아먹으며 살았다. 어느 날 양을 추격하던 늑대는 꾀를 냈다. 그날 저녁 늑대는 양의 가죽을 뒤집어쓰고는 양들이 모여 사는 마을로 들어갔다. 거기는 한 마디로 낙원이었다. 먹이를 두고 다른 늑대들과 실랑이를 벌일 필요도 없었다. 양 행세를 하면서 놀다가 배가 고프면 적당한 사이즈의 양을 골라서 잡아먹으면 됐다. 그래서 이 늑대는 평생 양의 마을에서 양의 탈을 뒤집어쓰고 양 행세를 하면서 살았다는 썰렁한 얘기다.

겉과 속이 다를 때 '양의 탈을 쓴 늑대'라고 한다. 우리가 흔히 쓰는 '선전(propaganda)'이라는 말은, 일정한 목적을 달성하고자 인간 집단의 행위에 영향을 미치기 위해 행하는 사실 또는 허위에 입각한 계획적인 정보 전달 활동이다. 이는 강제적이고 일방적인 커뮤니케이션이다. '광고(advertising)'도 소비자에게 상품 또는 서비스를 판매할 목적으로 행하는 소구활동이다.

이보다 발전한 개념으로 '퍼블리시티(publicity)'와 '피알(public relations)'이 있다. 퍼블리시티는 기업이 광고 형식을 취하지 않고 회사, 제품, 서비스 등을 무료로 공중에게 알려서 그 태도나 행동을 움직이도록 하는 적극적인 커뮤니케이션이다. 그리고 '피알'은, 조직이 조직을 둘러싼 공중(public)들과 좋은 관계를 유지하기 위해 벌이는 간접적인 홍보방법이다.

이러한 기법들은 마케팅, 정치, 종교 등의 분야를 중심으로 선전, 광고, 퍼블리시티, 피알로 발전해 왔다. 이 가운데 선전이나 광고는 '충격(impact)'과 '주목(attention)'을 중시한다. 그 효과를 위해서는 비윤리적인 소재를 동원하거나 메시지를 과장, 축소, 왜곡, 변질, 날조하는 경우가 많다.

소비자들이 이러한 문제를 인식하자, 기업들은 일방적인 커뮤니케이션에서 쌍방적인 커뮤니케이션으로, 거짓과 허위 메시지에서 사실과 진실의 메시지로, 직접 판촉에서 간접 판촉으로, 상품 판촉에서 이미지 업으로 홍보방식을 개선하고 있다.

그러나 우리의 광고문화는 거꾸로 가고 있다. 윤리나 책임의식은 도무지 찾아볼 수가 없다. 경쟁하듯이 벗기고 부수고 속이고 세뇌시킨다. 이러한 풍조가 광고 수용자들, 특히 청소년들에게 어떤 영향을 미칠지 심히 염려스럽다.

그런데 이러한 광고문화가 교회로 여과 없이 유입되고 있는 것 같다. 물론 교회는 기존의 인쇄매체를 비롯한 새로운 매체와 새로운 커뮤니케이션 기법들을 적극 활용함으로써 보다 효과적이고도 입체적으로 선교활동을 추진해 나가야 한다. 그러나 그 내용, 제작 방식, 유통 방식은 정직성, 정확성, 진실성에 뿌리를 두어야 한다.

문제는 무엇을 홍보할 것이냐다. 교회 홍보의 메시지는 당연히 예수 그리스도이어야 한다.

"우리는 우리를 전파하는 것이 아니라, 오직 그리스도 예수의 주 되신것과 또 예수를 위하여 우리가 너희의 종 된것을 전파함이라"(고후 4:5).

그러나 예수 그리스도보다 개인을 홍보하는 광고를 교계의 출판물, 신문, 잡지, 방송에서 얼마든지 볼 수 있다. 매스컴을 개인 홍보의 수단으로 활용하려는 인사들의 니드와 그것을 노린 교계 언론의 니드가 맞아떨어짐으로써 이러한 현상은 더욱 극심해지고 있는 것 같다.

게다가 일부 교계 언론이나 출판사들이 세속적인 마케팅 기법을 이용하여 저자 '띄우기'와, 판촉활동을 벌이고 있음은 안타까운 일이다. 또한 그런 분위기에 휩싸여 개인 홍보에 열을 올리는 '인기 연예인' 같은 교계인사들도 보인다. 매스컴을 통해 '떠야' 성공한다는 인식이 목회자들에게까지 팽배되어 가는 것 같다. 그래서 매스컴 종사자들에게 접근하려 애를 쓰고, 어떻게든 자기를 드러내려고 수단과 방법을 다 동원한다.

광고의 기본 개념은 과장하고 축소하고 왜곡하고 날조하고 변조하는 것이다. 이는 늑대가 양을 잡아먹을 때 써먹는 기술이다. 이 '막가는' 광고문화를 정직하고 정확하고 진실하게 바로잡아 줘야 할 책임이 교회와 그리스도인에게 있다. 通

23.
위임하지 않는 것도 월권이다

아픈 기억이 하나 있다. 20여 년 전, 직장에서 처음으로 조직의 리더가 되었을 때다. 의욕에 앞선 내게는 '일'만 보였지 '사람'은 보이지 않았다. 부하직원들을 일을 위한 '수단'으로 잘못 인식했다. 어느 날 부하들이 아주 점잖은 건의문을 올려왔다. 표현은 부드러웠지만 모두가 서명을 했으니 사실상 '연판장'이었다. 내게는 엄청난 충격이었다. 그러나 그 사건으로 나는 내 리더십을 되돌아보게 되었다. 지금도 그때 일을 생각하면 부끄럽지만, 그것이 내 인생에 미친 영향은 참으로 크다. 일찍이 그것을 지적해 준 후배들이 참 고맙다.

사람은 누구나 리더가 된다. 원하든 원하지 않든. 그러나 좋은 리더가 되기란 쉽지 않다. 추종자(follower)들과의 사이에서 많은 아픔을 주고받을 수가 있다. 직장에서 사표를 내는 사람의 절반 정도가 상사와의 불편한 관계 때문이라고 한다. 지도자의 리더십이 추종자의 삶에 미치는 영향은 대단히 크다.

리더와 추종자 사이 갈등의 본질은 '위임 여부' 다. 이러한 갈등은 국가적으로, 작게는 가정과 직장에서 쉽게 볼 수 있다. 심지어 교회에서조차 원로목사와 후임목사, 담임목사와 부교역자, 당회장과 당회원, 교회 지도층과 젊은 신도 사이에서 자주 노출되고 있다.

리더는 일을 훌륭히 처리하고 싶고 추종자는 그 일을 통해 성장하고 싶은데, 리더는 권한을 위임하지 않으려 하고 추종자들은 권한을 위임해 달라고 하는 데서 아픔이 생긴다.

리더가 권한을 위임하지 않으려는 데에는 몇 가지 원인이 있다. "내가 더 잘할 수 있다."는 자기중심주의, "나보다 더 잘하면 어쩌나?"하는 불안감, "맡겼다가 망치면 어떻게 하나?"하는 공포감, "그에게 기회를 주면 안 되지."하는 과잉 통제의식, "내가 해야 완벽한 결과가 나오지." 하는 완벽주의, "차라리 내가 하는 편이…." 하는 효율주의, "맡겼다가 실패하면 어쩌지?" 하는 두려움, "차라리 내가 하는 게 마음에 편해." 하는 심리적 위안 추구 등이다.

리더가 부하에게 권한을 맡기지 못하는 근본적인 원인은 리더십에 대한 잘못된 이해다. 리더의 임무는 일을 훌륭히 수행하고 부하를 육성하는 것이다. 리더의 임무는 결국 조직을 살리는 것이다. 리더에게 조직이 필요한 것이 아니라, 조직에 리더가 필요한 것이다. 그러니 추종자의 육성에 관심이 없는 리더는 직무를 유기하고 있는 셈이다. 인재의 육성 없이 조직에 미래는 없다.

사람의 능력은 경험의 기회가 만들어 낸다. 해 보지 않은 일을 잘 할 수는 없다. 리더가 유능한 건, 그에게 그런 기회가 많았기 때문이다. 추종자에게 일해 볼 기회를 제공해 주는 것이 좋은 리더십이다. 결국 그런 리더십이 조직을 살린다.

위임이란 애정과 신뢰의 구체적인 표현이다. 위임을 하지 않는다는 것은 상대방을 믿지 않는다, 사랑하지 않는다는 구체적인 표현이다. 그러한 리더를 추종하는 것은 어리석은 일이다.

지도자에게는 "맡기면 다 한다. 일단은 맡겨보자."는 철학이 필요하다. "내가 아니면 안 된다."는 독점 의식은 조직을 망칠 수 있다. 그러나 리더로서는 위임이 결코 쉽지 않은 일이다. 그래도 위임을 해야 한다.

지금도 가정과 직장과 교회에서 얼마나 많은 이들이 "내가 아니면 안 된다."며 모든 권한을 움켜쥐려는 리더 때문에 낙담하고 고통스러워 하고 있는가. 그런가 하면 얼마나 많은 이들이 리더의 권한 위임으로 신명나게 일하며 조직과 자신을 성장시키고 있는가.

남의 권한에 함부로 침해하는 걸 '월권'이라고 한다. 리더가 부하에게 권한을 위임하지 않는 것도 따지고 보면 '월권'이다. 자신은 '머리'이고 추종자는 '손'과 '발'에 불과하다고 확신한다면, 추종자들의 자발성과 창조성은 억압되고 무한한 잠재력은 사장될 수밖에 없다. 리더는 추종자들에게 '피'와 '땀'만을 요구하지 말고, 자발적 의욕에서 나오는 '창의력'에 눈을 돌려야 한다. 추종자에게서 100점을 기대하지 말고, 80점만 되더라도 맡겨야 한다. 물론 부하도 리더가 믿고 맡길 수 있도록 자신의 능력 계발에 힘써야 한다.

추종자여, "제게 한번 맡겨 주십시오."라고 해 보자. 리더여, "자네가 한번 소신껏 맡아서 해 보게!"라고 해 보자. 通

24.

왜 그럴까?

   모든 존재는 두 가지의 환경 속에서 살아간다. 하나는 공간이요, 다른 하나는 시간이다. 사람들, 자연환경, 문화 같은 공간적 환경과 어제, 오늘, 내일이라는 시간적 환경 속에서 살아간다.

   시간과 공간의 축이 만들어 내는 변화와 상황은 복잡하고도 다양하다. 그 변화와 상황 앞에서 사람들은 나름대로 동일성과 이질성을 조화시키며 살아간다. 따지고 보면 사람이란 다른 사람과 같은 점 때문에, 또 다른 점 때문에 독립된 개체로서 정체성을 인정받는다.

   조직도 마찬가지다. 기업이든 교회든 시간적, 공간적 환경 속에서 독특한 정체성을 이뤄 나가며 생존하게 된다. 그러므로 시간 속에서의 '나', 공간 속에서의 '나'를 지켜 나간다는 것은 매우 중요하다.

   정체성이란 나무의 뿌리와 같다. 포도나무는 포도 열매만 맺는다. 정체성이란 사람의 영혼과 같아서, 개인이나 조직을 있게 해 준다. 2500년 동안이나 전 세계에 흩어져 살아온 유태인들을 살려준 것은 그들만의 독특한 정체성 때문이라고 생각한다.

요즘 그리스도인이 세상 사람들과 비슷해져 가고, 교회가 기업을 닮아 가다는 말을 자주 듣게 된다. 이는 그리스도인과 교회가 '그리스도인다움'과 '교회다움', 즉 정체성을 상실해 가고 있다는 이야기다.

시장의 경쟁이 치열해지면서 1등만 살고 2등은 죽는 상황이 전개되고 있다. 생존을 위해서는 수단과 방법을 가리지 않으려는 것이 기업의 경영 논리다. 내가 살기 위해 상대방을 죽이는 것이 기업의 정체성이라면, 상대를 살리기 위해서 내가 죽는 것은 교회의 정체성이다.

기업의 생존 전략은 첨단을 걷는다. 그래서인지 공무원들도 기업의 경영 마인드를 배우려 야단들이다. 그러더니 교회조차 기업의 경영 마인드를 별 검토도 없이 무분별하게 받아들이고 있다.

요즘 문제가 되고 있는 '담임목사 세습'이 좋은 예다. 기업주가 경영권을 아들에게 물려주듯이, 담임목사가 자기 아들이나 사위에게 교회 운영권(?)을 넘겨주는 것이다. 아버지인 담임목사가 극구 반대를 하는데도, 교인들이 아들 목사를 후임자로 초빙하여 아름다운 교회를 이루는 경우도 없지 않다. 그런가 하면 교인들은 반대를 하는데, 아버지 목사가 강행을 해서 아들을 후임자로 세우는 추한 모습도 심심찮게 볼 수 있다.

담임목사 세습 자체는 큰 문제가 없다고 생각한다. 그럴 수도 있다. 문제의 핵심은 교회를 꼭 자기 아들에게 물려줘야겠다는 담임목사의 발상에 있다. 그야말로 담임목사의 험난한 길을 남에게 맡길 수가 없어서 자식에게 넘겨주려는 것이냐, 아니면 자기가 애써서 성장시킨 교회를 남에게 주기가 아까워서(?) 자식에게 넘겨주려는 것이냐가 문제다. 아무도 후임자로 나서지 않는 농어촌 미자립교회의 담임목사가 은퇴를 하면서, 아들을 후임자로 세워 문제된 적은 아직 없는 것 같다. 대개는 다른 목사들이 군침(?)을 흘리는 큰 교회에서 이런 일이 벌어지는 게 문제다.

기업의 주인은 대주주다. 그러나 교회에 대주주란 있을 수 없다. 담임목사가 교회 발전과정에서 땀과 눈물과 재물을 쏟았다고 해서 소유권을 주장한다면, 헌금을 내고 헌신해 온 교인들도 소유권을 주장할 수 있다. 그렇게 된다면 이 땅의 모든 교회는 그 기초가 무너지고 말 것이다.

담임목사의 영향력이 절대적인 우리나라 목회 풍토상, 담임목사가 먼저 '세습'을 시도할 경우 반대하는 데에는 한계가 있다. 교인들이 그렇게 하기를 원해도 담임목사는 끝까지 반대해야 옳다. 그것이 아들 목사와 교회를 살리는 길이며, 스스로 명예롭게 은퇴하는 길이기도 하다. 그리고 교회의 정체성을 지키는 길이다.

어느 원로 목사는 후임자의 위임식을 마치자마자 아예 다른 교회에 출석하고 있다. 왜 그랬을까? 그런가 하면 어느 대교회의 원로목사는 후임자를 두 번이나 바꾸더니 결국엔 아들을 그 자리에 앉혔고, 그 결과 그 교회는 지금 큰 어려움에 처해 있다. 왜 그랬을까? 어느 담임목사는 10년 동안 개척한 교회를 다른 목회자에게 맡기고는 미련 없이 떠나갔다. 왜 그랬을까? 이러한 상황을 목격하면서도, 아들을 후임자로 세우기 위해 기회를 엿보는 대교회 목회자들이 있다는 소문이 들린다. 왜 그럴까? 通

25.
토끼 문화

토끼와 거북이가 살았다. 토끼는 거북이를 사랑했다. 어느 날 토끼는 자신의 느린 처지를 한탄하는 거북이를 보며 가슴 아파했다. 거북이를 짝 사랑했던 토끼는 거북이가 자신감을 갖고 살도록 해 주고 싶었다. 어떻게 든….

어느 날 토끼는 거북이에게 이렇게 말했다.

"느림보 거북아! 나랑 달리기 시합 한번 해 보지 않을래? 너 따위는 내 상대가 될 수가 없지만 말이야."

약이 오른 거북이는 토끼의 도전을 받아들였다.

"토끼야! 내가 비록 느리기는 하지만, 날 우습게 여기지 말아! 길고 짧은 건 재 봐야 하는 법, 한번 해 보자고!"

드디어 경주가 시작되었다. 그러나 거북이가 토끼를 따라잡을 수는 없었다. 토끼는 어느새 멀리 앞서가고 있었다. 앞서가던 토끼는 달리면서도 거북이만을 생각했다.

"거북이가 잘 따라올까? 혹시 경주를 포기하지는 않을까?"

뒤를 돌아보니 거북이가 너무 처져 있었다. 토끼는 천천히 걸었지만 마찬가지였다. 출발할 때 천천히 달릴 걸 그랬다며 후회했다. 그렇다고 무작정 기다릴 수는 없었다.

토끼는 길가에 누워 자는 척 하기로 했다. 거북이가 와서 자기를 깨워 주면 둘이서 함께 달리기로 했다. 둘이서 함께 골인을 하면 좋겠다고 생각했다.

잠시 후 거북이가 땀을 뻘뻘 흘리며 다가왔다. 그러나 거북이는 잠든 토끼를 깨우지 않았다. 거북이는 토끼를 깨우지 않고 슬며시 지나쳐 버렸다. 토끼는 거북이가 지나가는 걸 봤지만 일어나지 않았다.

결국 거북이가 경주에서 이겼다. 자기를 깨우지 않은 거북이가 야속하기는 했지만, 기뻐하는 거북이를 바라보는 토끼의 마음은 거북이보다 더 기뻤다.

토끼가 거북이에게 졌다는 사실이 동네에 알려졌다. 그러나 토끼는 끝내 아무 말도 하지 않았다. 거북이를 진심으로 사랑했기 때문에….

그 후 거북이는 근면과 성실의 상징이 되었고, 토끼는 자만과 방심의 대명사가 되었다. 그렇지만 아무도 모른다. 잠든 척하며 누워서 눈물을 흘려야 했던 토끼의 마음을….

이 이야기는 우리가 잘 아는 '토끼와 거북이' 우화를 패러디한 것이다. 누군가가 패러디 하여 인터넷에 올려놓은 것을 필자가 정성껏 다듬어 보았다. 참 많은 것을 생각하게 해 주는 작품이다.

농구 경기를 볼 때마다 나는 권투 시합을 생각해 본다. 권투는 비슷한 체중의 선수들끼리 급을 정해서 경기를 하는데, 농구엔 그런 게 없다. 키에 따라 급을 만들어 경기를 하면, 롱다리가 아닌 나 같은 사람도 농구 코트에 한번 서 볼 텐데.

세상은 정말 급하게 돌아가고 있다. 토끼의 문화가 지배하는 세상이다.

빠르지 않으면 안 된다는, 이기지 않으면 안 된다는 토끼문화가 우리를 압박하고 힘들게 하고 있다. 직장엘 가도, 학교엘 가도, 교회를 가도, 심지어 가정엘 가도 토끼들은 거북이들을 무시하고 '왕따'로 몬다. 느림보 거북이를 위해 자는 척 해 줄 수 있는 착한 토끼문화가 진정 아쉬운 시대다.

그건 그렇고, 이야기는 이렇게 이어진다. 집에 돌아온 토끼는 괴로워 견딜 수가 없었다. 다른 친구들이 자신을 놀려댔고, 거북이조차 자신의 마음을 알아주지 않았기 때문이다.

며칠 후 누군가가 토끼네 집 문을 두드렸다. "혹시 거북이가…?" 문을 열어보니 뜻밖에도 달팽이가 와 있었다. 달팽이는 토끼를 보자마자 비웃기 시작했다. "너 아까 거북이한테 졌다며? 붕신…." 화가 머리 끝까지 치민 토끼는 달팽이를 발로 힘껏 차 버렸다. 달팽이는 아주 먼 곳까지 날아가고 말았다.

그로부터 한 달이 지났다. 어느 날 저녁, 또 다시 "똑 똑 똑…." 노크하는 소리가 났다. 거기엔 한 달 전에 멀리 차 버렸던 달팽이가 나타나서 씩씩거리고 있었다. 달팽이가 하는 말, "시방 니가 날 쳤냐?"

토끼에게는 토끼의 시간이, 거북이에게는 거북이의 시간이, 그리고 달팽이에게는 달팽이의 시간이 있는 것이다. 通

26.

남의 글 퍼가기는 이제 그만...

어떤 중학생이 교회에서 대표 기도를 이렇게 마무리를 하여 한바탕 웃었다고 한다.

"예수님의 이름으로 기도합니다. 엔터!"

컴퓨터가 얼마나 생활에 깊이 들어와 있는지를 잘 나타내 주는 이야기다.

서울 시민의 77퍼센트가 집에 컴퓨터를 가지고 있다고 한다. 인터넷의 보급도 급속히 늘어나고 있다. 그러다 보니 여러 가지 문제도 생겨나고 있다. 그 중의 하나가, 남의 인터넷 사이트에서 글을 퍼다 자신의 홈페이지에 올리는 일이다. 필자도 저서의 본문 전체가 어느 기독교단체의 홈페이지에 그대로 옮겨져 있는 걸 발견한 적이 있다. 최근에도 책을 한 권 펴냈는데, 책 내용을 자기 교회 홈페이지에 옮겨 싣고 싶다며 문의를 해 왔다. 이렇게 문의라도 해 오면 좋으련만, 대개는 무단으로 옮겨 실으니 대책이 없다. 그 과정에서 작가의 이름마저 떼어 버리면 작품은 영원히 부모 없는 미아(迷兒)가 될 수밖에.

문학, 학술 또는 예술의 범위에 속하는 모든 창작물을 '저작물'이라고 한다. 창의력을 발휘하여 이뤄 낸 작품에 대해 저작자의 권리를 보호해 주지 않는다면, 어느 누구도 창의력을 발휘하지 않을 것이다. 나아가 그 사회의 문화는 결코 향상되지 못할 것이다. 그래서 생겨난 것이 '저작권법'이다. 저작권법은 저작자의 권리를 보호하기 위한 장치다.

저작권은 인격권과 재산권으로 구분된다. 저작 인격권은 저작자의 인격에 관련 있는 사항이어서 영원히 보호된다. A의 작품을 B가 함부로 발표할 수는 없다. 이것이 저작 인격권 중 '공표권'이다. B가 A의 이름을 생략하거나 바꾸어서 발표할 수 없다. 이것이 '성명 표시권'이다. 또 B가 A의 글을 허락 없이 뜯어고쳐서 발표할 수 없다. 이것이 '동일성 유지권'이다.

저작 재산권이란 저작물을 활용할 권리가 저작자에게 있다는 말이다. 남의 저작물을 허락 없이 복제, 공연, 방송, 전시, 배포, 재창작하면 저작자의 재산권을 침해하게 된다. 물론 재판, 학교교육, 시사보도, 점자 복제 등 공익적인 사용은 예외다. 저작 재산권은 저작자 사망 후 50년간이나 유효하다. 그때까지는 그 저작물을 이용할 때마다 저작자의 재산권 소유자로부터 허락을 받아야 한다. 저작 재산권은 일종의 재산권이어서 양도나 상속도 가능하다.

정보화 사회로 돌입하면서 기독교 문화권 내에도 매체가 급증하고 복제 기술도 첨단화하고 있다. 교계의 저작권 침해 정도는, 서울 강남의 심야 교통질서 수준만큼이나 무질서하다는 게 필자의 생각이다. 성가대 악보 집이 좋은 예다. 교회마다 여러 악보 집에서 필요한 곡을 골라 복제해서 사용하고 있는데, 이것이야말로 명백한 저작권법 위반이다. 저작권법을 위반하며 찬양을 한다는 건, 훔친 돈으로 헌금하는 것과 다를 바가 없다.

저작권법은 실정법이다. 실정법을 위반하면 형사 처벌을 받게 된다. 저작권 위반시 처벌은 3년 이하의 징역이나 3천만원 이하의 벌금이다. 도로 교통법과는 상대가 되지 않을 정도로 무겁다. 저작권법은 반드시 지켜져야 한다.

그러나 우리나라 기독교 문화권은 저작권법에 대해 오해를 하는 경향이 있다. 선한 용도라면 괜찮다, 돈을 벌기 위한 일이 아니면 괜찮다, 모든 기독교인의 저작물은 교회의 공유물이다, 출처만 밝혀 준다면 괜찮다, 저작권법은 세상 법이어서 위반해도 괜찮다고 생각한다. 이러한 오해들은 대부분 저작권에 대한 무지, 정신 노동에 대한 인식 부족, 문화적 폐쇄성 등에서 온다. 저작권 경시의 풍조는 저작자들에게 인격적, 재산적인 피해를 주고 나아가 창작 의욕을 위축시키게 된다.

남의 사이트에서 글을 퍼다 올리는 행위는 두말 할 것 없이 도둑질이다. 그래도 지금까지는 별 규제가 없었다. 그런데 이러한 관행에 제동이 걸렸다. 인터넷에서 남의 글을 무단 복제하여 게시하는 행위에 대해 검찰이 처음으로 저작권법 위반 혐의를 적용한 것이다.

문화라는 것은 사회 구성원들이 함께 나누는 가치관이며 행동하는 스타일이며, 사물을 보는 시각이다. 생각하는 방식, 행동하는 방식, 그리고 표현하는 방식이다. 저작권법을 인정하는 것은 정직한 표현 문화를 가꾸는 첩경이 된다. 교회가 정직한 표현 문화 운동에 앞장서자. 엔터! 通

27.
호칭

남북 정상 회담을 계기로 '김정일'은 '김정일 위원장'으로 불리고 있다. 북한에서도 우리 대통령을 그렇게 불러준다. 실로 엄청난 변화다. 상대방을 제대로 불러 준다는 건 상대방에 대한 인정과 존중을 의미하기 때문이다.

식당에서 식사를 하던 중년의 신사가 여직원을 부른다. "언니!" 그러자 어린 여직원이 대수롭지 않게 대답한다. 딸 같은 여직원이 어떻게 '언니'가 되나? 텔레비전에 나온 젊은 여성이 자기 '오빠'를 열심히 자랑한다. 알고 보니 그가 자랑하는 '오빠'는 '남편'이다. 중년의 엄마들은 남편을 '아빠'라 하는데, 요즘 젊은 새댁들은 남편을 '오빠'라고 부른다. 그럼 그 집 아이들은 '엄마의 오빠'를 뭐라고 불러야 하나?

언젠가 직장에서 짓궂은 동료 직원이 큰 소리로 "이 장로님, 전화 왔습니다."하며 전화를 바꿔주는 바람에 당황한 적이 있다. 직장으로 전화를 하면서 교회의 직분명을 사용하다니….

우리의 호칭 문화는 너무 까다롭고 어렵다. 상대방과 분위기를 잘 살펴서 사용하지 않으면 결례가 된다. 앞의 사례들도 그래서 생긴 일인지 모른다.

'미망인(未亡人)'이란 말이 있다. 이 말은 '남편을 따라 죽지 않고 살아 있는 부인'이라는 뜻이니, 당사자에게는 여간 실례가 되는 말이 아니다. '당신'이라는 말도 부부 사이에는 자연스러운 호칭이지만, 다른 사람에게는 싸울 때나 쓰는 말이다. 다만 제3자를 칭할 때에는 높임말이다. 그리스도인들이 기도를 하면서 하나님을 '당신'이라고 칭하는 건 무례한 일이다.

우리의 호칭 문화 가운데 가장 어려운 것은 2인칭인 것 같다. 도대체 상대방을 어떻게 불러야 할지 고민스러운 경우가 많다. 우리 언어문화에 상대방을 쉽게 부를 만한 말이 별로 없다는 건 연구해 볼 문제다.

어느 직장에서는 젊은 여직원이 남성 직원을 '아무개 씨'로 불렀다가 린치를 당했다고 한다. 딸 같은 여직원이 '아무개 선생님'이 아닌 '아무개 씨'로 불러서 화가 났다고 한다. 그렇지만 부르는 사람에게도 고민이 있다. 그 사람 성명 뒤에 붙일 만한 직책 이름이 없을 때에는 더욱 그렇다. 어느 어린 여사원은, 남자 사원을 바꿔달라는 전화를 받자, 아예 그에게 다가가서 전화가 왔음을 알려 주었다고도 한다.

교회에서는 어떤가? 엄연히 목사 안수를 받은 이를 '부목사'로 부르는 건 문제다. 교회에서는 대개 직분 이름을 붙여서 부르는 데 아무에게나 '님'을 붙이자니 그것도 불편한 경우가 있다. 특히 나이 어린 집사에게 '아무개 집사님!' 하기는 어색한 것이 사실이다. 그렇다고 해서 '님' 자를 떼거나 '아무개 씨'라고 부를 수도 없는 일이다.

직분이 없는 새 신자나 젊은이들을 부르기는 더욱 곤란하다. 그들에게는 보통 '선생', '형제', '자매', '성도'라는 말을 이름 뒤에 붙여 부른다. 그러나 '형제(兄弟)'는 형과 동생을, '자매(姉妹)'는 여자 형제를 이르는 말이다. 시어머니와 며느리를 '고부(姑婦)'로, 남녀 형제를 '남매(男妹)'로 부르는 것과 마찬가지다. '아무개 형제', '아무개 자매'라는 호칭은 영어의 'brother', 'sister'가 '형제', '자매'로 잘못 번역돼서다. 'brother'는 '형', '아우', '오빠'로 번역되어야 한다. 'sister'는 '누이', '누나', '언니', '동생'으로 번역되어야 한다. '성도(聖徒)'라는 말도 '거룩한 무리'라는 뜻이니 단수 호칭으로는 적합하지 않다. 도대체 마땅히 부를 만한 이름이 없다. 그래서 어느 목사는 교인들을 '형님', '아우님', '누님', '누이' 등으로 편하게 호칭한다. 어느 교회 청년들은 '벗님'이라는 호칭을 사용한다.

이름 뒤에 뭔가 붙여 불려지기를 원하는 건, 어찌 보면 허식과 권위의식에서 비롯된 것일 수도 있다. 조직에서 상대방을 계급이나 직책으로 부르고 그렇게 불리기를 원하는 건, 명령체계에 대한 미련 때문일 수도 있다.

다른 나라에는 누구라도 쉽게 부를 수 있는 만인 호칭법이 있다. 미국 사람들은 상대방이 누구든 '유(you)!'라고 하고, 일본 사람들은 누구에게나 성명에 '상(樣)'이라는 말을 붙여 쓴다. 만인 호칭법이 있어야 대화도 쉬워질 것이다. 우리도 이름 뒤에 '씨(氏)'를 붙여 쓰면 어떨까? 좋은 2인칭 호칭문화를 한번 만들어 보자. 通

28.
줄 서기 신앙

어린 시절 필자가 다니던 초등학교 앞에는 문방구점이 있었다. 등교 길의 문방구점은 언제나 아이들로 붐볐고 혼란스러웠다. 그러던 어느 날 문방구점 주인은 아이들에게 줄을 서게 했다. 그는 줄을 서지 않는 아이들에게는 물건을 팔지 않았다. 아이들은 불평도 하고 비웃기도 했지만, 그 가게에서는 줄을 서야만 물건을 살 수 있었다.

주인 아저씨는 학교 옆에 있는 교회의 주일학교 교사였다. 그래서 그 교회에 다니는 아이들은 그를 '선생님'이라고 불렀다. 그는 어려운 아이들에게 학용품도 주고 못된 아이들은 선도해 주는, 지금 생각하면 교문 밖의 '선생님'이었다. 학교 교육의 완성은 이 같은 교문 밖의 선생님들이 많아야 효과가 있다. 그러나 대부분의 아이들은 교문 안에서 배운 것을 교문을 나서면서 가방에 넣어 둔다.

필자가 참여하고 있는 기독교윤리실천운동에서 최근 '일상생활의 신학'에 관한 간담회를 연 적이 있다. 용어가 생소하기는 하지만, 신앙생활의 영역을 교회 바깥 세상으로 좀 넓혀 보자는 것이 모임의 취지였다.

　나무는 그 열매로 알 수 있듯, 신앙은 일상생활 속에 뿌리를 내릴 때 빛이 난다. 그러나 학생들이 학교 안에서와 학교 바깥에서 딴판으로 살 듯이, 그리스도인들도 교회에서와 일상생활에서 너무 다르게 사는 것이 습관화되어 가고 있다.

　그리스도인들은 교회와 세상을 오가며 산다. 교회에서와는 비교가 되지 않을 정도로 긴 시간을 가정, 직장, 사회에서 보내며 살아간다. 그런데 정작 일상생활 속에서는 그리스도인으로서 제대로 살아가지 못하고 있다. 어떻게 하면 교회 생활과 일상생활을 일치시켜 나갈 것인가? 이것이 의식 있는 그리스도인들의 공통된 고민이고, 한국 교회가 풀어 나가야 할 과제라고 생각한다.

　신앙을 일상생활에 잘 적용하지 못하는 첫째 원인은, 그리스도인답게 살아가지 못하는 그리스도인 자신에게 있다. 그리고 둘째 원인은, 일상생활에서 어떻게 살아가야 하는지에 대해 구체적이고도 실천적인 메시지를 주지 못하는 교회에 있다. 우리나라 교회의 관심사는 온통 성도들의 교회 생활에만 초점이 맞춰져 있는 게 사실이다. 성도들의 ‘일상생활’에 대해서는 ‘놀라울 정도로’ 관심이 부족하고 대안을 갖고 있지 못하다.

　그런 상황에서 그리스도인들은 현실을 도피하거나 현실과 타협을 하며 살게 된다. 현실 도피형은 뛰어난 정체성을 지니고 현실과 대립하며 살아간다. 그는 신앙과 현실 생활을 철저히 분리해서 인식하기 때문에 현실의 문제를 외면하고 숨어서 산다. 현실 타협형은 자신이 그리스도인임을 숨기고 신앙과 현실을 적당히 타협시키면서 살아간다. 전자는 “그 사람, 신앙은 좋은데….”라는 평가를, 후자는 “그 사람, 일은 잘 하는데….”라는 평가를 받게 된다.

　그 동안 우리 교회는 ‘원칙(text)’만 지나치게 강조해 온 감이 있다. 이제는 그것을 구체적인 삶(context)에 적용하는 연습이 필요하다. 너무 거창한 것보다는 실제적이고 구체적인 것을 일상생활에서 하나씩 실천해 나가면 좋겠다. '줄 서기'가 좋은 예다. 줄 서기야말로 다른 사람에게 폐를 끼치지 않고 자신도 피해를 보지 않게 해 주는 가장 기초적인 공중도덕이다. 신앙은 좋은데 줄을 설 줄 모른다면 그를 성숙한 신앙인으로 보기는 어렵다.

교회 입구에서 특별한 복장을 갖추고 호루라기를 불어 대며 주차안내를 하는 광경을 어렵잖게 볼 수 있다. 그것을 본 어느 외국인이, 한국 교인들은 왜 스스로 알아서 주차를 하지 못하느냐고 꼬집은 글이 생각난다. 과연 한국의 그리스도인들은 줄 서기 같은 기본적인 덕목을 일상생활에서 얼마나 체질화하고 있는가? 그리고 교회는 교인들에게 그것을 얼마나 가르치고 있는가? 교회가 너무 거창한 '이웃 사랑'을 들먹이지 말고, '줄 서기' 같은 기본부터 철저히 익히고 실천했으면 좋겠다. 교회 생활, 가정생활, 직장 생활, 사회생활에 신앙을 구체적으로 적용하는 이른바 '일상생활의 신학' 운동을 제안한다. 通

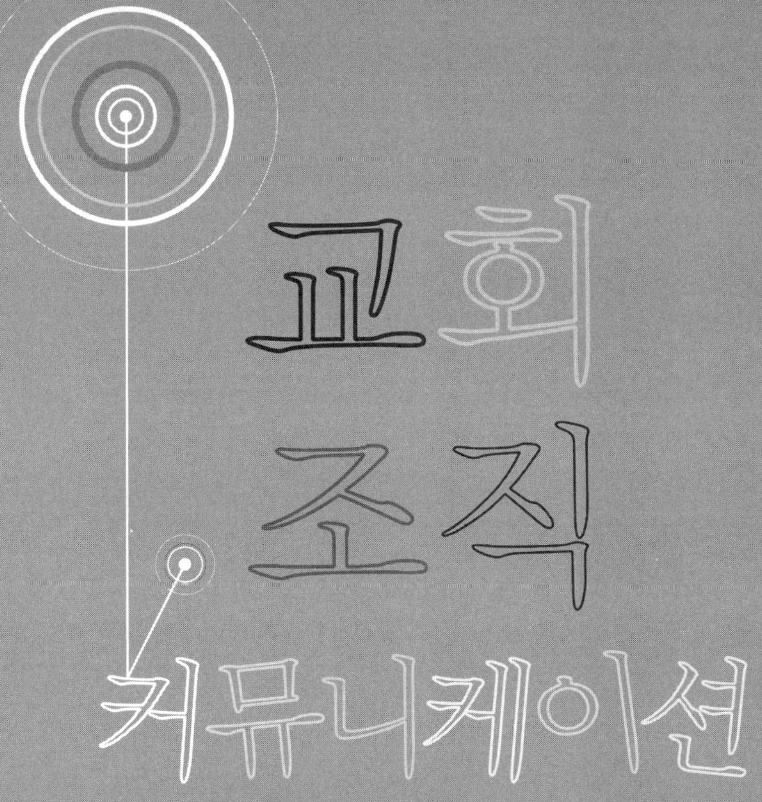
교회 조직
커뮤니케이션

4부

교회 조직 커뮤니케이션

1. 문제의 제기

1) 왜 교회 조직 커뮤니케이션인가?

교회는 넓게는 나라, 민족, 지역, 그리고 세대를 넘어 예수 그리스도를 구세주로 믿는 사람들의 공동체를 의미한다. 그러나 좁게는 지역교회를 의미한다. 지역교회는 성별, 세대, 교육, 신앙관, 문화, 개성, 성장 과정, 출신 등 특성이 서로 다른 사람들로 구성되어 있다.

예수님께서는 당신을 포도나무에, 우리를 가지에 비유하셨다. 이 비유는 교회가 예수 그리스도의 몸, 즉 유기체(有機體)임을 뜻한다. 교회는 부품을 조립한 기계 덩어리 같은 조직체가 아니라, 하나의 생명체이며 공동체(共同體)이다.

오늘날 교회들의 문제점은 예수 그리스도의 공동체인 교회가 그리스도의 몸으로서의 생명력을 잃고, 공동체에서 조직체로 전락하고 있다는 것이다. 이는 교회의 규모나 교회 지도자들의 리더십 스타일, 교회를 둘러싼 환경과 관련이 있다.

어떻게 하면 교회를 생명력이 넘치는 창조적인 공동체로 회복시킬 것인가? 이는 모든 교회와 그리스도인들의 관심사이자 풀어 나가야 할 과제라고 할 수 있다.

2)연구 범위와 한계

그 동안 교회에 대한 연구는 대부분 조직 신학적인 관점에서 이루어졌다. 따라서 본 연구에서는 조직 이론과 커뮤니케이션 이론을 통해 교회를 조명해 보고, 교회를 생명력 있는 공동체로 회복시키기 위한 실천적인 방안을 모색해 보려고 한다.

2. 교회 조직 커뮤니케이션 연구

1)조직의 관점에서의 교회

(1)조직이란 무엇인가?

우리는 일상생활에서 '조직' 이라는 용어를 자주 접한다. 좁게는 인간의 세포도 조직이고, 넓게는 국가도 조직이다.

조직은 그 관점에 따라 정의가 달라진다. 마요(Mayo)는 조직을 '하나의 협동체계'라고 했고,[1] 버나드(Barnard)는 '유기적으로 협동체계를 맺고 있는 인간의 상호협동체계'라고 했다.[2]

하나님이 부여한 생명력을 지닌 제1의 유기체를 인간이라 한다면, 두 명 이상의 인간이 모여 협동적으로 창조한 제2의 유기체는 조직이라고 할 수 있다. 커뮤니케이션은 제2의 창조적 유기체에 활력을 제공하는 원초적 요소가 된다.

(2) 조직의 종류

조직은 그 기준에 따라 다양하게 분류될 수 있다. 파슨스(T. Parsons)는 조직의 목표에 따라 사회의 소비제품을 생산하는 생산 조직, 정치적 복표를 지향하는 정치적 조직, 갈등의 해소와 제도화된 기대감의 실현을 위해 동기를 갖게 해 주며 사회 각 부문의 공생을 보장하는 통합적 조직. 교육 문화 및 표현활동을 통해 사회적 계속성을 제공해 주는 사회 패턴의 유지 조직 등 네 가지로 조직을 분류하고 있다.[3]

여기서 교회는 통합조직에 속한다고 볼 수 있다.

조직은 그 기능과 커뮤니케이션 형태에 따라 공식 조직과 비공식 조직으로 분류되기도 한다. 공식 조직을 유형적 실체라고 하고, 비공식 조직을 무형적 실체라고 하는데, 두 유형을 나누는 기준은 바로 커뮤니케이션의 차이에 있다. 공식조직과 비공식 조직을 비교해 보면 표1[4]과 같다.

---

1) E. Mayo, The Human Problems of an Industrial Civilization. New York : MacMillan, 1933, p. 24.
2) C. I. Barnard, The Functions of the Executive. Cambridge, Mass. : Harvard University Press, 1938, p.68.
3) Tarcott Parsons, Structure and Process in Modern Society, New York Free Press, 1964, pp. 45-46.
4) 이 표는 필자가 재구성한 것이다.

[표1 공식조직과 비공식 조직]

공식 조직	비공식 조직
명확한 상하 구별이 있다.	상하 간에 명확한 구별이 없다.
상하 계층 간 수직적 커뮤니케이션이 강조된다.	인간관계를 중심으로 커뮤니케이션이 수평적으로 흐른다.
공통의 목적이 있다.	공통의 목적이 없다.
일정한 조직의 형태와 구조가 있다.	조직의 공식 설계도에는 나타나지 않고, 공식적으로 존재하지 않는다.
눈에 보인다.	눈에 보이지 않는 비현재적인 2차적 조직이다.
의식적이다.	무의식적이다.
인위적이다.	자연발생적이다.
이성적이고 합리적이고 논리적이다.	비논리적이고 무형적이다.

일반 기업 조직은 그 특성이 공식 조직과 비공식 조직으로 명확히 구분되지만, 교회 조직은 다른 면이 있다. 기업 조직은 구성원들이 매일 상근하며 활동하지만, 교회 조직은 구성원들이 매주일 예배를 중심으로 모여 활동을 한다는 점에서 교회가 비공식 조직의 특성을 비교적 더 많이 지니고 있다고 할 수 있다. 물론 교회 상근 직원들의 경우는 공식적인 조직의 특성을 갖는다. 또 기업 조직이 일한 대가의 지급을 토대로 상하간의 명령과 복종에 의존하는 반면, 교회 조직은 대가 없는 자원봉사를 특성으로 하고 있다는 점도 특이하다.

교회 조직이 외형적으로는 일반 공식 조직에 비해 취약해 보이지만, 때로는 일반 조직보다 더 강력하고 활발한 경우가 많다. 이는 교회조직이 영적 특성을 갖고 있으며, 공식 조직과 비공식 조직의 장점을 모두 가지고 있기 때문이라고 생각한다.

교회는 존재 목적, 운영 방식, 하는 일이 일반 조직과 크게 다르다. 기업

과 교회는 어떻게 다른가? 다음은 필자가 한국기독공보에 기고한 내용이다.[5]

▲ 기업의 주인은 사주이나, 교회의 주님은 예수님이다.

▲ 기업은 이익을 보려고 일하나, 교회는 손해 보기 위해 일한다.

▲ 기업은 적은 투자로 많은 성과를 기대하나, 교회는 적은 성과를 위해서라도 많은 투자를 한다.

▲ 기업은 고객 만족을, 교회는 하나님 영광을 우선한다.

▲ 기업은 일하는 곳이고, 교회는 예배하는 곳이다.

▲ 기업은 육의 양식을 공급하나, 교회는 영의 양식을 공급한다.

▲ 기업은 다른 기업과 경쟁하나, 교회는 다른 교회와 서로 사랑하고 연대한다.

▲ 기업은 돈 받고 다니고, 교회는 돈 내고 다닌다.

▲ 기업은 결과를 중시하고, 교회는 과정을 중시한다.

▲ 기업은 상명하복이나, 교회는 합의적이고 민주적이다.

▲ 기업은 영리를 추구하나, 교회는 복음 전파를 추구한다.

▲ 기업은 고객과의 의사소통을 중시하나, 교회는 하나님과의 의사소통을 중시한다.

▲ 기업은 현실을 지향하지만, 교회는 영원한 미래를 지향한다.

▲ 기업은 강제적 노동을 요구하지만, 교회는 자발적 충성을 원한다.

▲ 기업은 이윤이 있어야 생존하나, 교회는 구원할 영혼이 있기에 존속한다.

▲ 기업은 철저한 서열 중심이나, 교회는 서열이 없다.

---

5) 한국기독공보, 2003년 7월 12일자, 〈이의용의 문화 마당〉 참조.

▲ 기업은 성과에 따라 즉각 보상해 주나, 교회는 현세적 보상을
거부한다.
▲ 기업은 정당한 이윤 획득이, 교회는 정당한 지출이 건강성의
척도다.
▲ 기업은 이기적이나 교회는 이타적이다.

(3)조직의 기능

카츠(Katz)와 칸(Khan)은 조직은 성장함에 따라 지원기능, 생산기능,
유지기능, 적응기능, 관리기능으로 분화된다고 한다.[6]

이러한 조직 활동의 결과로 조직은 생산성이라는 성과를 얻게 되고 구
성원들은 심리적인 만족감, 사기, 응집력, 충성심, 동기 등을 얻게 된다.
또한 구성원들이 일을 해 나가는 과정과 교육훈련을 통해서 자기의 능력
을 발휘하고 잠재능력을 개발해 나간다.

(4)조직경영 이론

산업혁명 이후 서구 각국에서는 기업 조직이 급속히 발달하기 시작하였
고, 상법사회가 점차 형성되어감에 따라 보다 합리적이고 효율적인 산업
조직의 경영방식이 요구되었다. 여기에서 과학적 관리법(Frederick W.
Taylor), 일반경영이론(Henri Fayol), 관료이론(Max Weber) 등의 고전이
론들이 출현하여 당시 조직체 경영에 많은 도움을 주었다.

그러나 사회문화가 발달하고 산업 발전이 고도화함에 따라 조직체도 복
잡해지고 조직 구성원의 태도와 행동에도 많은 변화가 일어나면서 고전이
론의 기본 전제가 의문시되어 갔다. 이럴 즈음 인간관계론(Elton Mayo &
Fritz Roethlisberger), 시스템 이론(Ludwig von Bertalanffy) 등이 등장

---

6) Katz and Kahn, *The Social Psychology of Organazing*, pp. 39-47.

했다.

그 후 번스와 스토커(Tom Burns and G. M. Stalker)는, 조직 구조와 관리 행태가 상이한 환경조건에 따라 어떻게 달라지는지를 연구하였다. 그들은 조직이 직면하고 있는 외부환경에 따라서 조직의 내부 구조가 다르다는 것을 발견하였다. 동태적인 환경 속에서 활동하는 조직들의 구조와 안정적인 환경 속에서 활동하는 조직의 구조는 분명히 차이가 있었다.

(5)기계적 조직과 유기적 조직

기계적 조직(mechanistic organization)은 조직 구성원의 행태가 예측 가능하도록 설계된 조직 구조를 갖고 있다. 기계적 조직은 그 경직성 때문에 안정적이며 변화가 적은 환경에 적합하다. 반면에 유기적 조직(organic organization)은 조직 유연성의 촉진이 가능하도록 설계된 조직 구조를 갖고 있다. 이 조직은 불확실성이 높은 환경에 적합한 조직 구조이다. 두 조직의 특징은 표2와 같다.[7]

[표2 기계적 조직과 유기적 조직]

특성	기계적 조직	유기적 조직
과업의 정의	좁다	넓다
개인의 공헌도	모호하고 간접적이다	분명하고 직접적이다
과업의 유연성	엄격하고 일상적이다	유연하고 다양하다
기술의 전문화	전문적이다(개인적)	일반적이고 보편적이다(집합적)
위계적 통제의 정도	높다	낮다
의사소통 방식	하향식이다	수평적이다
의사결정 방식	권위주의적이다	민주적, 참여적이다
조직에의 복종의 강조	높다	낮다

특성	기계적 조직	유기적 조직
적합한 환경	안정적 환경	동태적 환경
작업의 분화	높음	낮음
의사소통	명령, 지시	충고, 자문
권한의 위치	조직의 최고층에 집중	능력과 기술을 가진 곳
갈등 해결 방식	상급자의 의사 결정	토론, 기타 상호작용
정보의 흐름	제한적, 하향적	상하로 자유로움
공식화	높음	낮음

이상 일반 기업 조직 이론의 관점에서 교회를 조명해 봤다. 앞에서 살펴본대로 조직은 다양하고 작은 유기체(사람)들로 구성된 유기체의 집합이다. 조직을 커다란 기계가 아닌 살아 있는 유기체로 인식할 때 비로소 조직이 공동체로 성숙할 수 있다. 교회도 마찬가지다.

(6)세 가지 유형의 교회

막스 웨버는 어떻게 조직을 운영할 것인가에 대해 계급이론을 제시했다. 조직의 가장 상위에 있는 사람이 중요한 결정을 내리면, 이 결정은 하위에 있는 사람들에게 전달되어 영향을 미치게 한다는 것이다.

그 후 이 이론을 조절한 신계급 이론이 등장했다. 조직 아래로 내려갈수록 업무 범위가 좁아지는데, 신계급 이론은 아래 위로 오르락 내리락 하는 조직기능이 특징이다.

그 다음에 인간관계론이 나왔다. 계급이론과 신계급 이론이 조직에 치

---

7) 이 표는 다음 두 자료를 토대로 필자가 재구성한 것이다.

　-R. Kreitner and A. Kinicki, *Organizational Behavior*, (Boston: Irwin, 1995), p.516.

　-김인수, 『거시조직이론』, (서울: 무역경영사, 1995), p.163.

중하는 데 비해, 이 이론은 비조직 그룹과 사회적 관계성에 더 치중한다. 모든 교회 조직은 이 세 가지 이론을 모두 겸비하고 있다고 볼 수 있다.

카츠(Daniel Katz)와 칸(R bert L. Kahn)은 조직을 사회적 체제로 접근했다. 어떤 목표를 달성하는 데 서로가 상호 의존하는 관계를 강조했다. 조직은 사업과 사람이라는 두 환경이 상호 의존되어야 성공한다고 봤다. 교회 커뮤니케이션도 크게는 사업 커뮤니케이션(work communication)과 인격 커뮤니케이션(person communication)으로 구분해 볼 수 있다.

사업 지향적인 교회는 계급이론에 입각하여 조직을 이용하여 문제를 해결해 나간다. 정부기관, 학교, 기업, 공공 기관을 비롯하여 대규모 교회들이 여기에 속한다. 이런 조직은 일방통행식 커뮤니케이션을 한다. 적은 양의 메시지가 위에서 아래로 흐른다. 하부에서는 그나마 왜곡된 메시지를 받게 된다. 사업 지향적인 조직에서는 평신도들의 일이나 관심사, 필요를 지도자 그룹에서 잘 알지 못한다. 그래서 평신도들은 자신의 욕구를 채울 수 있는 다른 교회로 이동하게 된다. 그들은 그것을 확인하는 과정에서 갈등, 좌절, 그리고 실패를 경험한다.

인격 지향적 교회는 회중이 다양한 추상적 경험을 하도록 함으로써 문제를 해결해 나간다. 이 유형의 교회는 매우 개인적인 느낌과 감성에 호소함으로써 논쟁을 해결한다. 이 유형에서는 '동일성화'로 구성원의 행동을 조절한다. 동일성화란, 어떤 사람을 닮아가려는 노력인데, 이것이 변화의 힘이 된다.

사업 지향적인 사람들은 일 처리 능력, 어려운 문제를 결정하는 용기, 논리적 결정력, 자제력 등을 갖추고 있다. 반면에 인격 지향적인 사람들은 실수를 용서해 주고 남을 돕고 대인관계에서 정직하고 친절하다.

교회에는 이 두 스타일의 사람들이 모두 필요하다. 융합적인 교회는 사업 지향적인 사람들과 인격 지향적인 사람들이 쌍방통행식 커뮤니케이션을 통해, 사업과 사람 모두의 필요를 돌보고 충족한다. 교인들은 교회와

구성원들에게 만족해하며 서로 연대감을 갖고 협력하게 한다.[8]

2) 커뮤니케이션 관점에서의 교회

(1)커뮤니케이션이란 무엇인가?

어원에 따르면, 커뮤니케이션이란 하나 또는 하나 이상의 유기체가 다른 유기체와 지식, 정보, 의견, 신념이나 감정 등을 공유 또는 공통화하는 행동이라고 할 수 있다.[9] 또 커뮤니케이션이란 두 명 이상의 사람들 사이에 구두나 다른 방법으로 그들의 의사나 감정을 전달하고 반응을 받으면서 상호 간에 의미를 추리하는 과정이라고 할 수 있다 (James L. Bowditch and Anthony F. Bruno).

커뮤니케이션은 송신자(sender)와 수신자(receiver)와의 정보교환(exchange)과 인지(perception)이다. 다시 말해 커뮤니케이션이란 주어진 상황에서 커뮤니케이터가 메시지를 고안하여 매체를 통하여 수용자를 자극해서 커뮤니케이터가 의도한 반응을 얻는 과정(효과)이라고 정리할 수 있다. 커뮤니케이션은 커뮤니케이터가 메시지를 어떤 경로(방법)를 통해 수신자에게 전하는 과정이다. 이때 수신자는 그 메시지를 거부하거나 수용할 수 있다. 또는 메시지 자체가 다른 장애 때문에 전달되지 않을 수도 있다.

커뮤니케이션 용어를 통해 커뮤니케이션의 특성에 대해 알아보자.

① 커뮤니케이터(Communicator)

커뮤니케이터는 커뮤니케이션 행위자로서 정보원이 된다. 커뮤니케이터의 행위는 목적과 의도를 갖는다. 커뮤니케이터가 갖고 있는 의도와 함

---

8) 방지형, 『목회 커뮤니케이션』 (서울 성광문화사, 1993년), pp. 152-156.
9) 차배근, 『커뮤니케이션학 개론(하)』, (서울:세영사, 1976), p. 18.

께 그의 태도, 지식, 기술, 권위 등은 커뮤니케이션 효과에 지대한 영향을 미치게 된다. 같은 메시지라 하더라도 누가 그 말을 하느냐가 커뮤니케이션 효과에 영향을 준다.

② 메시지(Message)

인간이 다른 동물과 다른 점은 언어를 사용하여 메시지를 전달하는 능력이 있다는 것이다. 메시지는 커뮤니케이터가 자기의 목적을 달성하기 위해 고안한 내용, 기호들의 집합 또는 자극들의 집합이다. '기호'란 어떤 객관적인 사물, 사상(事象), 상황을 대신하는 언어, 그림, 도식 등을 의미한다. 메시지란, 커뮤니케이터의 머리 속에 있는 생각이 기호로 바뀌어져, 겉으로 표출된 상태다. 그러나 커뮤니케이터가 머리 속에 가지고 있는 생각(idea)과 전하는 메시지는 일치하지 않을 수 있다. 이 차이가 클수록 커뮤니케이션은 어려워진다.

③ 미디어(Medium, Channel)

미디어란 메시지를 담는 그릇(vehicle), 그 그릇의 운반체(vehicle carrier) 등을 말한다. 메시지는 매체를 통해 수용자에게 전달된다. 메시지의 그릇으로는 신문, 라디오, 텔레비전, 잡지 등이 있고 운반체로는 음파, 광파 등이 있다. 여기에는 소음(noise)이 끼어들기도 한다.

④ 수용자(Receiver)

메시지를 받게 되는 개인이나 집단을 수용자라고 한다. 수용자는 메시지와 함께 커뮤니케이터의 속성, 매체의 특성도 함께 받아들인다. 수용자는 메시지에만 반응하지 않고, 그가 지각한 모든 복합적인 자극에 대해 반응한다.

수용자는 그러한 자극을 받고 무조건 반사적으로 반응을 보이지 않는다. 복잡한 심리적 과정(지각, 이해, 기억)을 거치면서, 수용자 내부에 존재하는 여러 기존 요인들(태도, 피설득적 성향, 문화, 사회적 지위, 준거집단, 상황 등)의 영향과 지배를 받아 그 결과로서 반응을 나타내게 된다. 메시지를 받는 수용자의 내부는 블랙박스와 마찬가지로 복잡해서 각별한 사전 연구가 필수적이다.

⑤ 효과(Effect)

메시지를 받고 수용자가 보이는 반응 모두가 효과는 아니다. 거절, 무관심도 일종의 반응이다. 반응 중 커뮤니케이터가 의도한 반응만 '효과' 라고 한다. 그러나 수용자는 커뮤니케이터의 의도대로 반응하지 않는다.

⑥ 피드백(Feedback)

커뮤니케이터에게 돌아오는 수용자의 반응이 피드백이다. 예를 들어 목사가 설교를 할 때 교우들에게서 반사되어 오는 태도가 피드백이다. 커뮤니케이터는 그 반응을 보고 자기의 의도와 비교, 평가하여 차이가 있을 때 메시지를 수정 보완하여 되먹이게 된다. 그러므로 수신자는 적극적으로 피드백을 보여줘야 한다.

피드백이 없으면 커뮤니케이션은 직선적인 체계로 가지만, 피드백이 있으므로 연속적이고도 순환적인 과정으로 발전될 수 있다. 그러나 피드백은 피드 포워드(feed forward)로 전환되어야 한다. 커뮤니케이터에게 돌아올 수용자의 반응을 미리 예상하는 태도를 말한다. 수용자에 대해 미리 충분히 조사한 후 그에 맞는 메시지를 보냄으로써 커뮤니케이션 효과를 높일 수 있다.

피드백 유무에 따라 커뮤니케이션은 일방적 커뮤니케이션(one way communication)과 쌍방적 커뮤니케이션(two ways communication)으로 나뉜다. 쌍방적 커뮤니케이션은 일방적 커뮤니케이션에 비해 시간이 더 걸리고 감정적인 문제가 생길 수는 있으나, 효율적인 것으로 입증되고 있다. 자유로운 피드백은 커뮤니케이션의 정확성과 신뢰성을 상승시켜 주며 일방적 커뮤니케이션을 쌍방적 커뮤니케이션으로 이어준다.

⑦ 상황(Context)

커뮤니케이션이 일어나는 시간적, 장소적 상황을 말한다. 커뮤니케이션은 진공상태에서 이뤄지지 않는다. 커뮤니케이션은 시간, 공간, 분위기, 수용자와의 관계 등의 영향을 받는다.

⑧ 소음 (Noise)

메시지가 전달되는 과정에서 받게 되는 장애를 말한다. 소음은 메시지를 반복하거나, 메시지의 음량을 키움으로써 극복될 수 있다. 소음은 어느 곳에서나 발생할 수 있으므로 그 가능성을 인식하고 커뮤니케이션 과정에서 이를 고려해야 한다.

(2)커뮤니케이션의 종류

커뮤니케이션은 그 목적에 따라 정보를 주기 위한 커뮤니케이션(info rmative communication), 교육하기 위한 커뮤니케이션(instructional communication), 즐거움을 주기 위한 커뮤니케이션(entertaining comm unication), 설득하기 위한 커뮤니케이션(persuasive communication)으로 나눠볼 수 있다. 목사의 설교는 교육과 설득을 위한 커뮤니케이션이 될 수 있다.

또 언어적인 기호를 사용하느냐에 따라 언어적 커뮤니케이션(verbal co mmunication), 비언어적 커뮤니케이션(non-verbal communication)으로 나뉜다.

비언어적 커뮤니케이션은 신호, 몸짓과 표정, 촉감, 도형과 그래픽 등에 의한 것이다. 이러한 요소들도 커뮤니케이션의 중요한 요소가 된다. 언어적 커뮤니케이션은 다시 서면 커뮤니케이션(written communication)과 구두 커뮤니케이션(oral communication)으로 나뉜다. 서면 커뮤니케이션과 구두 커뮤니케이션은 서로 다른 장단점을 갖고 있다.

메시지의 소구에 따라서도 분류된다. 메시지가 논리적인 소구방식으로 작성되는 경우 논리적 커뮤니케이션(logical communication)이라 하고, 감정에 호소하는 소구방식일 때 감정적 커뮤니케이션(emotional comm unication), 수용자에게 위기의식을 조장하는 위협적인 소구방식일 때 위협적 커뮤니케이션(threat communication)이라 한다.

(3) 교회 조직 커뮤니케이션

조직 커뮤니케이션이란, "하나의 조직을 이루고 있는 성원(커뮤니케이터)들이 조직의 공동 목적을 협동적으로 달성하기 위하여 조직의 제반 활동에 대한 정보(메시지)를 구두 언어나 문서, 출판물(매체)을 통하여 조직 내 상하좌우 계층의 성원(수용자)들에게 인간 조직이라는 상황(organizational setting)하에서 서로 전달하여 조직의 공동과제(tasks)를 수행하는 동시에 조직을 계속 유지시키고, 성원 개개인의 필요성이나 욕망을 충족시키는 과정"으로 정의할 수 있다.[10]

다시 말해 조직 커뮤니케이션이란, 조직이라는 특정한 상황 속에서 조직의 목표나 조직 성원들의 목적을 협동적으로 달성하기 위하여 규칙을 바탕으로 이뤄지는 조직 내의 대인 커뮤니케이션과 집단 커뮤니케이션 및 조직과 그의 환경 간의 정보 대사(情報代謝, information metabolism)를 말하는 포괄적인 개념이라 하겠다.[11]

조직 커뮤니케이션은 쉽게 말해 조직 내 의사소통이다. 조직 커뮤니케이션이란 인체로 말하면 혈관, 혈액 순환에 비유된다. 혈관이 막히면 동맥경화증을 일으키게 된다.

교회의 내부 커뮤니케이션은 수직적 커뮤니케이션과 수평적 커뮤니케이션으로 구분된다. 교회를 이끄는 지도층의 정책과 방침, 교리 내용을 교인과 교회 내에 전파시켜 주는 '상의하달' 이 제1 기능이다. 규모가 큰 교

---

10) 차배근, 『커뮤니케이션학 개론(하)』, (서울:세영사, 1981), p.419.
11) 이종화, 『조직커뮤니케이션론』,(서울:전예원, 1987), p.30.

회에서 특히 중시되어야 할 기능이다. 교인과 교인 간의 친교나 교회 내 조직과 조직 간의 교류 및 정보 공유 역시 규모가 큰 교회에서 강화되어야 할 제2기능이다. 그런가 하면 교회 내 평교인 집단의 건설적인 제언이나 건의를 교회 지도층에 전해주는 '하의상달'의 제3기능도 제1 기능에 못지 않게 중요하다.

많은 교회가 제1기능과 약간의 제2기능은 잘 수행하고 있지만, 제3기능이 매우 취약한 것이 현실이다. 이는 교회 조직이 얼마나 폐쇄적이며, 일방적인지를 보여주는 사례다.

시대의 변화로 구성원들의 알고 싶음증, 듣고 싶음증, 정보공유 욕구는 증폭되고 있으나 정보의 왜곡, 유언비어, 정보 독점으로 인한 비능률성과 폐해는 점점 심해지고 있어 조직 커뮤니케이션의 활성화가 중요한 과제로 인식되고 있다. 조직의 규모가 커지고 구성원의 수가 늘어나고 조직이 분산되면 수직적, 수평적 의사소통이 둔화되거나 벽이 생기게 마련이다. 효과적인 조직 커뮤니케이션을 위해서는 교회 지도층의 의사가 평교인층으로, 평교인층의 의사가 지도층으로 원활히 전달되어야 한다. 또한 교인과 교인, 부서(기관)와 부서(기관) 간에 의사가 원활히 소통되어야 한다.[12]

교회와 그리스도인은 하나님과의 커뮤니케이션, 교회 조직 내 구성원들과의 커뮤니케이션, 그리고 교회 바깥 세계와의 커뮤니케이션을 통해 교회의 목적을 이루어간다. 교회조직 커뮤니케이션이란, 교회라는 특수한 상황 속에서 교회의 목표나 교인들의 목적을 협동적으로 달성하기 위하여 교리와 교회 규칙을 바탕으로 이뤄지는 교회조직 내의 대인 커뮤니케이션과 집단 커뮤니케이션 및 교회를 둘러싼 사회와의 다양한 커뮤니케이션 행위라고 할 수 있겠다. 그러나 좁은 의미에서 교회 조직 커뮤니케이션이

---

12) 이의용, "교회와 커뮤니케이션", 밀레니엄(1999년 봄호), p. 80.

란, 교회조직 내의 구성원 간의 커뮤니케이션이다.[13]

① 내부 커뮤니케이션, 외부 커뮤니케이션

교회는 교인들 간의 활발한 의사소통을 통하여 신앙적 공동체로서의 결속을 하게 된다. 이것을 내부 커뮤니케이션(internal communication), 또는 조직 커뮤니케이션이라고 한다.

교회는 또 교회 바깥 세계와도 의사소통을 함으로써 교회의 존재 목적인 선교를 구체화할 수 있다. 이것을 외부 커뮤니케이션(external communication), 또는 PR 커뮤니케이션(PR communication)이라고 한다.[14]

② 공식적인 커뮤니케이션, 비공식적인 커뮤니케이션

조직 커뮤니케이션은 권한, 책임, 의무가 규정된 조직의 구조에 의하여 결정되는 공식적인 커뮤니케이션(formal communication)과 개인 간의 접촉이나 상호작용의 결과로서 자연 발생적으로 형성되는 비공식적 커뮤니케이션(informal communication)으로 나뉜다.

공식적 커뮤니케이션에는 조직의 위계나 명령계통에 따라 메시지가 전달되는 하향식 커뮤니케이션(downward communication)과, 그 반대의 상향식 커뮤니케이션(upward communication)이 있다. 또한 부서와 부서, 구성원과 구성원 간에 메시지를 주고받는 수평적 커뮤니케이션(horizontal communication)이 있다.

공식적인 커뮤니케이션을 잘 보여주는 것이 조직표(기구표)이다. 조직표는 조직 내 공식적인 구조를 묘사한다. 조직표에서 각 네모 안의 연결선들은 각 지위의 공식적 의사소통 관계와 권한을 나타낸다. 조직 내의 위계질서 구조선과 같은 것이다.

---

13) 이의용, 앞의 책, p. 80.
14) 이의용, 앞의 책, p. 80.

교회도 명확한 조직표를 갖고 있다. 크게는 공동의회, 제직회, 당회 등이 있고 그 산하에 여러 부서와 기관들이 편성되어 있다. 이러한 조직은 각각의 주어진 책임과 권한을 통해 위계질서를 유지해 나간다.

모든 조직은 공식적 위계질서와 형태화된 커뮤니케이션 유통 외에도 비공식조직을 실제로 갖고 있다. 비공식 커뮤니케이션은 수직적이거나 수평적일 수 있으며, 부서 내외에 있을 수도 있다.

비공식적 커뮤니케이션은 '포도 덩굴(grapevine)'로 불리기도 한다. 조직 구성원들은 공식적인 조직 커뮤니케이션 틀을 벗어나 새로운 사실, 자신들에게 영향을 미치는 일 등에 대해 메시지를 주고받는다. 가까이서 일하는 사람들, 업무상 접촉이 많은 사람들이 같은 포도 덩굴에 속할 가능성이 높다. 포도 덩굴 커뮤니케이션의 특징은 전파 속도가 빠르다는 사실이다. 공식적인 커뮤니케이션이 잘 이뤄지지 않을 때 포도 덩굴 커뮤니케이션은 위력을 발휘하며 조직에 부정적 영향을 미칠 수도 있다.

조직 내 공식, 비공식 커뮤니케이션 채널은 보통 보완적이거나 대체성을 띤다. 때때로 공식적 조직 구조와 비공식적 조직 구조 간에는 상당 부분 중복되거나 아주 별개일 수도 있다. 비공식 커뮤니케이션은 조직내에서 자발적으로 일어나고, 최고 관리자에 의해 통제받지 않으며, 주로 개인의 자기 이익에 의해 행해진다.

③ 유언비어

비공식적 조직은 일반적으로 유언비어의 번식처이다. 유언비어란 대인간 채널을 따라 흐르는 미확인 메시지다. 조직의 현명한 지도자들은 비료를 주고 물을 주듯 조심스럽게 유언비어를 다뤄야 한다고 충고한다. 유언비어는 재빨리 확산된다. 유언비어는 공식적인 채널로 흐르지 않는다. 조직이 동맥 경화증에 걸리면 유언비어가 생겨날 수 있다.

존(W. D. John)은 유언비어의 발생 원인을 다음과 같이 들고 있다. ▲공식적인 정보와 뉴스가 부족하다. 믿을 만한 정보가 미흡하다. ▲상황이 불안감과 두려움으로 가득 차 있다. ▲그릇된 정보 때문에 의심이 팽배해 있다. ▲사람들의 자아적 욕구가 충족되지 못한다. ▲중요한 문제에 대한 의사결정이 매우 느리다. ▲종업원들은 그들이 처한 여건과 운명을 통제할 수 없다고 느낀다. ▲심각한 조직적인 문제점이 존재한다. ▲조직의 갈등과 구성원 간의 반목이 심화된다.

조직 내 유언비어는 조직 내에 불신 풍조가 고조되고 있음을 암시하며, 근심된 일이 있음을 알린다. 풍문은 개인적인 욕구가 실현되지 못한 것, 표현되지 못한 것, 해결되지 못한 것에 의해 노출된다.[15] 유언비어에 대처하는 방법으로는 첫째, 구성원들에게 즉각적이고도 정확하게 정보를 제공하고 둘째, 쌍방 커뮤니케이션을 수행하는 것이다.

(4)커뮤니케이션의 왜곡

한 자료에 따르면 기업 조직에서 최고 경영층의 메시지가 하부 조직의 사원에게 전달되는 비율이 20퍼센트에 불과한 것으로 나타나 있다. 이는 조직내 커뮤니케이션이 상당히 왜곡되거나 제대로 전달되지 않고 있음을 보여주는 사례다.

실제로 1968년 미군의 마이레이 베트남 양민 대학살은 "어떠한 경우에도 영내를 불태워서는 안 된다."는 최초의 메시지가 "관내에 베트콩이 있다는 절대적인 확신을 갖지 않으면 어느 곳도 폭격해서는 안 된다."로, "관내에 베트콩이 있다고 생각하면 어떤 자이건 발포하라."로, "관내를 폭격하라"로 점차 왜곡되어 발생된 사건이다.

흔히 교회를 "말이 많은 곳"이라고 한다. 따라서 교회 내에서는 커뮤니케이션의 왜곡으로 인한 갈등이 자주 발생하기 쉽다. 무엇이 커뮤니케이션에 영향을 미치는가?

---

15) 방지형, 『목회커뮤니케이션』, (서울:성광출판사, 1993년) p.157.

① 커뮤니케이션을 장벽들(Communication Barriers)

커뮤니케이션에 영향을 미치는 것으로는 언어적인 장벽(language barriers), 기술적인 장벽(technical barriers), 심리적인 장벽(psychological barriers)이 있다.

언어적인 장벽은 사용하는 어휘와 의미가 장애를 일으키는 경우다. 기술적 장벽은 커뮤니케이션의 타이밍, 정보 과중, 문화적 차이 등이 장벽이 되는 경우다. 심리적 장벽이란 정보 여과, 신뢰 부족, 질시, 자신의 일에만 열중, 선택적 지각, 인지적 틀의 차이, 소음 등이 장벽이 되는 경우다.

커뮤니케이션 과정상의 문제 요소로는 물리적 문제, 사회적 문제, 심리적 문제로 구분해 볼 수 있다. 물리적 문제란, 메시지 전달자와 수신자의 거리가 멀수록 그 속도, 압력, 밀도, 정확도가 떨어지는 것이다. 사회적 문제는, 다양하고 복잡한 조직 내의 수직적, 수평적 커뮤니케이션 과정을 거치면서 커뮤니케이션 기능이 저해된다는 것이다. 심리적 문제는, 사람마다 지닌 욕구가 다른데, 이것이 커뮤니케이션 기능을 저해하고 내용을 변화, 과장, 축소한다는 것이다.

② 상하직급 간 의사소통을 저해하는 요인들

한 조사에 따르면 조직에서 상하직급 간의 커뮤니케이션을 저해하는 요인으로는 조직의 경직성(30.0%), 권위주의적 태도(22.5%), 직급 간의 거리감(19.5%), 상호 이해 부족(18.0%), 일방적인 업무 지시(10.0%) 등이 지적되고 있다.

지시 사항이나 전달 사항이 왜곡되거나 누락되는 요인으로는 의사전달 체계의 미흡(32.0%), 업무 과중(25.0%), 지시사항의 불명확성(15.0%), 조직의 다단계화(13.0%), 수신자의 무관심(12.0%) 등이 지적되고 있다.

(5) 커뮤니케이션과 조직 생산성

창세기 11장에는 하나님의 권위에 도전한 사람들 이야기가 나온다. 하나님은 온 땅의 언어를 혼잡케 하시고 그들을 온 지면에 흩으신다. '언어의 혼잡'이란 다름 아닌 커뮤니케이션의 혼란을 의미한다. 커뮤니케이션은 대인 간에는 물론이고, 조직의 운영에서도 매우 중요하다.

일본의 한 자료에 따르면 기업 경영상 내부 문제점, 경영 효율의 장애로는 커뮤니케이션 문제가 1위인 것으로 나타났다. 이 점은 가정은 물론 교회에서도 마찬가지일 것이다. 오늘 얼마나 많은 집단이나 조직들이 커뮤니케이션의 문제로 어려움을 겪고 있는가?

시카고 대학과 미시간 대학의 매니지먼트 연구 그룹은, 일반적으로 생산성이 높은 그룹과 낮은 그룹의 특성을 5가지씩 조사하여 발표했다. 생산성이 높은 그룹은 조직 내 상하좌우 간에 커뮤니케이션이 잘 된다는 점이, 생산성이 낮은 그룹은 조직내 상하좌우간에 정보가 소통되지 않는다는 점이 각각 특성으로 나타났다. 이는 커뮤니케이션이 집단의 생산성에 크게 영향을 미치고 있음을 보여주는 자료다.

조직 내 모든 사람은 정보의 전달자이면서 동시에 정보의 수용자가 된다. 듀퐁사의 조사 자료는, 조직의 운영 책임을 맡은 리더들이 일과의 대부분을 대인 간 커뮤니케이션으로 사용하고 있음을 보여준다. 사람과 만나는 시간 53퍼센트, 글 쓰는 시간 15.5퍼센트, 읽는 시간 14.9퍼센트, 전화하는 시간 8퍼센트, 기타 7.7퍼센트. 결국 관리자는 직장 생활의 80퍼센트를 구두에 의한 대인 간 커뮤니케이션으로 보내고 있음을 알 수 있다.

그러나 조직의 규모가 커지면서, 리더의 대인 커뮤니케이션은 다수를 대상으로 하는 커뮤니케이션으로 발전하였고, 따라서 여러 미디어를 통하게 되었다. 따라서 리더는 대인 커뮤니케이션 능력 뿐 아니라 미디어를 통한 커뮤니케이션 능력, 조직 커뮤니케이션 능력을 갖추지 않으면 안 된다. 리더십이란 곧 커뮤니케이션 능력인 것이다. 설교와 대인 커뮤니케이션을 위주로 하는 목회자의 경우는 더욱 그러할 것이다.

(6) 조직 커뮤니케이션과 미디어

어떤 대상과 우리 개인 사이에 중간 역할을 하는 것을 미디어라고 한다. 우리는 하나님의 생명의 말씀을 전하는 미디어라고 할 수 있다. 예수님도 하나님과 인간 사이의 미디어로 이 땅에 오셨다. 교회나 성경도 미디어라고 할 수 있다.

커뮤니케이션에서도 송신자의 메시지를 전해주는 매개 역할자를 미디어라고 한다. 커뮤니케이션의 중요성은 미디어의 중요성과 상통한다고 해도 과언이 아니다.

이 미디어의 중요성을 가장 심각하게 일깨워 준 사람은 캐나다 태생의 영문학자 마샬 맥루한(M. McLuhan)이다. 맥루한이 우리에게 일깨워 준 이론은 '미디어가 바로 메시지(Medium is the message)' 라는 것이다.[16] 전하는 내용과 관계없이 미디어 자체가 좋지 않으면 메시지는 전달되지 않는다는 것이다. 쉽게 말해서 목사의 설교 내용이 아무리 좋아도 전달하는 사람이 불신스러우면 청취자는 듣지 않는다는 것과 같다. 맥루한은 미디어는 메시지와 별개의 것이 아닌 메시지의 연장이라고 본다.

기업 조직에서는 조직 커뮤니케이션을 활성화하기 위해 다양한 수단을 활용하고 있다. 개교회도 처음에는 인쇄매체에 의존하였으나 최근에는 영상 매체, 사이버 매체 등 다양한 수단을 활용하고 있다.

(7)조직 커뮤니케이션과 문화

문화란 무엇인가? 알프레드 크로베르와 클라데 클룩혼(Alfred Kroeber & Clyde Kluckhohn)은 문화의 정의가 154가지에 이른다고 했다.[17]

에드워드 홀과 미첼 프로서(Edward Hall & Michael Prosser)는 "인간

---

16) 마샬 맥루한(박정규 역), 『미디어의 이해』, (서울: 커뮤니케이션북스, 2001), p.23.
17) 이상철, 『여론선전론』, (서울:범우사, 1986), p.25.

의 커뮤니케이션 행위 자체가 곧 문화다"라고 했다.[18]

문화란 사람들이 생각하고 행동하는 방식이다. 어느 조직에든 문화가 있다. 사회에는 사회문화가, 군대에는 군대문화가, 학교에는 학교문화가, 가정에는 가풍이, 회사에는 기업문화가 있다. 그리고 교회에는 교회문화가 있다. 문화는 공기와 같다. 존재를 의식하지 못하지만 그것이 없이는 잠시라도 삶을 영위하기 어렵다. 조직문화는 구성원들이 함께 나누는 가치관이며, 일하는 스타일이고, 사물을 보는 시각이다. 개인이 인격체로서 갖는 것이 개성이라면, 조직이 갖는 개성과 풍토는 조직문화라고 할 수 있다.

문화는 인간 유기체 외부에 존재하는 것(물질문화), 인간 유기체 내부에 존재하는 것(정신문화), 인간 상호 간의 행위에 존재하는 것(제도문화)으로 나눠볼 수 있다.[19]

문화라는 것은 의식적, 무의식적으로 만들어지고 형성된다. 그러나 한번 형성된 문화는 눈에는 보이지 않지만, 그 사회와 조직 전체의 에너지가 된다.

그러면 문화는 어떻게 만들어지는가? 문화는 커뮤니케이션이 만든다. 커뮤니케이션이 무엇인가? 개념의 공유화다. 어떤 생각을 어떤 방법을 통해서 함께 나눠 갖는 것이 커뮤니케이션이다.

에드워드 홀(Edward Hall)은 "문화는 곧 커뮤니케이션이다."라고 했다. 래리 사모바르와 리차드 포터(Larry Samovar & Richard Porter)도 "문화가 다르면 커뮤니케이션 내용이나 전달방식 등도 다르기 때문에 원활한 커뮤니케이션이 불가능하다. 동일한 언어를 사용하더라도 문화적 배경이 다를 때에는 커뮤니케이션을 기대하기 어렵다."고 했다.

사람과 사람 간에 커뮤니케이션이 이뤄져야, 사람과 사람이 서로의 생

---

18) Edward Hall, *The Silent Language*, New York: Doubleday, 1959, p.97. Michael Prosser, *The Cultural Dialogue*, Bosto:Houghton Miffin, 1978, p.5.
19) 이상철, 『문화와 커뮤니케이션』, (서울: 일지사, 2002), p.101.

각을 나눠 가져야 비로소 커뮤니티(community)가 형성된다. 가정, 학교, 직장, 교회, 기업 모두가 커뮤니티다. 그 커뮤니티가 함께 나눠 갖고 있는 가치관과 스타일, 생각하는 방식과 사는 방식이 바로 문화인 것이다.

문화를 창조하기 위해서는 '좋은 커뮤니케이션', '좋은 커뮤니티'라는 과정이 필요하다. 활발한 커뮤니케이션 없이 개념을 공유하기는 어렵다. 좋은 문화에 꼭 필요한 것은 좋은 커뮤니케이션이고, 이러한 커뮤니케이션을 활성화시켜 주는 것이 바로 조직 커뮤니케이션 미디어들이다.

(8)의사결정

어느 조직이든 나름대로 중요한 문제를 결정하는 절차와 방식을 갖고 있다. 그 절차와 방식은 그 조직 구성원들의 합의를 거쳐 만들어진다. 덜 중요한 문제는 소수에게 위임을 하지만, 중요한 문제는 구성원들이 모두 참여해서 결정을 한다. 의사결정의 절차와 방식은, 특정한 소수가 중요한 일을 개인적으로 좌지우지하지 못하도록 견제를 해 준다.

조직 내 의사결정을 얼마나 민주적이고 합리적으로 하느냐—이것이 그 조직의 건강성을 보여주는 척도라고 할 수 있다. 어느 한쪽에 의사결정권이 집중되어 있을 때, 조직 구성원 모두를 배려하는 결정을 하기가 어려워진다. 이 과정에서 소외되면 그 결정에 불만을 갖거나 협력하지 않게 되고, 조직의 발전을 위한 창조적이고 자발적인 노력을 거두어들이게 된다.

어느 조직 사회든 의사결정권을 둘러싸고 위와 아래 간에, 좌우 간에 많은 갈등을 벌인다. 가정이나 교회도 마찬가지이다. 교회 내에는 결정해야 할 많은 문제들이 있다. 교회는 이것을 결정하도록 여러 제도와 기구를 만들어 놓고 있다. 공동의회, 제직회, 당회 같은 기구는 각기 고유한 기능을 갖고 있다. 그러나 이러한 기구들이 고유의 기능을 잃고 다른 기구의 지배를 받거나, 형식적으로 비효율적으로 운영될 때, 결과적으로 소수가 의사결정권을 독점하게 되어 건강성을 잃게 된다.

교회의 많은 일들을 담당하는 여성과 청년들이 의사결정 과정에서 소외되는 것은 비민주적이고 비합리적인 사례라고 볼 수 있다. 교회 내에는 다양한 여러 연령층이 있음에도 50대, 60대의 당회가 의사결정권을 독점할 경우, 교회 일을 실질적으로 담당하는 30대, 40대 제직들이 의욕이 떨어지는 건 당연한 일이다.

교회 의사결정 구조에서 변화가 가장 필요한 기구는 바로 당회이다. 당회는 교회 리더십의 상징으로서 모든 의사결정권을 쥐고 있지만, 시대의 변화를 제대로 읽지 못하고 따라가지 못한다는 지적을 받고 있다. 우선은 임기가 70세까지라는 게 문제이다. 급변하는 환경에서 한 사람이 너무 오래 자리를 차지하며 의사결정권을 독점함으로써 교회의 사유화, 매너리즘, 행정의 부패 등을 가져오고, 결과적으로 교회의 퇴보를 초래할 수 있다. 따라서 시무 임기제 도입의 필요성이 제기되고 있다.

또, 의사결정 독점의 폐단을 줄이기 위해 여성과 젊은이, 각 분야 전문가, 소외계층을 당회에 참고인(observer)으로 출석시켜 그들의 의견을 경청하는 것도 필요하다.

담임목회자의 의사결정권 독점 현상도 문제다. 특히 스스로 교회를 개척하여 성장시킨 목회자의 경우, 모든 의사결정권을 독점하며 군림하려는 경향이 강하고 그로 인해 적지 않은 문제들이 사회문제로 비화되는 경우가 많다.

의사결정권의 위임이 잘 이뤄져 있는 교회가 건강하다. 위임을 해줘야 많은 이들이 참여하게 되고 리더들이 육성되기 때문이다. 교회는 담임목회자 개인의 소유물이 아니다. 따라서 교인들의 합의(consensus)를 이뤄가며, 교인들의 참여를 이뤄가며 의사결정을 해 나가야 한다.

그리고 의사결정 과정과 결과를 교인들과 공유해야 한다. 여러 기관의 회의록을 인터넷 게시판이나 주보에 공개하는 것도 좋은 방법이다. 무엇보다 중요한 것은, 의사결정에 참여한 이들은 그 결과에 대해서도 냉엄한 평가를 받고 책임을 지는 풍토를 만드는 것이다.

① 개인 의사결정과 집단 의사결정

의사결정에는 개인 의사결정과 집단 의사결정이 있다. 개인 의사결정은 '선택'을 하는 것이고, 집단 의사결정은 '합의'에 도달하는 것이라고 볼 수 있다. 교회 조직에서 의사결정의 필요성이 발생할 경우 그것을 개인이 처리할 것인지, 집단으로 처리할 것인지를 판단하는 것이 때때로 그 내용을 결정하는 것보다 더 중요한 경우가 많다. 이 두 가지 방식은 나름대로의 장점과 단점을 가지고 있으므로 상황에 따라 적절히 적용되어야 한다.

구분	개인 의사결정	집단 의사결정
장점	– 의사결정을 신속하게 할 수 있다. – 책임 한계가 명확하다. – 의견의 간섭을 적게 받는다.	– 정보와 경험을 교환할 수 있다. – 창의성을 높일 수 있다. – 참여를 통하여 여러 사람 간의 이해를 증진시킬 수 있다. – 개인적 주관성을 감소시킬 수 있다.
단점	– 여러 사람의 의견을 폭넓게 참고할 수 없다. – 구성원 간의 상호작용 기회가 없다. – 개인적 주관성이 강하게 작용한다.	– 시간과 에너지의 낭비가 크다. – 위험을 회피하려는 경향이 강하게 나타난다(집단변화 현상:group shift). – 소수의 의견에 지배되기 쉽다(집단사고 현상:group think). – 책임 한계가 불명확하다. – 중요한 문제보다는 사소한 문제의 해결에 집착하는 경향이 있다.

---

20) 박영배, 『조직행위론』, (서울:법문사, 1995), p.424.

구분	개인 의사결정	집단 의사결정
적용 상황	– 단순하고 일상적인 문제의 해결 – 문제 해결이 시간적인 제한을 받을 때 – 문제의 해결 방안이나 방식이 미리 결정되어 있을 때 – 문제의 특성이 개인적인 것에 속하는 것일 때	– 복잡한 문제의 해결 – 문제의 해결이 오랜 시간을 요하는 것일 때 – 문제가 미치는 영향이 크고 중요할 때 – 문제에 관련된 부서가 많을 때 – 문제가 비교적 독특한 것일 때

3. 교회 조직 커뮤니케이션 활성화를 위한 과제와 제안

교회 조직 커뮤니케이션 연구의 목적은 그리스도의 몸 된 교회를 커뮤니케이션이 원활하고 생명력이 넘치는 공동체로 회복시키는 데 있다.

교회 조직의 활성화란, 어떻게 교회 구성원들이 서로 의사소통을 원활히 하게 할 것인가, 어떻게 교인들이 교회 내 정보를 깊이 공유하게 할 것인가, 교회 내 의사결정을 신속하고 효율적으로 이뤄낼 것인가? 교인들을 의사결정 과정에 깊이 참여시킬 것인가에 달려 있다고 본다.

"어떻게 교회 조직 커뮤니케이션을 활성화할 것인가?" 그 실천적 대안을 몇 가지 제시해 본다.

1) 공동체의 커뮤니케이션 실태를 정기적으로 점검해야 한다.

인체는 혈액이 혈관을 통해 잘 순환되어야 건강해진다. 공동체의 건강도도 구성원 간에 말이 얼마나 잘 통하느냐에 있다. 그것을 정기적으로 점검해 보는 시스템이 필요하다. 영등포 당산동 두레교회는 매년 말 100가지가 넘는 항목을 가지고 교인들을 대상으로 연간 목회 결과에 대한 평가를 받고 있다.

요즘은 기업들도 정기적으로 다각적으로 조직 커뮤니케이션 실태를 파악하고 있다. 그러나 교회는 놀라우리만큼 이 일에 무관심하다. 조직 커뮤니케이션 실태에 대해서만이라도 정기적으로 설문 조사를 실시하여 그 결과를 교회 목회 전반에 반영할 필요가 있다. 교회 규모가 클수록 필요하다.

중대형 교회일수록 교인 간의 의사소통, 교인들의 교회 내 정보 공유 정도, 교인들의 교회 내 의사결정 과정 참여 정도 등에 대해 교인들이 어떻게 생각하고 느끼는지, 그리고 교회 운영에 대해 발전적인 의견이 없는지 알아볼 필요가 있다.

2) 교회 조직 커뮤니케이션 구조를 쌍방 커뮤니케이션으로 전환해야 한다.

진정한 대화는 '말하기' 와 '듣기' 로 완성된다. 듣지는 않고 말하기만 하는 조직은 결코 건강한 조직이라고 볼 수가 없다. 조직은 조직을 둘러싼 여러 그룹의 공중(public)들에게 지속적으로 알리고(弘報), 한편으로는 적극 듣는(廣聽) 쌍방 커뮤니케이션(PR)으로 조직 커뮤니케이션 시스템을 전환해 나가야 한다.

그동안 교회는 '지시와 그에 대한 순종' 이라는 일방적인 커뮤니케이션의 틀로 유지되어 왔다. 그러나 앞으로는 '커뮤니케이션을 통한 능동적이고 창조적인 반응' 으로 그 틀을 바꾸어 나가야 한다. 목회자는 교인들을 수단적이고 기계적인 존재가 아니라, 목적적이고 창조적인 존재로 이해해야 한다. 목회자나 당회원은 교인들에게 '말하기' 와 함께 그들로부터 '듣기' 에 많은 관심을 쏟아야 한다.

3) 교회 조직과 시스템을 재설계해야 한다.

교회를 둘러싼 환경과 함께 교회 구성원들도 급속히 달라지고 있다. 그동안 우리나라 교회를 유지해 온 개교회의 전통적인 조직과 시스템이, 과연 급변하는 상황에 적합한지, 과연 현재의 틀이 교인들이 능동적으로 교회 활동에 참여할 수 있는 것인지 검토해 봐야 한다.

이미 여러 교회들이 전통적인 틀을 단순화하고 효율화하고 있다. 의사결정 구조의 개혁, 은사와 사역 중심으로의 편성, 소집단(셀) 조직으로의 전환 등이 좋은 예다. 교회 조직의 재설계는 궁극적으로 조직 커뮤니케이션의 활성화가 목적인 만큼, 그 기획 과정에 전문가 신도들을 적극 참여시키는 것이 바람직하다.

4) 교회 내 업무 처리 방식을 표준화해야 한다.

조직 내의 갈등은 대부분 공식적인 업무 처리 과정에서 발생한다. 그 일을 왜 해야 하나? 그 일을 누가 책임지고 할 것인가? 그 일을 어떻게 할 것인가? 이런 미션(mission)을 명확히 해야 책임과 권한도 명확해진다. 특히 반복적으로 자주 이뤄지는 업무는 반드시 메뉴얼을 만들어 업무 처리에 일관성과 효율을 기해야 한다. 매사에 처음 하듯 한다면 인력과 시간의 소모가 많을 것이고, 업무도 개선되지 않을 것이다.

특히 중대형 교회의 경우, 교회 내 업무 처리 방식을 적절히 표준화하고 그것을 꾸준히 개선해 나가야 한다. 상근 교역자와 직원, 사역 부서 책임자의 업무는 반드시 구체적으로 문서화해야 한다. 그래야 담당자가 바뀌어도 후임자가 쉽게 업무를 진행할 수 있다.

5) 당회부터 커뮤니케이션을 활성화해야 한다.

우리나라 교회에서 목사와 장로 간의 갈등은 오래된 병이다. 교회 발전에 쏟아야 할 힘을, 상대방의 눈치를 살피고 상대방을 견제하는 데 소모한다면 교회로서는 크나큰 손실이다. 교회 내 중요한 의사결정 기구인 당회가 먼저 활성화되어야 교회 전체가 활성화한다.

목사와 장로들은 서로에 대해 어떤 점을 아쉬워하고 불만스러워하는가? 다음은 주로 장로들이 당회를 주도하는 교회의 담임목사가 장로에게서 느끼는 불편한 점들이다.[21]

▲ 궂은 일은 하지 않고 어른 대접만 받으려 한다.

▲ 담임목사가 의욕을 갖고 추진하려는 일에 대안도 없이 발목만 잡는다.

▲ 사소한 일에 토라지고 섭섭해한다.

▲ 지나치게 자기 의견만 내세우며 소신을 굽히지 않는다.

▲ 당회에서 거론된 내용을 여과 없이 교인들에게 전해 문제를 야기한다.

▲ 장로들끼리 사전에 결정을 하고, 당회에서 우세한 수(數)로 밀어붙인다.

▲ 급변하는 목회 환경을 이해하지 못하고 옛날 방식만 고집한다.

▲ 교회 재정을 자기 돈으로 오해하고 인심을 쓰려고 한다.

▲ 부교역자나 교우들 앞에서 담임목사의 리더십을 세워주지 않는다.

▲ 담임목사를 통하지 않고 부교역자들에게 직접 일을 지시하거나 꾸중한다.

▲ 일정한 직업 없이 평일에도 교회로 출근하여 목회 전반에 대해 간섭한다.

▲ 교회에서 자기실현을 성취하려고 한다.

---

21) 한국기독공보, 2003년 5월3일자, 〈이의용의 교회문화 마당〉 참조.

그런가 하면, 주로 담임목사가 주도하는 교회의 장로들이 담임목사에게서 느끼는 불편한 점들도 있다.[22]

▲ 중요한 문제를 혼자 결정한다. 장로들은 주보의 광고를 보고서야 알게 된다.

▲ 교회 일을 부교역자들과만 상의하고 처리한다.

▲ 장로들에게 재량권을 주지 않는다. 장로가 처리한 일을 담임목사가 자주 뒤집는다.

▲ 교우들 앞에서 장로의 리더십을 세워주지 않는다.

▲ 권위주의에 빠져 장로나 교인들에게 경어를 쓰지 않는다.

▲ 어떤 문제에 대해 일관성이 없다.

▲ 교회 재정 지출 절차와 원칙을 무시하고, 재정 사용에 지나치게 영향력을 행사한다.

▲ 교회 재정 사용에서 공과 사를 구분하지 않는다.

▲ 고급 승용차를 타고, 고급 음식점과 골프장을 출입한다.

▲ 다른 교회에 자주 설교하러 간다. 외부 강사를 너무 자주 초청한다.

▲ '선교'란 이름으로 해외여행을 자주 한다.

▲ 노골적으로 사례비 인상을 요구하고, 변칙적인 비용 지출을 요구한다.

▲ 장로들에게 시무 경쟁을 시키고, 그 실적으로 교회 내 입지를 보상해준다.

▲ 노회나 총회 정치에 많은 시간과 돈과 관심을 쏟는다.

▲ 일반 교인 심방은 소홀히 하면서, 유력한 특정 교인들과는 자주 접촉한다.

▲ 장년 목회는 소홀히 하면서, 청소년과 청년 목회에만 관심을 쏟는다.

---

22) 앞의 신문 참조.

▲ 설교의 내용과 방식에 발전이 없고, 목회 방식이 구태의연하다.

▲ 담임목사 측근이나 재력가를 장로로 뽑게 영향력을 행사한다.

▲ 교회 규모가 커짐에도 장로를 더 세우지 않는다.

갈등은 어느 한쪽이 너무 많은 권한을 쥐고 행사하려 할 때 생긴다. 교회 운영의 주도권은 교회의 주인이신 주님께 반납하고, 목사와 장로는 겸허하게 주님의 종으로 내려앉아야 한다.

목사와 장로, 장로와 장로 간의 갈등을 줄이려면 회의법에 대한 명확한 이해와 함께 당회원 간의 빈번한 커뮤니케이션과 인간적인 신뢰가 절대적으로 필요하다. 목사와 장로의 시무 임기제를 도입하고, 당회를 교우들이 방청하도록 공개하고, 여성 당회원을 보강하고, 청년과 젊은 제직들을 당회에 옵서버로 참여시키는 등 의사결정 구조의 시스템적인 개혁도 필요하다.

⑥ 목회자 리더십을 새롭게 해야 한다.

조직 운영은 사람을 다루는 일로, 기계를 다루는 일보다 몇 십 배나 더 어렵다. 따라서 리더는 커뮤니케이션, 비전 제시, 동기 부여, 위임, 인간관계 등 다양한 능력을 발휘하며 사람과 일하는 방식과 상황을 변화시켜 나가야 한다. 그래야 구성원이 만족하고 조직이 활성화되고 효율화된다.

그러나 대부분의 교회 리더들은 이런 준비나 훈련 없이 개성과 개인기, 권위주의에 의존하는 실정이다. 리더십이 잘못 되었거나 미숙할 경우 그 구성원과 조직은 보이지 않는 아픔과 손실을 가져올 수밖에 없다. 필자의 생각으로 우리 나라 담임목회자의 리더십에서 권위주의와 의사결정권 독점은 비성경적이며 교회 공동체의 활성화를 가로막는 주된 원인으로 지적되고 있다. 특히 개척 목회자들의 경우, 권위주의적이고 모든 의사결정권을 독점하려는 리더십 특성이 강하게 드러나고 있음은 주지의 사실이다.

이는 본인은 물론 교회 전체를 성장, 성숙하지 못하게 하는 원인이 될 수 있다. 평신도를 '왕 같은 제사장'으로 회복시켜 동역자로 세워야 한다. 그래서 목회의 보람과 기쁨, 부담과 짐을 평신도들과 함께 나눠야 한다.

교회의 성장과 퇴보에 목회자의 리더십이 미치는 영향은 결정적이다. 목회자를 배출한 신학대학원은 배출된 현장의 목회자들이 급변하는 상황에 걸맞는 새로운 리더십을 체득하도록 지속적인 재교육 과정(recall)을 운영할 필요가 있다.

7) 팔로워십(Followership)을 새롭게 해야 한다.

리더십은 좋은 팔로워십과 만나야 빛이 난다. 우리나라 교회가 이처럼 성장한 것은 신실한 목회자들의 리더십과 교인들의 순종지향적 팔로워십이 만난 덕분이라고 볼 수 있다. 그러나 언젠가부터 목회자의 리더십이 권위주의적으로 바뀌어가고, 교인들의 팔로워십도 비판적으로 변해가고 있다.

팔로워십은 문제의식과 적극성으로 구성된다. 문제의식이란 스스로 비판하고 판단하는 창조적 능력이며, 적극성이란 처한 상황에 얼마나 능동적으로 참여하는가를 말한다. 그래서 (1)문제의식이 없고 소극적인 유형, (2)문제의식은 있으나 소극적인 유형, (3)문제의식은 없으나 능동적인 유형, (4)문제의식도 있고 능동적인 유형으로 폴로워십을 분류하고 있다.

그 동안 우리나라 교회는 (3)의 유형을 선호해 왔다고 생각한다. 대부분의 목회자들이 교인들을 창조적인 존재이기보다는 기계적인 존재로 인식해왔고, 또 그렇게 훈련시켜왔음을 부인할 수 없을 것이다. 그러나 이 유형은 변화가 적은 상황에 적합하다. 현대와 같이 급변하는 상황에서 교회 조직을 활성화하려면 (4)의 유형으로 바뀌어야 할 것이다.

교인들이 문제의식 없이 시키는 대로만 신앙생활을 하고 사역을 한다는 것은 대단히 위험한 일이다. 교인 스스로 자신을 조직의 부품 정도로 인식할 경우 창조적인 사역에는 한계가 있을 수밖에 없다. 교회는 문제의식과 창조력을 갖고 적극적으로 살아가는 사람을 양성해 세상에 배출해야 한다. 그것이 교회를 살리는 길이고, 교인들을 세상에서 살리는 길이다.

8) 의사결정 구조를 참여형으로 바꾸어야 한다.

교회 조직은 기업 조직과 달리 구성원들이 상근을 하지 않는다. 따라서 구성원 간에, 조직 내 부서 간에 커뮤니케이션 체제가 매우 느슨할 수밖에 없다. 규모가 커질수록 많은 교인들은 의사결정 과정에서 소외되어 '구경하는 사람들'로 전락하기 쉽다.

어떻게 하면 이들을 교회활동에 적극적으로 참여시켜 공동체를 활성화할 것인가? 이들을 교회 내 의사결정 과정에 적극 참여시켜야 한다. 이젠 교회도 민주화 해야 한다. 소수가 의사결정권을 독점해서는 안 된다. 담임 목사 혼자 고뇌하며 결단하던 시대는 지났다. 이젠 정부도 중요한 일을 결정하기에 앞서 시민의 여론을 수렴하고 공청회를 연다. 설문 조사, 세미나 등의 과정을 통해 교인들의 의견을 충분히 수렴하여 교인들의 참여를 촉진해야 한다.

또 교회 내 다양한 계층의 전문가들로 구성된 태스크 포스팀이나 청년 당회, 비전위원회, 기획위원회 등을 운영하는 등 교회 내 의사결정 과정에 다양한 계층을 참여시켜야 한다. 특정한 분야에 전문능력과 영향력을 갖춘 이들을 목회에 참여시켜야 한다. 얼마나 많은 평신도 자원이 동결(凍結)되고 있는가.

9) 회의 문화를 개선해야 한다.

교회 주보나 게시판에는 당회, 제직회, 총회, 기관장회의, 교사회, 임원회, 월례회 등 여러 회의 개최를 알리는 광고 문안이 언제나 붙어 있다. 그러나 적지 않은 이들이 회의 참석을 기피하려고 하는 게 보통이다. 기업이든 교회든 사람들은 회의에 대해 퍽 회의적(懷疑的)이다. 교회 지도자들도 회의에 대한 교인들의 무관심을 심각하게 여기지 않는 것 같다.

사람들이 회의 참석을 기피하는 건 회의가 효율적이지 못해서다. 다음과 같은 점이 회의의 효율성을 떨어뜨린다.

▲ 제시각에 시작하지 않는다.

▲ 사회자가 발언을 너무 많이 한다.

▲ 사회자가 회의를 공정하게 조정, 통제하지 못한다.

▲ 목소리가 큰 사람이 발언을 자주 한다.

▲ 지위가 높은 사람이 말을 자주 한다.

▲ 회의 안건도 모르고 참석하다 보니 결론과 결정이 잘 이뤄지지 않는다.

▲ 토론이 주제를 벗어나거나 발언자가 준비 없이 횡설수설, 중언부언하며 시간을 끈다.

▲ 끝나는 시간을 예정할 수가 없다 등.

이런 회의가 주일 밤늦도록 계속되면 월요일 아침에 출근해야 하는 직장인들은 정말 짜증스러워진다. 기업에서는 이미 오래 전부터 회의를 없애거나 줄이는 운동을 활발히 벌여 성과를 보고 있다. 예를 들면 '땡 미팅'이라는 것이 있는데, 이는 공식적인 출근 시각에 열리는 부서회의다. 의자에 앉지 않고 부서장 책상 주위에 자유롭게 둘러서서 그날의 업무에 관해 10분간 이야기를 나누는 것이다. 앉으면 회의가 길어지므로 서서 이야기를 나누다 10분이 지나면 다 같이 '땡!' 하면서 자기 자리로 돌아간다. 그리고 아예 회의 없는 날을 운용하기도 하고, 종료 시각을 회의 시작 전에 발표하기도 한다. 회의 진행을 돌아가면서 맡게 하기도 한다.

일본의 다카하시 카고토씨는 비효율적인 회의의 전형으로 ▲장시간 회의, ▲결론이 나지 않는 회의, ▲의제가 모호한 회의, ▲우선 열고 보는 회의, ▲강압적인 회의, ▲발언자가 적은 회의, ▲독재형 회의, ▲잡담이 많은 회의, ▲중도 이탈자나 불참자가 많은 회의, ▲결론이 좀처럼 반영되지 않는 회의 등 10가지를 들고 있다.

회의를 소집하고 진행하는 이들은 회의 비용을 생각하여 회의를 효율적으로 운영해야 할 것이다. 회의를 소집하기 전에 다음과 같은 점을 생각해 볼 필요가 있다.

▲ 꼭 회의를 소집해야 하나?

▲ 다른 방법은 없는가?

▲ 회의의 목적은 뚜렷한가?

▲ 회의 진행 준비는 완벽한가?

▲ 회의 참석 인원 수가 너무 많지 않은가?

▲ 이 회의의 비용은 얼마인가? 등.

그리고 회의를 마친 후에는 또 이런 점을 생각해 봐야 한다.

▲제시각에 시작했는가?

▲ 꼭 필요한 사람이 참석했는가?

▲ 회의 시간을 더 줄일 수는 없었는가?

▲ 전원이 골고루 발언을 했는가?

▲ 목적과 의제에 맞게 토의되었는가?

▲ 회의의 목적이 달성되었는가?

▲ 제 시각에 끝냈는가?

▲ 이 회의는 다음에도 꼭 필요한가?

회의를 효율적으로 생산적으로 운용하자면, 회의 주재를 많이 하는 지도자부터 모범을 보여야 한다. 무엇보다도 설교와 회의 사회를 구분해야 한다. 설교가 말하는 것이라면, 회의 사회는 듣는 것이다.

교회는 특히 당회와 제직회를 활성화해야 한다. 현명한 교인이라면 부실하고 불투명한 회계보고서를 통과시키기 위해 회의에 참석하지 않을 것이다. 더구나 자유롭게 토론하기가 어려운 분위기라면 더구나 회피할 것이다. 예배의 연속선상 같은 회의 상황에서 토론이 활성화되기는 어렵다.
회의 사회를 장로나 부교역자가 맡는 것도 검토해 볼 일이다. 설교자가 사
회를 보는 상황에서 토론이 활성화되기는 어렵기 때문이다. 제직회 부서
장을 당회원이 맡지 않는 것도·필요하다. 어쨌든 참석하고 싶은 회의, 할
말을 다할 수 있는 회의 같은 회의를 회복시켜야 한다.

　세상은 참여와 개방과 민주로 가고 있다. 당회, 제직회, 교역자회의의
회의록을 교회 주보, 교회보, 홈페이지 게시판을 통해 공개하는 것도 검토
해 볼 일이다. 교회 재정의 지출 명세도 주보, 교회보, 홈페이지 등을 통해
당당하게 매우 상세히 공개할 필요가 있다. "알려고 하지 마라. 그냥 시키
는 대로 순종하라"는 방식은 이제 통하지 않는다.

　10) 조직 커뮤니케이션 미디어를 활용해야 한다.

　교회 조직이 커지면서 목회자와 교인들, 교인과 교인들 간의 커뮤니케
이션이 둔화되고 있다. 한 마디로, 교회가 '말이 안 통하는 집단'으로 변하
고 있는 것이다. 세상에 말이 안 통하는 것처럼 답답한 일도 없다. 그 동안
교회는 교인들의 '알고 싶음증'을 철저히 막아 왔다. 참고 침묵하는 걸 미
덕으로 가르쳐 왔다. 그 결과 '침묵하는 다수'를 만들어 냈고, 공동체는 동
맥경화증 환자 같은 조직체로 약화되고 말았다.

　교회가 그런 식으로 유지해 온 '위장된 평화'가 언제까지 지속될 수 있
을지 모른다. 목회자와 교인, 교인과 교인이 만날 수 있는 만남의 장, 서로
정보를 공유할 수 있는 말길을 넓혀야 한다. 교회는 활발한 커뮤니케이션
을 통해 건강한 공동체로 회복될 수 있다. 그러자면 조직 내의 다양한 구
성원들에게 상하좌우간의 커뮤니케이션 기회를 만들어 줘야 한다. 조직
구성원들 간에 '접촉사고'를 유발할 수 있도록 근무 장소나 좌석의 배치,
칸막이 등을 개선해 볼 수 있다. 미팅, 면담, 비공식적 활동 등도 유익하

다. 교회의 규모가 클 경우 주보, 회보, 홈페이지 게시판 등의 미디어를 적극 활용해 볼 수 있다.[23]

그러나 교회의 주보들은 예배당 건물 사진과 목회자에 대한 권위주의적인 표현, 깨알 같은 헌금자 명단, 객관적이지 못한 교회소식 기사들, 잘못된 용어 사용 등 한계를 넘지 못하고 있다.

교회보(신문) 역시 일부 지도층의 지면 독점, 일방적인 편집, 천편일률적인 내용과 등장 인물, 엄숙한 지면 운영으로 독자들이 외면함으로써 공동체의 커뮤니케이션 미디어 역할을 제대로 해 내지 못하고 있다.

특히 교회보 지면의 상당 부분을 차지하는 목회자의 설교문은 짧고 쉽게 개선되어야 한다. 담임목사에 관한 기사도 다른 기사와 균형을 이뤄야 하며, 극존칭이나 극존대 표현도 고쳐야 할 문제다.

최근 부쩍 늘어난 홈페이지의 경우도 대부분 관리가 되지 않아 휴면 상태인 경우가 많고, 교우들이 의견을 제시할 수 없도록 관리하여 제 역할을 하지 못하는 경우가 많다.

주보, 교회보, 홈페이지 등은 교회 지도층의 의사가 평교인들에게, 또 평교인들의 의사가 교회 지도층에게 적절하게 전달될 뿐 아니라 교인과 교인, 부서와 부서 간에 의사가 원활히 전달되게 해 주는 혈관 역할을 해 주어야 한다.

4. 향후 연구과제

본 연구에서는 일반 조직과 커뮤니케이션 이론을 통해 교회 조직을 조

---

[23] 교회 출판물의 구체적인 제작과 활용방안은 필자의 졸저, 『실전-교회보 핸드북』, (예영커뮤니케이션) 참조.

명해 보았다. 그러나 일반 조직과 교회 조직은 근본적인 차이가 있어 보다 깊이 있게 조명하는 데에 한계가 있다. 따라서 비영리기관 조직과 교회 조직, 타 종교 조직과 교회 조직의 커뮤니케이션에 대한 비교 연구가 필요하다고 본다.

본 연구를 통해 교회 조직의 활성화와 공동체 회복 방안을 연구하고 대안을 제시하였으나 교회의 규모나 조직 유형, 교인들의 특성, 목회자의 특성, 그리고 그 교회의 문화와 환경의 특성에 따라 처방이 다를 수밖에 없을 것이다. 따라서 앞으로는 교회의 규모나 조직 유형, 교인들의 특성, 목회자의 특성, 그리고 그 교회의 문화와 환경의 특성 등을 중심으로 한 연구가 필요하다고 본다. 예를 들어 '조직 커뮤니케이션과 목회자의 리더십 연구' 같은 것이다. 通

Stephen C, Ludin 외(2000), 『펄떡이는 물고기처럼』, 한언

이관웅(2001), 『재미있는 일터 만들기』, 한언

신유근(2000), 『조직행동론』, 세경사

박영배(1995), 『조직행위론』, 법문사

박경원 · 김희선(2001), 『조직이론강의』, 대영문화사

최윤희(1992), 『현대PR론』, 나남

이종화(1987), 『조직커뮤니케이션론』, 전예원

이상철(2002), 『문화와 커뮤니케이션』, 일지사

최한구(1994), 『교회와 커뮤니케이션』, 성광문화사

최진봉(1996), 『기독교 커뮤니케이션 이해』, 이진출판사

방지형(1993), 『목회 커뮤니케이션』, 성광문화사

이의용(1999), 『교회문화혁명』, 기독신문사

이의용(2002), 『세상을 바꾸는 곱하기 리더십』, 기독신문사

이의용(2004), 『실전-교회보 핸드북』, 예영커뮤니케이션

이의용(2004), 『이런 교회가 건강하다』, 리컴

이의용(2004), 『세상에는 이런 교회도 있다』, 시대의 창

기독교 커뮤니케이션 포럼(2004), 『기독교 커뮤니케이션』, 예영커뮤니케이션